グループ・ガバナンスの実践と強化

GROUP GOVERNANCE

株式会社日本総合研究所理事
山田 英司 著

税務経理協会

はじめに

～コーポレートガバナンスの先にあるもの、それはグループ・ガバナンス～

近年、巷間において「ガバナンス」という言葉をよく耳にする。連日のように組織における不祥事や問題事象が明らかになりマスコミなどで報道されていることがその背景要因であろう。

一方で、組織の問題は「ガバナンス」という言葉で一括りにされている感があり、これがかえって問題の所在をわかりづらいものにしているという側面もある。本編でも述べるが、筆者の考えでは「ガバナンス」とは組織を維持するための一定の規律を定め遵守するということである。

組織については様々な形態が想定されるが、その中でも企業はその活動において様々なステークホルダーへ影響を及ぼす。そのため、企業の自律的な行動規範の策定と遵守についてはコーポレートガバナンスという形で近年注目されているのであろう。

本題のコーポレートガバナンスの話であるが、古くて新しい課題であるといえよう。詳しくは本編で解説するが、過去の企業において不祥事が発生するとそれを契機にして取組がなされてきた。

特に、先述の通り企業の活動には様々なステークホルダーが存在し、とりわけ株主の利益を守るためにも会社法及び関連する法規の整備により、ネガティブな事象から企業価値を守るという形で、主にコーポレートガバナンスが形成された。

さらにコーポレートガバナンスの議論に大きな転換が訪れる。従来の内部統制対応という側面は残しつつも、コーポレートガバナンスの取組が日本企業の「稼ぐ力」を高めるという意味から議論が進められることにより、2015年度にコーポレートガバナンス・コードが制定されたのである。

このコーポレートガバナンス・コードに対し、多くの企業は真正面から取組を進めているが、これはコーポレートガバナンス・コードに「Comply or Explain」という形による一定の規範性があるからである。

他方、コーポレートガバナンス・コードはその実効性を高めるために、様々な取組がなされてきたが、経済産業省が主催するコーポレート・ガバナンス・システム研究会（CGS研究会）もその一つである。

CGS研究会は現在2期にわたって開催され、2018年にはコーポレート・ガバナンス・システムに関する実務指針という形で検討内容が公表された。

一方、これらの取組が進む中でも、ガバナンス問題は散見される状態であったが、その多くはグループ会社に起因するものであった。日本企業の多角化、グローバル展開を進める過程でM&Aも含めてグループ会社が増加したことも大きな背景要因であろう。

これらのグループ企業も含めたガバナンスの向上についての課題認識をもとに、CGS研究会の第2期においてグループ・ガバナンスが議論され、その成果は、「グループ・ガバナンス・システムに関する実務指針」という形で2019年6月に公表された。当該実務指針は、コーポレートガバナンスをグループ経営という視点から整理したものであり、今後は多くの上場企業がこの実務指針を参考にしてグループ・ガバナンス体制を構築していくこととなる。

実務指針であるが、名前の通りグループ経営を行う企業を対象にガバナンスについての在り方を整理したものである。グループにおける「攻め」のガバナンスについては事業ポートフォリオマネジメントについて、そして「守り」についてはグループ全体での内部統制の在り方についてそれぞれ整理するとともに、二重のガバナンス構造となる上場子会社について言及されている。

一方で、グループ経営の在り方は、グループ企業の数や構成により企業により異なり、一定の方法論が存在しないことも現実であり、それがゆえに実務指針も規範性は低く、事例の紹介による方向性の提示にとどまる部分が多い。

したがって、実務指針をどのように実践するのかにとって多くの企業の悩みどころになるであろう。また、現実問題としては上場企業とはいえども人材やコスト・投資余力に一定の制約がある中で何から手をつけるか、優先順位を立てることは重要と思われる。

このような問題意識から、実務指針を読み解きながらグループ・ガバナンスを具体的かつ有効に進めるための実務書として本書を執筆した。

本書の構成であるが、第1部ではガバナンス強化についてこれまでの流れと議論について確認しつつ、グループ・ガバナンスへの道筋を示す。そして、今回経済産業省より公表された「グループ・ガバナンス・システムに関する実務指針」の位置づけと重要ポイントを第２部で解説する。そして、第３部では実務指針を実践するために、具体的なグループ・ガバナンスの推進方法について、いくつかのケースを用いながら説明する。

一方で、グループ・ガバナンスには様々な実務的な制約もあり、その運用について担当者が苦悩しているのは事実である。また、ガバナンス全般については現段階が完成形ではなく、今後の積み残しや、さらには社会環境の変化に伴い新たな局面も想定される。これらの課題と今後の展望について、第４部で整理する。

グループ経営が一般化するなかで、ガバナンスを一定以上に保つことは重要であり、それゆえグループ・ガバナンスの実務指針が示された。一方で、実務指針は、規範的ではなく自律的に理想形を探索し、追求する性格でありそれより自由度が高いため企業の自主的な取組が求められる。

グループ経営とコーポレートガバナンス、両者の融合を進めつつ企業価値向上を追求する、そのために本書がいくばくかのお役に立てば幸いである。

2019年12月

山田　英司

目　次

第3部　グループ・ガバナンス実践に向けてのポイント

第１部　ガバナンス問題のトレンド

～時代は「グループ・ガバナンス」へ～

1　企業における「ガバナンス」とは何か

近年、「ガバナンス」という言葉を耳にすることが増えている。特に、組織運営において、何か問題が起きると「それはガバナンスの問題だ」という一言で片づけられることが多い。なお、組織という表現をしたのは、「ガバナンス」の問題が企業だけではなく、大学やスポーツ競技団体などの非営利団体、さらには政府組織や議会などの公共機関でも起こりうるからである。

図表1-1　ガバナンスの位置づけ

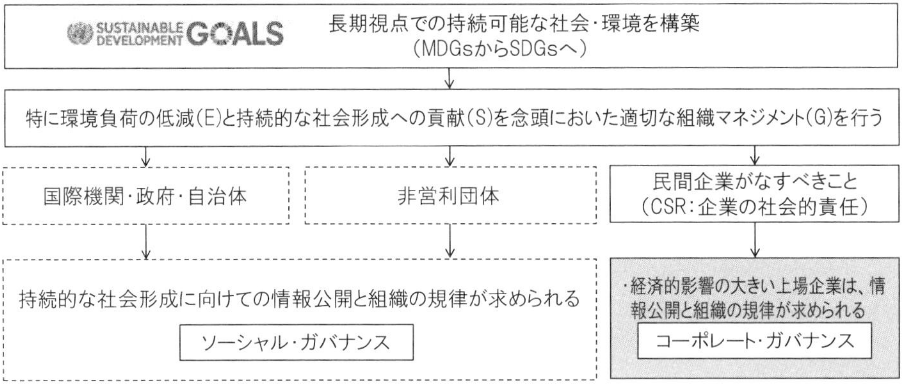

(出所)筆者作成

このように「ガバナンス」という言葉は組織運営全般で使われる言葉であるため、本書においてはまず、企業における「ガバナンス」とは何か、その定義を冒頭において明確にしておきたい。

まずは上位概念から整理する。図表1-1の通り近年においては長期の視点から社会やコミュニティーの持続可能性を問われているが、その最たるコンセプトがSDGsである。SDGs（Sustainable Development Goals：持続可能な開発目標）とは2015年の国連サミットにおいて採択された、グローバルでの社会課題を解決することによる持続可能な社会実現のための国際目標である。そして近年においては世界中のトップ企業がSDGsを経営の中に取り込む動きを見せている[1]が、その前提としてはESGをより意識した企業の行動にある。

ESGについては、すでに多くの企業に認知されている重要なコンセプトであり、端的にいうと組織が長期的な視点で成長していくための３つの要素、すなわち環境（Environment）・社会（Social）・ガバナンス（Governance）に十分に配慮すべきであるというものである。

これは、企業においても重要な考え方である。なぜなら、2000年代の初頭からすでに企業においては、短期的な財務パフォーマンスだけでなく、マルチステークホルダーを意識したCSR（Corporate Social Responsibility：企業の社会的責任）というコンセプトが重視され、多くの企業においてCSRを意識した取組が進められているからである。

これらの組織運営に対する外的環境の変化は、当然のことながら組織の運営に大きな影響を及ぼす。先述の通り組織とは政府や自治体、非営利団体、そして企業という様々な形態が存在するが、いずれの組織についても持続可能性を維持するための自律的な規律遵守と、適切な情報公開が重視されている。

さらに、この動きについて企業経営の観点から整理する。企業活動は、株主を始めとして様々なステークホルダーとの関係の上で成立しており、持続的な成長を遂げるためには、組織としての規律遵守と、ステークホルダーに対する一定の情報公開が重要である。特に、上場企業においては、投資家から多額の資金を調達しているために、企業活動の成果に対する経済的な影響が大きい。

それがゆえにコーポレートガバナンスについて規範的な指針をもって取り組むべきテーマとして認識されるがゆえに政府がハードローとソフトローの両面で整備を進めているのである。

(1)　SDGsをいかにして経営に取り込むべきかについては、経済産業省において「SDGs経営ガイド」が2019年５月31日に公表されている。なお、SDGsとコーポレートガバナンスの関連については、第４部において説明する。

2　コーポレートガバナンスをめぐる取組の変遷

ここでは、コーポレートガバナンスについての取組について、どのような変遷をたどってきたのかを簡潔に説明する。

コーポレートガバナンスについては、様々な解説書や取組事例が近年、書店の店頭をにぎわしているが、実務的に企業経営におけるコーポレートガバナンスの議論については、時代の環境とともに変化する「古くて新しい」経営課題といえる。

図表1-2　コーポレートガバナンスの変遷

	～'90年代前半	'90年代後半～'00年代後半	～現在	トレンド
経済環境	高度成長期からバブル期にかけて右肩上がりの経済環境	バブル崩壊以降の不況の長期化、リストラ等の広がり	リーマンショック、震災等による経済環境の激変 アベノミクス等による経済再生の取組	グローバル化の加速、事業領域の拡大等により振幅の増す経済環境
投資家・株主	メインバンク、取引先との持ち合い等による安定株主確保	海外投資家等の資本の流入 「物言う株主」の台頭	投資家のより高い収益確保の圧力	海外投資家の増加や持ち合い解消、企業不祥事等を背景に、企業統治に対する注目・要請が高まっている
企業統治を取り巻く近年の事件等	-	•西武鉄道事件('04) •ライブドア・ショック('06) •ブルドックソース事件('07)	•大王製紙事件('11) •オリンパス粉飾決算('11) •東芝不適切会計('15)	
制度等の変遷	-	•委員会設置会社('03) •金商法('06) •J-SOX('06)	•スチュワードシップ・コード('14) •コーポレートガバナンス・コード('15) •監査等委員会設置会社('15)	形式に止まらず、実態としての企業統治強化に向けて制度等の整備が進む
社外取締役導入状況	※東証データ 独立社外取締役の選任状況		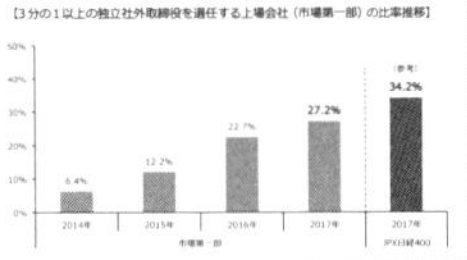	独立社外取締役の導入については浸透しつつあるが過半は2名以上。3名以上の企業は3割弱

（出所）各種データを基に筆者作成

戦後の日本企業の成長においては、メインバンクの人員派遣を含めた深い経営の関与と、取引先を中心とした株式持ち合いによる安定株主の存在、そして内部昇格による役員構成による経営が一般的であり、現在ほど投資家や株主が重要視されていなかった。しかしながら、このような状況下においても高度成長期からバブル期にかけては、企業の業績も企業価値も右肩上がりであったため、コーポレートガバナンスが大きく議論されることがなかったといえる。

しかしながら、国内においてはバブル崩壊後の景気の長期低迷により、多くの企業が事業の再構築に着手せざるを得なくなったが、その過程の中で、業績維持のために多くの不正会計等の問題が発生した。折しも、米国においてもエンロン事件により不正会計問題が発生し、内部統制の強化が進められたこともあり、日本においても関連する法制度や会計制度において、J-soxを皮切りにした内部統制が強化されることとなった。

さらにこの時期は、日本においても事業再生に関して海外の投資ファンドが日本企業をターゲットとした投資を開始した時期でもあり、従来の持ち合いをベースとした株主とは異なる、「物言う株主」による積極的に企業に企業価値向上についての問題提起が行われた。この過程で「会社は誰のものか」という議論がなされ、その結果として、会社機関の在り方も論じられ、2003年度には商法の改正により指名委員会等設置会社が導入されることとなった。

これらに対する企業の動きであるが、内部統制において会計に関する部分についてJ-sox対応は必須であったため多くの上場企業は相当のリソースをかけて整備することになったが、一方で企業の意思決定の迅速化とステークホルダーへの対処という観点から、指名委員会等設置会社の移行(2)や、株式の持ち合いの解消への動きは十分とは言えなかった。

このような状況が大きく変化したのは2013年から2015年にかけてである。この間にも、日本を代表する大手企業におけるガバナンス問題が発生し、これらの抜本的な対処が必要とされていたこともあるが、2013年に閣議決定され、翌年に改訂された「日本再興戦略」においてコーポレートガバナンスの強化が盛り込まれたことが変化の大きな要因である。同戦略においては、コーポレートガバナンスは日本企業の「稼ぐ力」、すなわち中長期的な収益性や生産性を高めるための最重要課題として位置づけられた。

これを受けて2014年にはコーポレートガバナンスの向上を目的とした機関投資家の行動規範であるスチュワードシップ・コードが、2015年には上場企業に対して遵守すべきコーポレートガバナンスの規範を示したコーポレートガバナンス・

(2) 指名委員会等設置会社に際しては一定数の社外取締役の就任が前提となっており、量的・質的にも社外取締役を確保できる企業が限られていたという背景があると思われる。

コードが公表された。これら２つのコードはソフトローであり直接的な拘束力はないものの、特にコーポレートガバナンス･コードにおいては、各企業が開示するコーポレートガバナンス報告書において「Comply or Explain」という形での説明責任を課すことによって一定の規範性を担保している点に特徴がある。また、この動きと並行する形でハードローである会社法もコーポレートガバナンスを進展させるような改正がなされた。特に2015年の会社法改正において従来の指名委員会等設置会社よりも、より要件を緩和した監査等委員会設置会社の設置に関する法整備がなされ、これらの取組により、日本企業のガバナンス対応が加速することとなった(3)。

これらの一連のコーポレートガバナンス改革における特徴であるが、従来においては主に会社における適切な統制・牽制環境を整備することがコーポレートガバナンスの主眼であったことに対し､先述の通り一連の取組については「日本再興戦略」のもとで企業の自律的な成長による企業価値の向上を重視していることとである。これはコーポレートガバナンス・コードの基本原則２において示されている。

また、取締役会や取締役についてもその役割が明確にされている。日本企業の取締役は業務執行の延長上であるオペレーション・モデルが従来は主流であったが、コーポレートガバナンス・コードの基本原則４において、取締役会がいわゆるモニタリング･モデルの考えに立つものであると示されることにより、いわゆる「監督」と「執行」を分離すべきという考えが明確に示された。

さらには、同じく基本原則４において、企業が中長期の戦略に従い企業価値を向上させるための健全なリスクテイクを行っているか否かも監督の対象となる、いわゆる「攻め」のガバナンスという概念が示されている。この点は他国のコーポレートガバナンス・コード等には見られない日本独自の指針であるといえよう。

そして、コーポレートガバナンス・コードにおいては、これらの「攻め」と「守り」のガバナンスをより確実なものにするために、基本原則４において取締役会や取締役の責務についての定義がなされている。特に監督責任を果たすべく社外取締役の存在が重視され、社外取締役の独立性や、取締役会における社外取締役の割合などが言及されている。

なお、コーポレートガバナンス・コードを補完する、様々なレポートやガイドラ

---

(3) 当社の調べによると2018年度において監査等委員会設置会社へ移行した企業は東証１部においては概ね25％以上にのぼり、今後も増加していくものと思われる。

インが提示されている(4)こともガバナンス改革を後押ししているものと思われる。また、ガバナンス報告書作成において「Comply or Explain」が示されているが、これはコーポレートガバナンス・コードに一定の規範性を持たせるだけでなく、企業サイドに一定の説明責任を課している。これらの動きにより、機関投資家及び、議決権行使助言会社の発言力が増すことで、企業サイドのガバナンスへの対応力が増すという循環になっている。

(4) 例えばいわゆる「伊藤レポート」においては企業の稼ぐ力の基準として、ROEの目安を具体的に設定・提示されている。また、東京証券取引所に規定において社外取締役の独立性要件が示されており、独立性の判断を行う際のデファクト・スタンダードとなっている。

3　コーポレートガバナンスの構造

ここでコーポレートガバナンスについて全体像の整理をしておきたい。コーポレートガバナンスの概念を簡単に説明すると、企業が存続するために中長期の展望を示すとともにその条件を満たすための仕組みを整備し、そしてその状況について適切な情報開示を行い、その情報をもとにステークホルダーと建設的に対話することである。

図表1-3　コーポレートガバナンスの構造

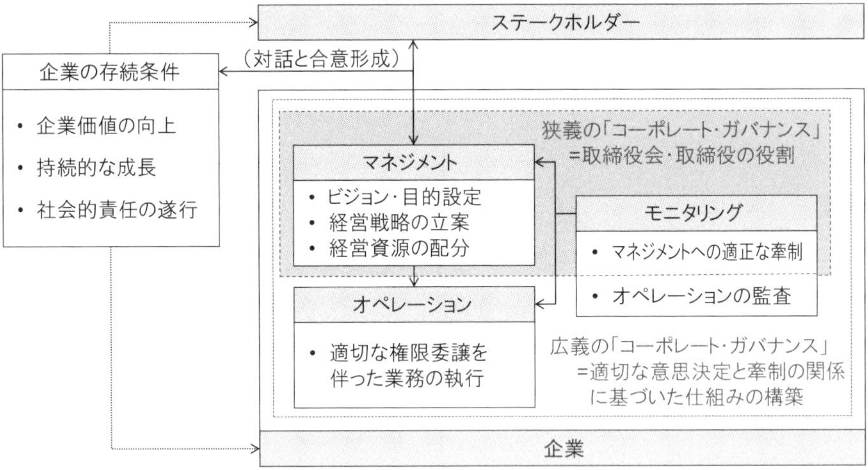

（出所）筆者作成

なお、企業の要件を法的に規定するものは会社法であり、直接的な規範の主たる対象は、株主総会と取締役会、そして取締役（監査役）などである。狭義のコーポレートガバナンスは主にこの部分を示すものであるが、ハードローである会社法で全てを規定することは困難であるため、ソフトローであるコーポレートガバナンス・コードにおいて具体的な取組方針を補完している。

一方で、現実問題として、特に上場企業においては、企業の成長において規模の拡大や事業領域の増加などがなされると、株主総会や取締役会などの会社機関だけで対応することが困難になる。そのため、取締役会は中長期の全社戦略と資源配分の意思決定を議論の中心とし、業務執行については取締役や業務執行を担う経営幹部に権限委譲を行うことが通例である[5]。これにより取締役会の役割は業務の「執行」から、取締役等の業務執行の「監督」が主体になる、いわゆるモニタリング型の取締役会へ移行することが期待されている。

なお、権限委譲された事項に関しては、適切な統制・牽制を行う必要がある。その意味で狭義のコーポレートガバナンスにおいては取締役や取締役会が業務執行を監督することを指すことに対し、広義のコーポレートガバナンスにおいては業務全般の業務執行についての監督や監査も含まれる。

これらをまとめると、狭義のコーポレートガバナンスは適切な取締役会と取締役の在り方を問うことであり、広義のコーポレートガバナンスとは業務執行の権限委譲を行った上で、企業価値の向上のために適切な意思決定とモニタリングの仕組みを構築することと整理される。

図表1-4　コーポレートガバナンスの位置づけ

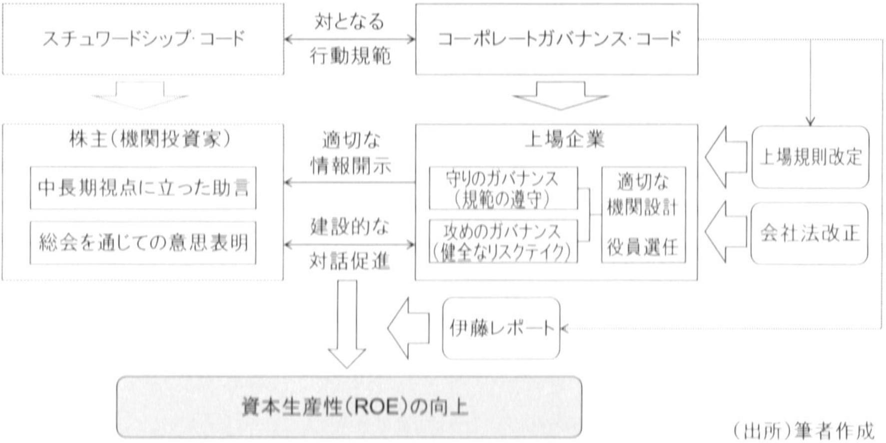

（出所）筆者作成

これらのコーポレートガバナンスの考え方に加えて、特に上場企業の場合は企業価値や資本生産性などの指標を通じて、直接の利害関係者である株主・投資者サイドと対峙することにより永続的な企業の成長を目指すという点で、株主と企業がそれぞれの立場で行動することが求められる。これらを具体的な規範として定めたのが、前項で説明したスチュワードシップ・コードとコーポレートガバナンス・コー

(5)　監査役等委員会設置会社においては、業務執行取締役に意思決定の一部を権限委譲することで、取締役会における監督機能への移行を可能としている。

ドという２つのコードである。

これらのコードの整備により、上場企業の狭義のコーポレートガバナンスは確かに整備されたが、企業経営にとって重要なのは広義のコーポレートガバナンスである。なぜなら、もちろんコーポレートガバナンスそのものは経営の目的ではなく、あくまで企業が継続的に成長していくことがその本旨であるからである。そのため、多くの企業においてコーポレートガバナンス対応を起点として「経営の高度化」への取組が進められるようになった。

この「経営の高度化」の取組を整理すると、コーポレートガバナンスにおける「攻め」と「守り」の考えが、より理解しやすくなる。

具体的に説明すると、日本企業の経営においては、今後、国内のマクロ環境が中長期的に成熟化していくことを鑑みると、従前の事業の繰り返しでは持続的な成長が困難な局面に行き当たることは想像に難くない。

図表1-5　経営の高度化

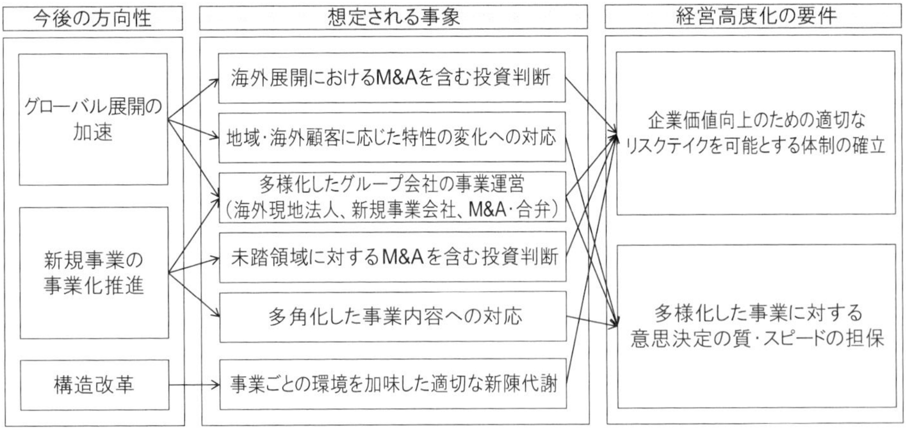

（出所）筆者作成

このような環境において、企業が考えうる戦略の方向性として、大きくはグローバルへの展開や、新規事業領域の拡大、さらに既存の事業の撤退も含めた構造改革などが想定されるが、それぞれの着手においてはM&Aや大規模の投資が必要となる一方で、場合によっては一定の損失の発生を伴うことが想定されることもあり、高度な意思決定が必要になることが多い。さらには上記の意思決定局面のみならず、その後の事業運営をスムーズに行うという観点では、地域や事業特性に応じて柔軟かつ迅速な業務執行が求められるのも事実である。

このような状況に鑑みると、企業における柔軟かつ迅速で質の高い意思決定を実行可能にするために必要なことは、執行権限を適切な形で委譲することである。

一方で、巨額の投資やコストの投下を伴う案件や、損失を伴う事業構造改革については、仮に執行権限を委譲しても、執行サイドが意思決定を躊躇することも現実には想定される。この場合、当該取組が企業価値を上げるための必要なリスクテイクであるかどうかを判断し、意思決定を後押しすることも必要である。この執行権限の委譲と、リスクテイクを促す観点での監督機能の強化を進めることが「攻め」のガバナンスといわれるものである。

図表1-6　経営高度化とガバナンスの関係

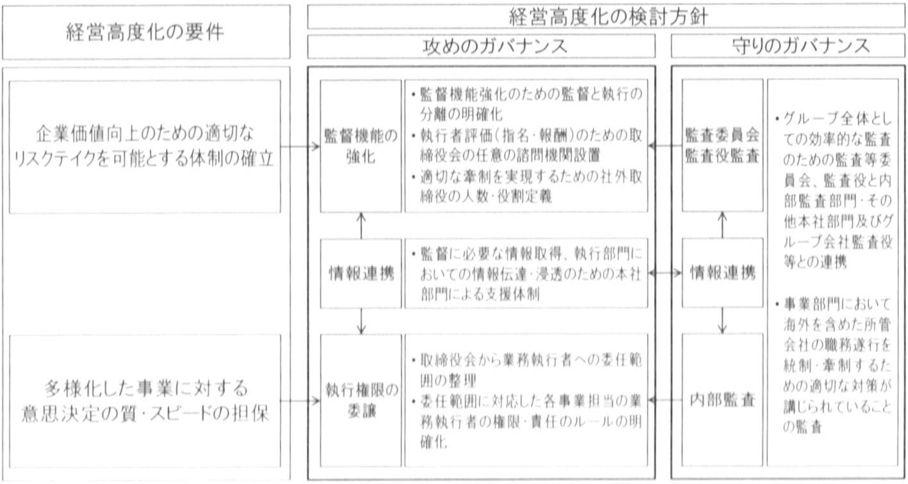

（出所）筆者作成

この「攻め」のガバナンスについては、日本企業においてもグローバル展開や新規事業への取組が進んでおり、また手段としてのM&Aが一般化したこともあり、近年では一定の進展を見せているという指摘もある。しかしながら、バブル期の過剰投資の反省からM＆Aや大型投資については慎重な企業も未だ多いのも実情である。さらに、事業の撤退を伴う構造改革については過去の経緯からも逡巡があり、結果として意思決定が遅れるという面は否めない。一連のコーポレートガバナンス改革においては、取締役会において社外取締役が積極的に助言することによって積極的な投資と事業構造改革を進める「攻め」のガバナンス[8]を充実させ、持続的に資本生産性、ひいては企業価値を向上させるという狙いがある。

一方で、従来のガバナンス課題の本筋であった「守り」のガバナンスについてであるが、これら一連のコーポレートガバナンス改革の中で課題が解消されたわけではない。また、「攻め」のガバナンスにより業務執行に係る権限委譲が進む場合は、より一層のモニタリングや統制が必要となる。

これらの課題に対するコーポレートガバナンス・コードにおいては、基本原則4－4で監査役等による責務に触れながら、補充原則にて情報収集力の強化を求めつつ、社外取締役・監査役の独立性維持を担保することにより、いわゆる「守り」のガバナンスの有効性を高めようという趣旨である。

コーポレートガバナンス改革は、これまでの説明の通り「攻め」と「守り」の観点から、業務執行権限の委譲によるモニタリング・モデルを意識した機関設計の見直し、そして社外取締役等を活用した運営の見直しにある。なお、忘れてはならないのは、これらの改革を下支えするために取締役会及び社外取締役をサポートする本社機能の充実であるが、これについては後ほど説明する。

---

(6)「攻め」のガバナンスについて、コーポレートガバナンス・コードの記載については内容が曖昧であるという指摘が存在したが、今回のグループ・ガバナンス・システムに関する実務指針においては、「攻め」のガバナンスを具体的な取組として事業ポートフォリオマネジメントを明確に掲げている（詳細については第2部で説明する）。

４　コーポレートガバナンス改革へ向けた企業の取組

ここまでは、コーポレートガバナンス改革について、主に制度面の整備状況について、背景要因をひも解きながら解説した。

近年のガバナンス重視の流れの中で、多くの上場企業においてガバナンス改革に着手せざるを得ない状況である。一部の企業においては、ガバナンス改革を「経営の高度化」と捉え、積極的に対応していると先述したが、一方で多方面にわたり企業経営に影響を及ぼす取組でもあるため、負荷が高いと認識している企業も存在するなど、対応には温度差も見られる。

それでは、どのような背景や視点で企業はガバナンス改革に取り組んでいるのであろうか。以下では筆者が所属する日本総合研究所で実施した、コーポレートガバナンス・コードの対応に関するアンケートであるが、これを見ると多くの企業が肯定的な回答を寄せている。

図表1-7　コーポレートガバナンス・コードの対応

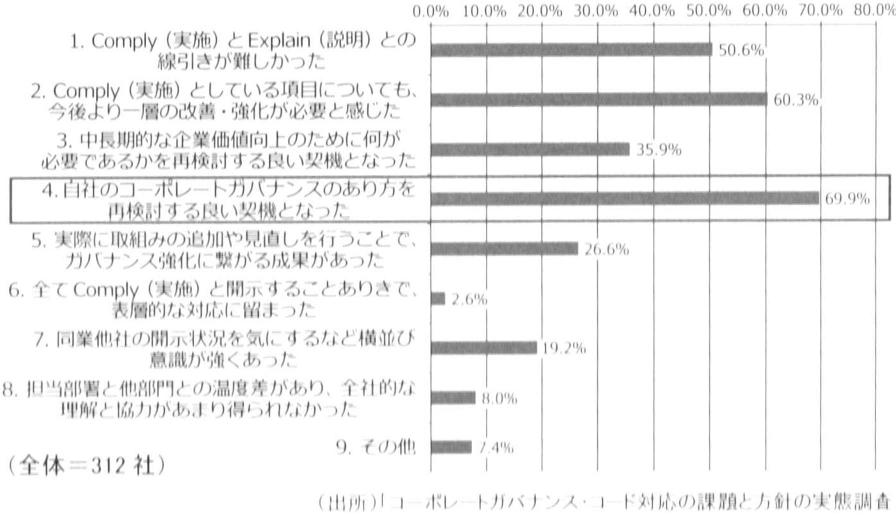

（出所）「コーポレートガバナンス・コード対応の課題と方針の実態調査」
2016年1～2月に日本総研で実施

もちろん、この回答はコーポレートガバナンス・コードが一定の規範性を有しており、企業において前向きに対応する必要のある性格のものであることが影響しているとは思われるが、それ以上に意思決定や牽制・統制という企業経営の本質に関するテーマであり、企業においても自己改革の必要性を認識しているからであろうと推察する。ガバナンス改革について積極的に対応するためには、機関設計や役員人事制度の見直しが必要であることはいうまでもないが、一方で、取締役会や監査役会などの機関設計と運用、そして役員の人事制度の改革などが必要ではあるが、それだけでは会社は動かないことも企業は十分に認識している。

企業においてガバナンスを有効に利かすためには会社機関の改革を通じて様々な組織や業務、会社のルールなどを変えていく必要がある。下図においてはコーポレートガバナンス・コードの対応を起点として、どのような経営強化に結びつくかを整理したものである。図の左側はコーポレートガバナンス・コードの基本原則においての重要な事項を、右側は企業の経営力の強化に関する重要なポイントを整理したものであり両社は密接に関連することが理解できよう。

図表1-8　ガバナンス構築による経営高度化

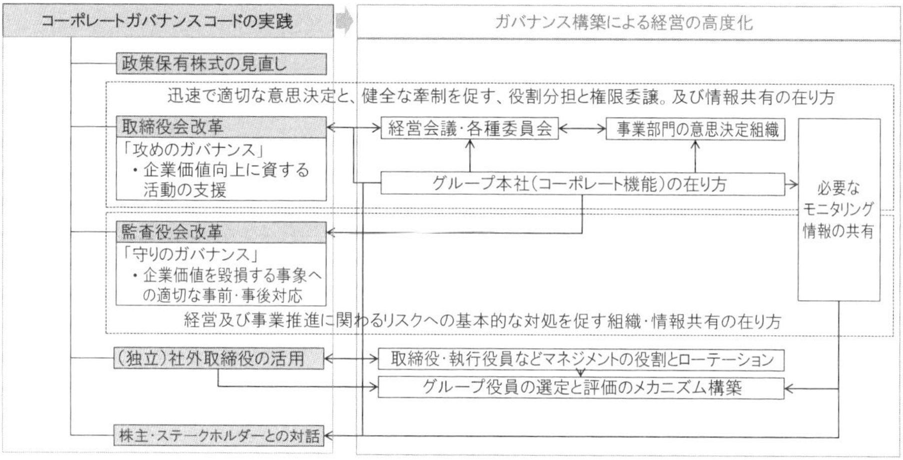

(出所)筆者作成

特に、取締役会の役割が執行に対する監督が中心になるに伴い、業務執行にかかわる組織の充実と人的強化が必要になる。また、執行について権限委譲を進める上では、各種のモニタリングや監査をはじめとする内部統制が重要になるが、これらを把握するためのシステムや業務プロセスなども重要になる。

さらに取締役での有効な議論、モニタリングの強化のための経営管理の充実も必至の取組となる。そして、これらの取組は本社部門が中心になって取り組むべきものであり、経営企画のみならず、経理財務、人事、法務、総務など各部門の連携が必要となる。かつてのコーポレートガバナンス対応は、株主総会や取締役会への対応として総務部門を中心としており、その状況から見ると近年の対応については隔世の感があるが、それだけコーポレートガバナンスが経営における重要課題になりつつある証左である。

それでは、企業におけるガバナンス対応と経営高度化の取組方法は具体的にはどのようなものであろうか。以下において簡単に整理を行う。

図表1-9　経営高度化へのアプローチ

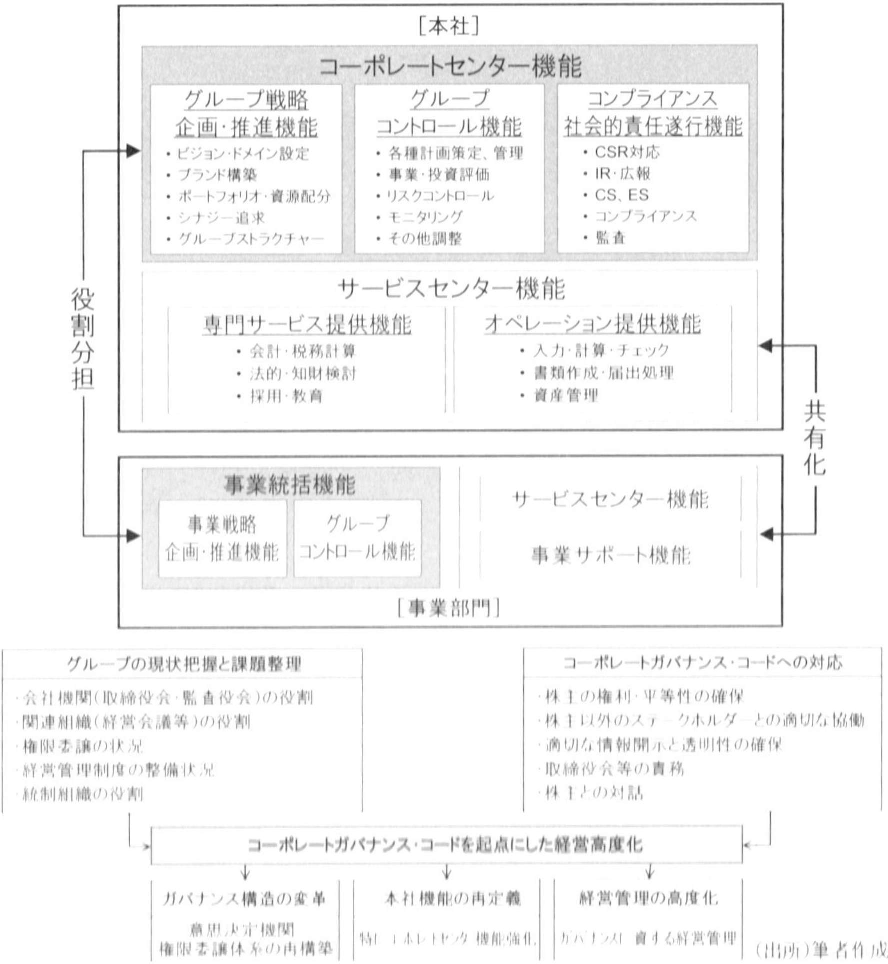

（出所）筆者作成

図は、コーポレートガバナンス・コードを参考にしつつ経営の高度化を推進した企業の事例であり、組織、権限及びモニタリングの状況を確認しながら整備を行ったものであるが、その際の重要な視点は下記の３つである。

①　ガバナンス構造の変革

取締役会を中心とした会社機関とそれをサポートする経営会議などの会議体の役割分担を明確にする。また、取締役に対しての業務執行範囲を明確にした上で決裁権限規程等の見直しを行うとともに、モニタリングを実施する内部統制システムの整備と関連する組織間の連携を明確にする。

②　本社機能の再定義

ガバナンス強化に必要な本社機能についての再定義を行う。具体的には、取締役会を中心とした会社機関や、社外取締役等に適切に情報を提供するサポート機能の強化に加え、多くの企業で不足がちと思われる内部統制・モニタリングに関する機能の充実などが想定される。

③　経営管理の高度化

多くの企業においては予算や業績の進捗管理に関するモニタリングについては整備されていると思われるが、「攻め」のガバナンスを実現するための意思決定指標の充実が求められている。特に、近年のコーポレートガバナンスに関する議論においては、資本コストを意識した経営パフォーマンスの測定や、投資対効果などのモニタリング指標の整備が必要と思われる。

下図は、これらの視点をベースに課題をそれぞれのカテゴリー（A ～ G）に構造化して整理したものである。具体的には会社機関の設計を最上位の概念におき、それを補完する組織や、組織運営のための各種の規程やルール、さらには人事制度などの取組事項を整理している。さらに、運用として実際にスムーズに運営できるための要件についても触れている。

図表1-10　ガバナンスを起点とした取組の構造

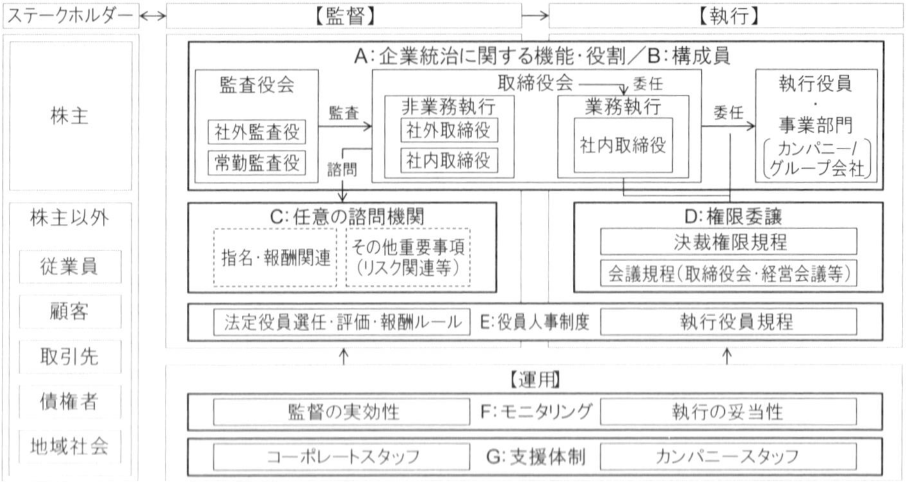

（出所）筆者作成

上記の構造化に基づいて主要な取組事項の論点を整理したものが下表である。以下、カテゴリーごとに解説する。

図表1-11　主要な取組項目

検討項目			主要論点
A	企業統治に関する機能・役割	基本方針	・監督と執行の分離に関する方針 ・意思決定スピードとリスク管理のバランスに関する方針（権限委譲⇔中央集権） ・社外役員等の活用方針
		必要機能・役割の定義	・法定機関に関する機能定義（監督機能、監査機能、指名・報酬に関する機能） ・その他意思決定及びリスク管理プロセスに必要となる機能・役割の洗い出し・定義
		業務執行に係る設計	・持株株会社制、カンパニー制、事業部制等の業務執行に関する組織設計 ・執行役員制度等の導入要否
B	構成員	各機関の構成要件の定義	・取締役会、監査役会等の構成方針（人数、能力、経験、等のバランス） ・役員の兼任等に関する方針（監督と執行の分離方針との整合）
		候補者の確保	・社内役員・経営陣の登用方針（社内から/社外から）
C	任意の諮問機関	設置方針	・指名・報酬及びその他重要事項（リスク関連等）に関する諮問機関の設置の要否
		諮問機関の設計	・諮問機関の具体的内容に関する設計と規程等による運営方法の明文化
D	権限委譲	権限委譲範囲の整理	・取締役会から取締役（さらに執行役員、部門長等）への権限委譲の項目と基準 ・決裁権限規程、各種会議規程等での権限ルールの明文化
		意思決定機関の設計	・経営会議、常務会などの実質的な意思決定機関の設置、役割定義 ・各機関の機能重複や機能不足等についての検証
E	役員人事制度	選任ルール	・取締役、監査役、執行役員等の選任基準の明確化（社外役員含） ・役員等選定プロセスの明確化（グループ会社役員含）
		評価・報酬ルール	・社内外役員に対する期待役割の定義と伝達 ・評価基準と整合した報酬ルールの設計、評価・報酬決定プロセスの明確化
F	モニタリング	各機関の運用状況	・取締役会、経営会議等の実効性の評価、フィードバックの仕組み ・監査等の実施状況、実効性に関する評価、フィードバックの仕組み
		役員の役割遂行状況	・役員評価基準に則った評価、フィードバックの仕組み
		グループ会社の運営	・グループ会社の経営状況の把握と統制の仕組み（所管と責任の明確化を含む）
		PDCAサイクルの運用	・経営計画や年度予算に対する実績評価と具体行動への落とし込み、次の計画への反映 ・個別決裁事項に関する進捗確認と評価の仕組み
G	支援体制	情報連携	・意思決定のための役員・経営陣への情報提供 ・事業部門（カンパニー・グループ会社）への情報伝達・浸透
		役員のトレーニング	・個々の役員ごとのトレーニング機会の提供

（出所）筆者作成

A）企業統治に関する機能と役割

コーポレートガバナンス改革の議論の出発点は、機関設計の前提条件となるガバナンス方針を整理することである。特に監督と執行の分離を、どの程度進めるかにより、取締役会の位置づけが変わる点に留意が必要となる。またこの議論の際には、指名委員会等設置会社もしくは監査等委員会設置会社への移行を検討することも有用である。そして、これらの委員会と監査役会の会社機関のどちらが機能するかについては、現状の社外も含めた取締役の構成にも配慮する必要性がある。

これらの方針をもとに取締役会の役割、業務執行権限の委譲内容を整理するとともに、決定した方針のもとで実際にスムーズな事業運営を可能とする組織形態、例えば持株会社やカンパニー制度などへの移行の検討も併せて行うケースが、近年では増加している。

B）会社機関の構成員

機関設計の方向性が固まった段階で、会社機関の構成員を具体的に検討する。まずは取締役・監査役など役員の社内と社外の構成比を検討することから入るのが一般的である。特に、近年ではコーポレートガバナンス・コード等が導入・施行されているが、機関投資家や議決権行使助言会社などがすべきポイントである独立社外取締役の比率が増加要請に対応している(7)かを意識した検討が必要である。なお、近年は社外取締役の確保について質的・量的な不足の状態が続くと想定されるため、長期視点での社外取締役の採用計画が必要でもある。

さらに、近年では取締役会全体の人員構成は社外・社外の構成比のみならず、ジェンダーやグローバルという観点からも多様性が求められているとともに、有効性が担保されるための構成、つまりは、それぞれのバックグラウンドの多様性を確保しつつ必要なスキル構成を揃えることも重要であり、その点から考えるとスキルマトリックスの活用も有効な手段となりうる。

C）任意の諮問機関

会社の機関設計を行う一方で、取締役会を補完する諮問機関についても検討が必要となっている。その中でも指名委員会や報酬委員会(8)の設置は一般的になりつつあるが、その背景として企業価値の向上において経営者の選任というのは重大な関心事項であり、報酬水準もその妥当性だけではなく、中長期の企業価値向上に対する意識づけが図れたインセンティブ設計となっているかについても注目度が高まっていることにある。そして、これらの決定プロセスが恣意的かつ独善的にならないように社外取締役の目を通すことが推奨されている。

この他にも企業においては、取締役会における意思決定や監督を補完するための任意の組織を設置することが多い。特に近年は、グローバルや多角化などの事業拡大局面においてM&Aを中心とした多額の投資を行うケースも増加しているため、時間的かつ情報量の制約が存在する中ではあるが、社外取締役を含めた投資委員会を組成して集中的な審議を行う企業も増えている。

(7) 東京証券取引所の調査（2018年７月31日）によると、東証１部上場企業において複数の独立社外取締役を選任している割合は91.3%であり、３分の１以上を選任している割合は33.6%となっている。

(8) 指名委員会及び報酬委員会は、監査役会設置会社及び監査等委員会等設置会社においては任意の諮問機関であるが、指名委員会等設置会社においては法的に設置が義務づけられている。

なお、この他にも業務執行に当たり、企業における意思決定を補完、サポートするための諮問機関が企業には多く設置されており、特にコーポレートガバナンス・コードが施行される以前において、経営会議や常務会などの会議体が取締役会の機能を実質的に果たしていた企業も多く存在する。

これらの会議体については、取締役会の形骸化を招くものという批判が存在するが一方で、取締役会についてモニタリング・モデルの考えに立てば、これらの会議体は業務執行の権限委譲を受けた経営陣が連帯して意思決定を行うための機関、もしくは権限委譲を受けた経営陣が個別に意思決定を行うための諮問機関という位置づけに整理されるが、これらは意思決定の有効性を図る上で格好のモニタリングの対象になるといえる。このような観点から、取締役会と経営会議・常務会等との関係を整理した上で、明確化された役割分担の下で審議事項の切り分けを行うことが重要である。

D）権限委譲の具体化

機関設計とそれに付随する役員構成の在り方、及び任意の諮問機関についてのアウトラインが整理された段階で権限委譲の内容を具体的かつ詳細に落とし込むプロセスが必要となる。実務的に、これらの内容を落とし込む対象は取締役や執行役員等と取り交わす委任契約や、社内における各種の会議体規程や職務分掌規程、及び決裁権限規程などの社内規程である。

前者については、従来は内部昇格による選任が多かったこともあり、委嘱する業務と付与する権限が曖昧な傾向にあったが、近年では指名委員会による選任時での議論や、報酬委員会におけるパフォーマンス評価において、委嘱する業務と権限委譲の内容の理解が必要であること、さらには外部からの経営人材をスカウトする際に諸条件の明確化を要求されるなどという背景が存在する。

また、後者については取締役会、監査等委員会、もしくは監査役会などの会社機関の役割と権限をあらためて明確にするとともに、上程される事項について決裁、審議、報告などの位置づけを明確にすることが重要である。そして、意思決定において取締役、執行役員をはじめとする経営幹部職、及び指名委員会や報酬委員会などの任意の諮問機関、さらには経営会議や常務会などの会議体などの役割と権限を具体化、詳細化しつ規程として明文化することで、組織運営の明確化と、その後の内部統制におけるモニタリングの円滑化が図れるのである。

Ｅ）役員人事制度の見直し

コーポレートガバナンス改革において重要なポイントは取締役会及びその構成員である取締役であることはいうまでもない。そして、取締役が適切なプロセスや基準で選任されているか、そして報酬水準が妥当なものであるかについてもステークホルダーにとっては大きな関心事項である。

そのため、コーポレートガバナンス・コードにおいても役員の選任や報酬の決定については基本原則４－10及び補充原則において、任意の機関の活用と社外取締役による適切なプロセスによる決定であるべきとしている。

このように決定プロセスについては透明性や公平性がコーポレートガバナンス・コードにより担保されつつある一方で、報酬総額だけ機関決定して具体的な内容については「社長一任」という形式をとっていた企業も少なからず存在しており、役員(9)の指名・報酬についてコーポレートガバナンス・コードの趣旨に見合うように再設計を行う企業が増加している。

指名・報酬制度の設計についての基本的な考え方としては、特に取締役については「監督」と「執行」、それぞれの役割に見合う報酬・インセンティブをそれぞれに支給することを原則とするが、その中で、「監督」対価については社外取締役、監査役と、「執行」対価については執行役員と平仄を合わせる形で設計するのが近時のトレンドである。なお、報酬設計を実施する前提としては役位ランクを設定するのが一般的と思われるが、この役位ランクの認定基準とプロセスを指名委員会と共有して審議する、さらにはサクセッション・プランと連動させる企業も増加している。これらの、詳細については「コラム２　ガバナンスを意識した役員報酬の再設計」を参考にされたい。

Ｆ）モニタリング

コーポレートガバナンス改革においては、取締役会における「監督」と「執行」の分離が基本的な思想であるが、コーポレートガバナンス・コードにおいても「監督」が主体のモニタリング・モデルが意識されている。モニタリング・モデルの実現のためには積極的な業務執行権限の委譲が行われるべきであるが、一方で取締役会が業務の執行状況を適切にモニタリングすること、また監査等委員や監査役がそ

(9)　一般的に取締役・監査役及び執行役・執行役員の人事制度は一体であることが多いため本稿では役員人事制度という表現にしている。

の職責を十分に果たすためには、内部統制システムが有効に機能することが前提条件であることはいうまでもない。

特に、一定以上の規模の企業におけるモニタリングについては、直接的な監査手法には限界があり、内部統制に依拠する間接的手法にならざるを得ないのが実情である。そのため、この内部統制システムをより有効に作用させるための取組が重要である。

なお、内部統制全般はいわゆる「守り」のガバナンスをつかさどる重要な要素であるが、一方でコーポレートガバナンス・コードでは、基本原則４において取締役会が「経営陣幹部による適切なリスクテイクを支える環境整備を行うこと」とされており、いわゆる「攻め」のガバナンスを実行するためのモニタリング体制も重要であることが示唆されている。具体的には取締役会における経営の監督を有用にするために資本コストを意識した全社及び事業のモニタリング体制を構築するなどの手立てが想定される。

その他の観点としては取締役会そのものが有効に運営されているかなどについて常にモニタリングが必要であり、取締役会における有効性の評価についても今後は重要になると思われる。

G）支援体制の整備

コーポレートガバナンス改革の重要なポイントは、取締役会などの機関設計と取締役のパフォーマンス向上であることは間違いない。しかしながら、一方で企業規模が拡大すると事業執行を委任された経営陣に対する経営の監督を取締役会及び監査等委員会などで充分にカバーすることは困難になる。また、取締役会において一定の割合を占める社外取締役は、その名の通り常勤ではないため、一定レベルの監督の遂行が可能になるような配慮が必要である(10)。

具体的には、本社コーポレート部門の機能及びスタッフを強化することや支援組織などの体制構築、さらには取締役会へ情報を提供するインフラの整備や、取締役間でのコミュニケーションを確保できる場やツールの作りこみなどが想定される。

なお、これらの環境整備として、「取締役のモニタリング能力の向上」を積極的

(10)「コーポレート・ガバナンス・システムに関する実務指針」の2.5.4において、コーポレートガバナンス関連事項を一元化して対応するカンパニーセクレタリーの設置に言及するなど、実効性を高めるための体制構築についての重要性が言及されている。

に支援すべきという考えも存在する。日本企業における社内取締役は業務執行が主体であったために「監督」という形での動きに不慣れであるという側面がある。取締役会の運営においてよく見られるのが、社内取締役は自己の担当分野以外について積極的に発言しないというのが象徴的な事象であるといえよう。その観点から、取締役候補になる段階からトレーニングを開始することや、社外取締役とペアリングを行うなどの手立てを近年では採用する企業が増えている。

コラムⅠ　社外取締役の確保

2015年に施行されたコーポレートガバナンス・コードは、上場企業の経営に様々なインパクトをもたらした。中でも、「監督」と「執行」を明確に分離すること、そして一定数以上の社外取締役を選任することは、ステークホルダーへの説明責任を果たす上で重要なポイントとなっている。

東証によると２名以上の独立社外取締役を選任している企業は、すでに全体の９割以上を占めるようになった。また、社外取締役に求められる役割も広がりを見せており、多くの上場企業において指名・報酬委員会や投資委員会で活用されるほか、近年増加している監査等委員会設置会社における監査等委員としての起用も増えている。

図表1　指名委員会の設置状況

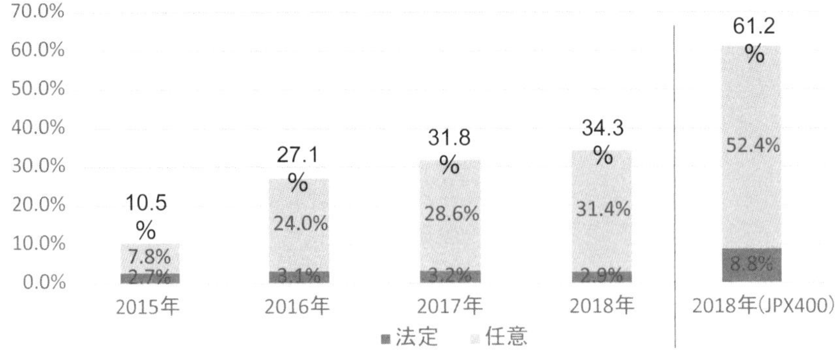

(出所)㈱東京証券取引所「東証上場会社における独立社外取締役の選任状況、委員会の設置状況及び相談役・顧問等の開示状況」2018年7月31日

さらに、2018年のコーポレートガバナンス・コードの改訂では、取締役会における独立社外取締役の一層の増加を求めており、上場企業はますます社外取締役の確保に力を入れるようになってきた。

一方で、社外取締役の選任プロセスについては、トップマネジメントによる「人づて」が現在でも最も有力であるが、このような旧態依然の方法には、説明責任や独立性の観点から問題がある。

また、候補者も弁護士、公認会計士及び官僚経験者などに集中しスキルや経験に偏りが存在するため、近年重要視される「攻め」のガバナンスの役割を担うに足りる背景を有した人材であるかという観点からも疑問が持たれる。

これらの課題を解決する手段の一つとして、「スキルマトリックス」が注目されるようになった。簡単にいうと、取締役に必要とされるスキル（例えば、財務会計や法務、業界及び経営に関する一般的な知識など）や経験・ノウハウ（経営者としての経験、海外経験など）を列挙し、取締役会の構成メンバーが実際にこれらのスキルや経験・ノウハウをどれだけ有しているかを、個人ごとに「星取表」で示すものである。

図表２　スキルマトリックスの事例

経験・素養＼取締役	A	B	C	D	E	F
学術研究					●	
企業倫理						●
部門長・管掌経験	●	●	●	●	●	●
事業執行	●	●	●	●	●	●
コーポレートガバナンス	●	●	●	●	●	●
環境・サステナビリティ・企業の責任		●	●			
財務・資本配分	●			●	●	●
財務の専門知識・リテラシー	●	●	●	●	●	●
・・・業界	●					
・・・		●				
・・・　事業分野・領域			●			
・・・				●		
・・・						

（出所）Prudential Financial.Inc「2016 Ploxy Statement」より日本総研作成

このスキルマトリックス全体を見れば、取締役会全体として所持するスキルや経験・ノウハウに欠落や不足が存在するかどうかの確認が容易となることから、それらのポートフォリオを見直しながら取締役会の「攻め」と「守り」のバランスを取ることも容易となる。そのため近年では、上場企業での活用や開示される事例が増加しつつある。

「スキルマトリックス」を作成、運用する過程で、「社外取締役をどのように活用するのか」という視点から必要なスキルや経験・ノウハウを加えることは非常に有用である。社外取締役の質的な要件が明確になれば、エグゼクティブ・サーチの効果的な活用が可能となるため、「人づて」だけに頼ることのない、選任手段の多様化が実現できるからである。

一方で、「スキルマトリックス」にも限界がある。なぜなら、この手法はあくまでも取締役会全体の運営に必要とされるスキル・素養や、知識・ノウハウが網羅されているかを確認するためのものであり、構成員である取締役が保有するスキルやノウハウが実際の取締役会で発揮しうることを担保するものではないからである。そして、取締役会の運営において、社外取締役が有効に機能するためには、単純にスキルや経験・ノウハウだけではなく、積極的、かつ躊躇なく助言を行う胆力が求められる。また、今後は社外取締役が取締役会や各種委員会の議長に就任するケースも増加すると想定されるが、この際は一定のリーダーシップが求められる。これらの要素は「スキルマトリックス」では測定できないものであり、別の判断軸が必要である。従来、これらの判断はトップとの「相性」という曖昧な基準が一般的であったが、近年では対象者の行動特性を客観的に測定・評価する「コンピテンシー」が着目されている。

社外取締役の選任においては、「スキルマトリックス」にこれら「コンピテンシー」の要素を加味して候補者を評価することが、その有用性を増すと思われる。そして、これまでの「人づて」と「相性」による選任プロセスから、「スキル」と「コンピテンシー」による選任へ移行することが、社外取締役の要件をより明確化することとなり、最終的には客観的な選定プロセスの整備が今後の社外取締役の人材マーケットの拡大につながると考える。

コラム２　ガバナンスを意識した役員報酬の再設計

コーポレートガバナンス改革と並行して、役員報酬の見直しを行う企業が増加しているのはすでに述べた通りである。役員報酬の設計思想は企業によってもちろん異なるが、コーポレートガバナンス改革という観点から設計のポイントを整理すると、主なものは下記の通りになると思われる。

（１）「監督」対価と「執行」対価を分離

コーポレートガバナンスにおける基本思想は「監督」と「執行」の分離であるが、役員報酬にもそれを反映させることが重要である。さらに、ガバナンス強化において報酬設計の基本思想は当然に報酬委員会で議論され、その結果を近年の流れである報酬開示において示す必要があると考えられる。

（２）取締役・執行役員の役位フレームを整理

指名及び報酬については、取締役・執行役員の職務上の序列の設定や、役割を明確にするために、下表のように役位ランクを設定することが有用であると考える。

図表１　役位フレームの構築例

契約関係	社内 社外	役位ランク Executive-grade	役位				
			会社法			会社ごとに独自設定	
			代表権	監督	監査	執行	管掌する組織・機能
		EX-6				会長	
		EX-5	代表権 付与範囲	取締役		社長	全社組織
		EX-4				副社長	
	社内	EX-3				専務執行役員	
委任契約		EX-2		取締役 選任範囲		常務執行役員	本部組織 事業部組織
		EX-1				執行役員	
		EX-N		取締役	監査等委員		
	社外	EX-O					

（出所）日本総研作成

表は監査等委員会設置会社を念頭においた役位フレームの例である。一般的に監督権の行使において取締役は相互の関係は対等であるため、役位フレームに影響されず序列が存在しない。一方、執行サイドについては権限の付与に従って一定の序列が発生すると考えられるので、役位ランクに応じて序列を示す役位を付与する方法をここでは採用している。なお、この役位フレームにおける役位ランクに対する昇格、降格要件を示すことで指名委員会における議論の円滑化が図れるとともに、サクセッション・プランの対象者も明確になるという利点がある。

（3）役位フレームに応じた報酬設定

役位フレームを設定した後に、具体的な報酬設定の検討を行う。報酬については下表のように固定報酬と業績連動報酬、現金報酬と株式報酬、そして年度報酬と中長期報酬と形で整理される。これらの報酬について報酬総額を意識しながらバランスの良い配分を検討することとなる。

図表２　報酬体系の一例

			固定報酬	業績連動報酬		
			現金報酬		株式報酬	
			年度報酬(STI)		中期報酬(MTI)	長期報酬(LTI)
			1. 基本報酬	2. 賞与	3. PS	4. RS(プレーン)
社内	取締役	執行役員	○	○	○	○
		監査委員	○	-	-	△
		執行役員	○	○	○	○
社外	取締役	監査委員	○	-	-	△
		-	○	-	-	△

（出所）日本総研作成

個々について簡単に言及すると、取締役の基本報酬部分は原則全ての役位で同額であり、執行役員のそれは役位に応じて段階的となる。また、業務連動報酬についてはいろいろな考えがあるが、経営陣として全体に対しての経営責任・執行責任のある取締役は、全社業績に対して中長期の報酬が中心となる。これに対し、個別業務の執行を委任されている取締役、執行役員については担当業務に対する短期報酬が中心となる。ただし短期的成果の追求に陥らないように一定の中長期報酬を付与する形が望ましいといえよう。なお、代表取締役や、取締役会議長、監査等委員長などの役職については、別途固定で役務給を付加することが想定される。

なお、最近は中長期報酬については株式報酬として付与するケースが増加しているが、付与については様々なバリエーションが想定され、企業の実情により柔軟に設定すべきであろう。

図表３　インセンティブの設計事例

単年度インセンティブ	中長期インセンティブ	
	株式報酬	
役員賞与	業績連動して割当数を算定するタイプ（業績連動算定型）	割当数を予め固定するタイプ（非業績連動算定型）
現金（一部に株式活用も）	PSや、業績条件を付したRS等	プレーンなRS等
当期利益の配分	中期経営計画達成への動機づけ	株主価値向上への共感性
↓	↓	↓
×（設定しない）	×（設定しない）	○
利益配分性のあるインセンティブの付与は、社外取締役への役割期待（監査・監督業務）と相反する。	同左	株式報酬それ自体に広義の業績連動性はあるものの（株価変動）、割当基準をKPIとの連動算定から切り離すことで、社外取締役の役割期待を阻害しないで株主価値とペアリングできるインセンティブを組成できる。

（出所）日本総研作成

以上、役員報酬の再設計の構造を簡単に説明したが、検討の根底にはステークホルダーが納得しうる、わかりやすく公平な制度が要求されているということはいうまでもない。一部では、日本企業における役員報酬水準が欧米に比較して低いなどの批判があるが、これらの声に惑わされず、説明責任の果たせる制度の設計と運用ができれば十分であろう。

コラム3　資本コストをめぐる論議

日本における近年のコーポレートガバナンスの特徴は、適切なリスクテイクのもとで企業価値の向上に努めるといういわゆる「攻め」のガバナンスにあるといえる。この「攻め」のガバナンスについての背景であるが、日本企業の「稼ぐ力」を高めるために2013年の日本再興戦略で触れられたことに端を発していることは、すでに説明したとおりである。これらの流れを受けて、コーポレートガバナンス・コードにおいては、経営陣に対して「資本コスト」を意識した価値創出活動を求めており、これを補完するように伊藤レポートにおいて資本生産性を表すROEという具体的な収益指標を議論に出されたことは記憶に新しい。これらの流れの中で使われているROEという指標は多くの企業経営者に馴染みの深いものであるが、「資本コスト」という概念はまだ十分に浸透しているとは言えない。これらの議論はコーポレートファイナンスの基本概念であるが、ガバナンスを考える上で重要であるために以下で整理する。

図表1　企業価値創出活動の全体像

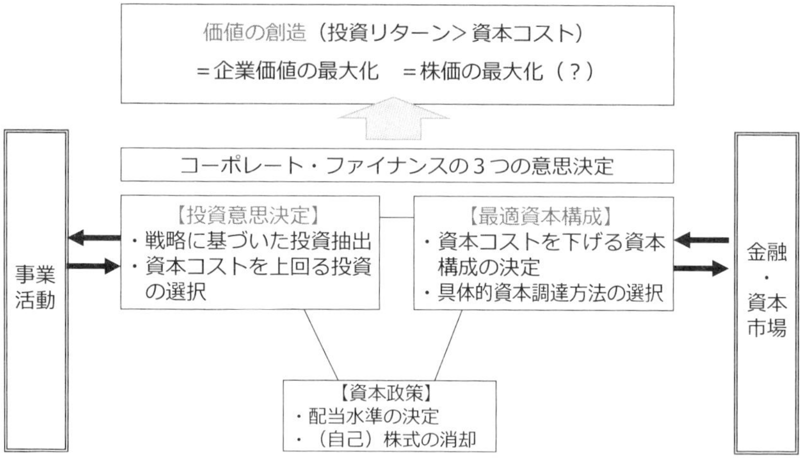

（出所）筆者作成

上図の通り、企業は事業の展開に際して、必要となる資金を直接金融もしくは間接金融によって調達して、その資金を事業に投下し利潤を得る。そして得た利潤をさらに事業に再投資するか、もしくは資金の出し手に還元する。

この循環が良好であれば中長期的に企業価値が拡大する。そして、好循環をどのように保つために重要な要素が、どのような形で資金を調達し、その資金をどの事業に投資をするかということである。

図表２　コーポレートガバナンスの構造

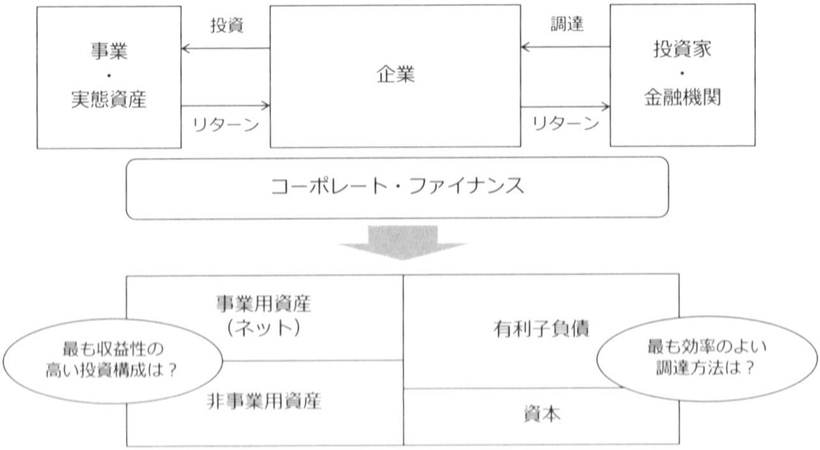

（出所）筆者作成

すなわち、下記の構図において、調達に対して支払うべきリターンよりも、事業に投下して受け取るべきリターンが上回る状況をいかに維持するということが企業価値の創出の源泉ということである。

しかしながら、現実としては事業への投資が全て成功する訳ではなく必ずリスクが存在する。特に未知の領域である海外や新規事業などはなおさらのことである。したがって、経営としてはリスクを見定めてより収益性の高い投資構成と考える必要がある。また、資金調達にしてもフリーハンドに調達できるわけではない。企業の信用力によって調達条件は異なるので、様々な制約条件のもとで最適な調達方法を組み合わせて対応する必要がある。

まとめると、コーポレートガバナンスにおいて重要なことは、投資リターンが資本コストを上回っているかを常に意識した経営を行うということであり、さらに指標をもってこの状況を株主や投資家に説明することである。

コーポレートガバナンス・コードにおいて、これらの取組については「資本コストを意識した経営」という曖昧な表現にとどまっているが、今回の実務指針においては、明確に「事業ポートフォリオマネジメント」として、その重要性が述べられている。その意味では、取締役や経営陣はガバナンス時代においてこれらのリテラシーを有する必要がある。

なお、ガバナンスを意識した事業ポートフォリオの構築と運用については本編において後ほど説明する。

5　ガバナンス改革に関する課題認識

ここまではコーポレートガバナンス強化の流れと、それを受けて企業が行うべき取組についての整理を行った。そして、これら一連の取組に企業が対応を進めていることについても述べたが、実際に取組は成果として表れているのか、一方でコーポレートガバナンス改革において企業はどのような課題認識を持っているのかを説明する。

まずは、取組の成果について経済産業省が実施するCGS研究会（コーポレート・ガバナンス・システム研究会）における分析とアンケートをベースに考察を行う。

図表1-12　企業の対応状況

企業経営・ガバナンス強化

○社外取締役等の専任状況（2017年7月時点・東証第一部）

- 社外取締役を選任する企業の割合は**99.6%**に。（2012年時点では55.4%）
- 2名以上の独立社外取締役を選任する企業の割合も**88.0%**に。

○指名委員会・報酬委員会の設置増加

- 2017年7月時点で、東証一部上場企業の**31.8%**が指名委員会、**34.9%**が報酬委員会を設置（いずれも法廷及び任意）。2015年の10.5%、13.4%からそれぞれ大幅に増加。

○相談役・顧問に関する開示制度の創設

- 企業の退任CEOが相談役・顧問に就任する場合、役割等を任意で開示する制度を創設。来年1月から実施予定。

○中長期インセンティブを付与した役員報酬の普及

- 現物株式報酬の導入企業数は、2016年の6社から2017年には**130社**に増加。役員向け信託型株式報酬も2015年の73社から**351社**へと増加。

建設的対話に向けた環境整備

○議案の検討期間の拡大（株主総会手続きの電子化）

- ３月期決算会社の株主総会の集中率は、今年初めて**30%以下**に低下。
- 株主総会招集通知発送前の早期Web開示（機関投資家等による議案検討期間を約4営業日程度拡大）や、英文開示に取り組む企業数は増加。
- 議決権の電子行使プラットフォーム（機関投資家による議案検討期間を1～2週間程度拡大する効果が見込まれる）に参加する企業数は増加。

（出所）経済産業省「コーポレート・ガバナンス・システム研究会」

上表は、同研究会によるガバナンス強化についての進捗に関する分析結果である。この分析によると、特に社外取締役の選任はほぼ全ての企業で実施されているとともに、さらに要件の厳しい独立社外取締役を複数選任する企業も増加していることが明確になっている。また、特に指名や報酬というガバナンスの根幹の部分での透明性を担保するために、指名委員会や報酬委員会を設置する企業も増えていることが示されている。さらに、取締役のモチベーションを高めるための中長期のインセンティブの採用数も増加しており、これらの結果を見ると外形的にはコーポレートガバナンス改革については着実に目に見える成果が出ているといえよう[11]。

ただし、これらの事象はコーポレートガバナンス・コードが一定の規範性を有していることによる対応の結果であり、あくまでも外形的なものに過ぎないという指摘もあるが、同委員会のアンケート調査によるとコーポレートガバナンス・コードの適用により取締役会について制度・運営面での変化があったと認識する企業が実に6割以上に達していることが数字で示されている。

図表1-13　取締役会の変化

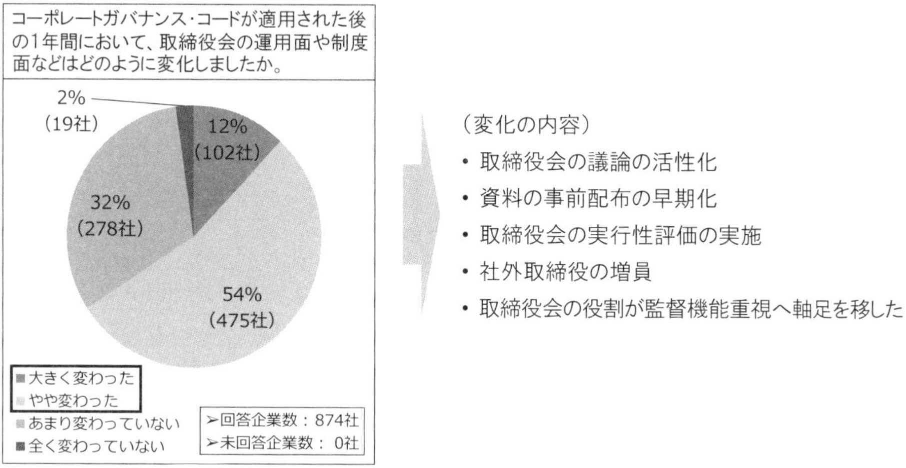

(出所)CGS研究会(コーポレート・ガバナンス・システム研究会)-報告書
コーポレートガバナンスに関する企業アンケート調査結果

また、変化の内容についても「社外取締役の増員」という単なる外形的なものにとどまらず、「取締役会の議論の活性化」や「監督機能重視型への軸足移行」など、実質面での変化も挙げられている。これらを見ると、確かにスタートは外形的であっても、その状態が継続されると実質的な改革・改善まで成果が及ぶということが端的に示されていると理解できる。

---

(11)　当該分析においては、相談役・顧問に関する記載があるが、同時期に会長、社長経験者がこれらの肩書で会社に残留し、一定の影響力を保有しガバナンスに悪影響を及ぼす事象が発生したことを受けた対応措置である。

一方で、同アンケートからは多くの企業がコーポレートガバナンス改革に真摯に取り組み一定の成果を出しつつも、対応においてある種の「葛藤」を抱えていることも読み取れる。一例であるが、先般述べた社外取締役のなり手は依然として不足の状況にあり、また社内的なリソース不足もあり十分に社外取締役をサポートできていないと認識している企業も存在する。

図表1-14　ガバナンス対応における課題

現状のコーポレートガバナンス・コードの問題点や課題意識についてご教示ください

- 会社の規模（売上、人数、仕組等）、業態によらない一律ルールであること
- 解釈に幅があり、対応困難
- 形式的な遵守になりがち
- 作業負担が大きい（事務負担・外部委託費用の増加）
- コンプライしなければならないという風潮
- コードへの適応が、真に企業価値の向上に繋がるのか不明

発生する「葛藤」

- 一律ルールと自社の取組みとのギャップ
  - ✓ 制度上、「監督」と「執行」を分離できない現状での運用
  - ✓ 規模やビジネスモデルに応じた会社機関のあり方とのギャップ
  - ✓ コンセプトは理解できるが、具体的な運用方法は曖昧
- 適切な社外リソース確保
  - ✓ 社外取締役の量的な不足
  - ✓ 社外取締役に求める質的要件における理想と現実
  - ✓ 中立的な社外取締役を選任するメカニズム
- ガバナンスを推進するための社内体制構築
  - ✓ 取締役会や社外取締役を支えるスタッフの確保
  - ✓ 権限委譲と監査を進める上での組織・規程の再構築

（出所）CGS研究会（コーポレート・ガバナンス・システム研究会）-報告書
コーポレートガバナンスに関する企業アンケート調査結果

また、日本の会社法上の制約からは、取締役会における法定決議事項を定めているために「監督」と「執行」を完全に分離できない。そのために実際の運用において取締役会をモニタリング・モデルに完全に移行することが困難であり、それゆえ構成員である取締役の意識改革が進まないという指摘もあった。

さらにコーポレートガバナンス・コードそのものに対する課題認識もある。コードにおいては、政策株式の取り扱いや、社外取締役の選任などについては、業種や規模に関係なく一律に要請されているという側面がある一方で、その他の部分は基本的な方向性は指示しているものの「具体的にどうするべきか」という手法論については、補充原則を含めても十分に記載されておらず、解釈や運用に幅が存在する。また、コーポレートガバナンス報告書などで、コードの対応状況は開示されるものの、これらの取組を評価する仕組みも存在しないため、費用的効果を考慮してどこまで対応すべきかが不明確であるという指摘も存在する。

なお、「監督」と「執行」の分離による取締役会をモニタリング・モデルへ移行させることに課題を認識していることは、弊社で実施したアンケートにおいても見て取れる。

図表1-15　ガバナンスの具体的な取組項目

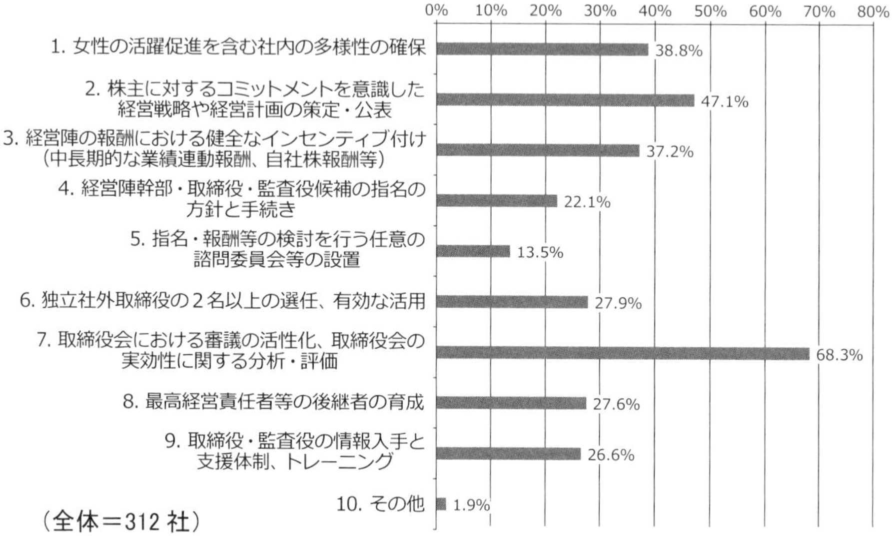

（出所）「コーポレートガバナンス・コード対応の課題と方針の実態調査」
2016年1～2月に日本総研で実施

アンケートにおいて一番回答の高かった項目は取締役会の活性化であったが、実際に個別にヒアリングを行うと、モニタリング・モデルの取締役会に移行する際の課題として、社長と社外取締役以外は意見を述べず、社内の取締役が「監督」責任を実際に果たしていないのではないかという、いわゆる取締役の「監督」に対する資質の問題や、業務執行権限に関する移譲が進んでいないために取締役会の議題が従前のオペレーション・モデルから変化していないなどの運営に対する問題など、様々に課題認識を有していることもわかる。

なお、コーポレートガバナンス改革に対する取組については、従来は株主総会や取締役会対応、さらにリスク・コンプライアンス対応という観点から総務部門や法務部門が中心となって対応している企業が主流であったが、コーポレートガバナンス・コードで示されている対応項目は多岐にわたるため、企業の対応部門に変化が見られる。例えば、企業価値の向上や中期的な経営方針については経営企画部門が、資本コストを意識した経営の議論という意味では経理財務部門、適切な統制環境の整備については内部監査部門、そして多くの企業で導入が始まった指名委員会、報酬委員会やサクセッション・プランの策定支援などは人事部門など、多くの本社部門のサポートが必要とされる状況になりつつある。

ここまでの分析やアンケートの結果から、多くの企業においてはコーポレートガバナンス強化の取組は単なるコード対応にとどまらず、むしろコーポレートガバナンス・コードを契機として経営の高度化に積極的に取り組む姿勢を見せており、さらには、企業経営を取り巻く環境の変化とともに取り組むべきガバナンス課題も多様化しつつあることも認識していることが理解できよう。

図表I-16　コーポレートガバナンスの対応テーマ

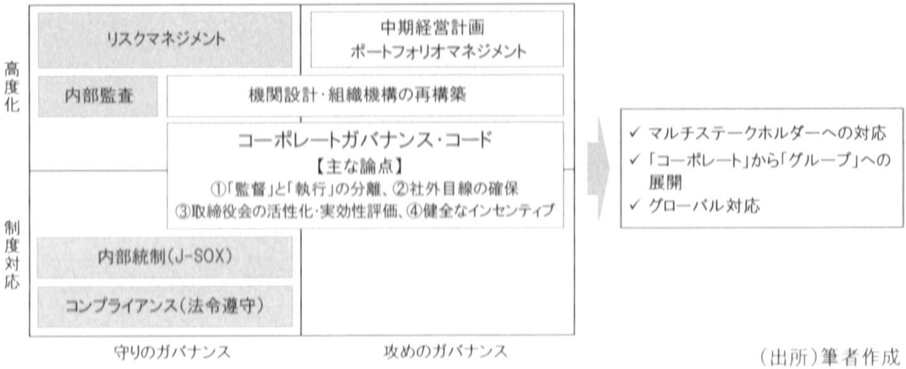

（出所）筆者作成

近年の大きなトレンドとしては、SDGsやESGなどの観点を含めたマルチステークホルダーへの対応強化や、グローバル化への対応などが想定されるが、特に注目されているのが本書のテーマであるグループ・ガバナンスであり、以下では、グループ・ガバナンスの必要性についてさらに説明する。

6　コーポレートガバナンスの先にあるグループ・ガバナンス

ここまでは、コーポレートガバナンスの重要性を示すとともに、企業における取組状況や課題について説明してきた。そして多くの企業がコーポレートガバナンス改革においては、制度対応にとどまらず経営の高度化までを意識して取り組んでおり、結果として事業部門への権限委譲が進み経営にスピード感が増すといったものから、社外取締役を含めて取締役会が活性化されたなど一定の成果や手応えを感じている企業も少なからず存在していることについてもすでに述べた通りである。

一方で、コーポレートガバナンス・コードをはじめとしてガバナンス強化に対しての様々な枠組みが提示されているにも関わらず、企業におけるガバナンス問題は後を絶たず発生していることも事実である。

下表は、近年起こったガバナンス問題について主要なものを抜粋したものである。これらの企業の中には、委員会設置会社への移行や社外取締役の採用、さらには積極的なIRなどで「ガバナンスの優等生」と言われた会社も含まれる。

図表1-17　近年のガバナンス問題

類型	ケース	内容
不正会計	•A社	• 同社はかつて「ガバナンスの優等生」といわれ、委員会制度、社外取締役などの制度を積極的に取り入れていたにも係らず、深刻なガバナンスの不全を惹起したという、仕組みを形式的に導入してもワークしないという典型例
	•B社他多数	• グループ会社において、監査法人において連結及び内部統制について、不正会計が発覚し、決算修正等が発見された、場合によっては数か年に跨るものも存在。本体だけ仕組みを導入しても充分ではない典型的なケースである
役員選任	•C社	• 対外的には、大物会長と指名委員会の相克という構図であるが、グループ会社のトップまで指名委員会が言及。委員会はどこまでを議論の対象にすべきかなどの課題が、持株会社制度を導入している会社を中心に議論となる
コンプライアンス・業務	•D社／E社／F社	• 業務遂行の過程で、グループ会社におけるコンプラ問題等が発生（D社：海外における贈賄、E社：データ偽装、F社：個人情報流出）し、結果的にグループの企業価値を大きく下げることとなった

（出所）筆者作成

この他にも品質問題など様々なケースが発生しているが、これらのガバナンス問題をつぶさに見ていくと、近年の特徴として、グループ会社で発生しているものが多いということが挙げられる。先ほどの事例においても、A社の場合は、中核企業により発生したものがグループ会社全体に波及している。また、その他の問題はグループ会社を起点としている。

それではなぜ、グループ会社においてガバナンス問題が発生するのであろうか。その背景を説明すると、近年の経営戦略を推進するにあたって企業戦略においてグループ会社の重要性が増していることにある。例えば、事業の多角化に対応したリスク分散や、機動的な経営を実現するために目に見える権限委譲を行うため、日本においては純粋持株会社に移行する企業が増加している。また、戦略の推進の過程でM&Aやアライアンス組成などでグループ会社が増加していることも事実である。さらには、新規事業や海外進出においては、リスク分散やパートナー確保のために別会社で対応するということも一般的である。

このような流れの結果、企業におけるグループ会社数は増加し、グループ全体で統率のとれた運営の重要性が高まっているのであるが、コーポレートガバナンス・コードの施行による企業の対応については、あくまでもガバナンスの状況を開示する責任のある中核企業が中心になりがちであり、ガバナンスについてはグループ会社まで十分に浸透していないといえる。

図表1-18　グループガバナンスへの動き

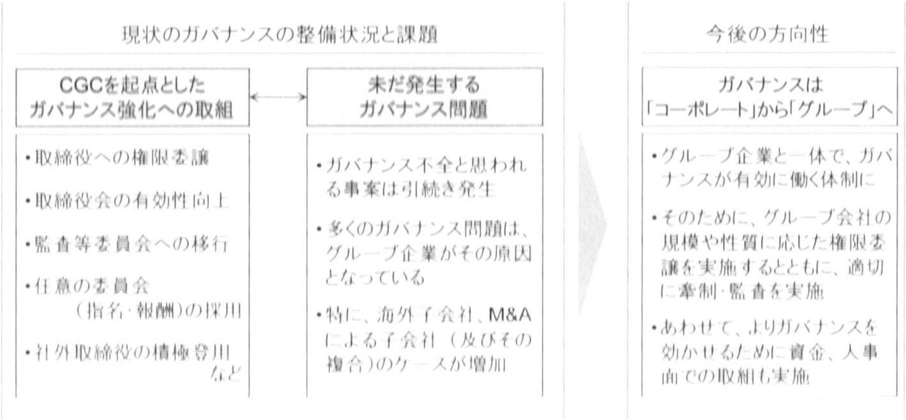

（出所）筆者作成

したがって、企業においてガバナンス対応をさらに有効に進めるためには、中核企業を対象にしたガバナンスだけではなくグループ会社全体に網をかけ、グループ全体でガバナンス体制を構築するいわゆる「グループ・ガバナンス」を今後、構築していく必要がある(12)。

ところで、グループ・ガバナンスを構築するためには、グループ企業においてガバナンス上の問題がなぜ、そしてどのように発生するのか、そのメカニズムを理解する必要がある。なぜなら、企業においてグループ会社となった経緯や、グループ会社そのものの性質により惹起するガバナンス問題の内容が異なるからである。以下で、それらのメカニズムについて整理する。

図表1-19　ガバナンス問題の発生構造

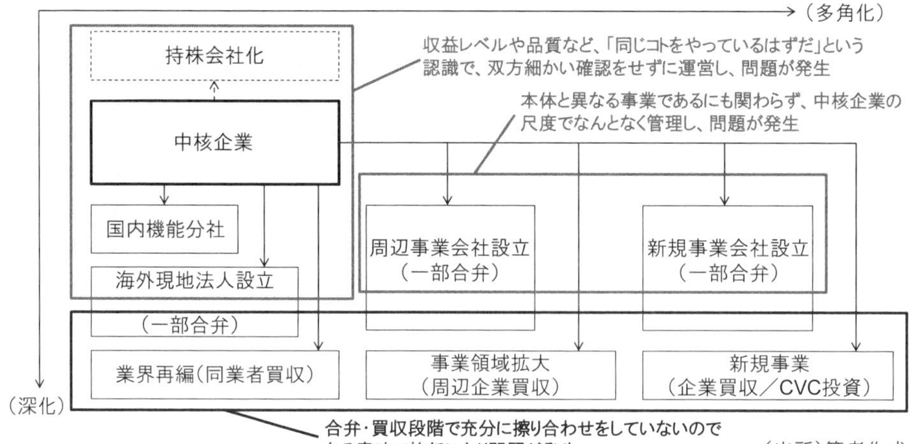

（出所）筆者作成

まずは、日本企業における一般的なグループ会社から整理する。生産子会社や販売子会社などの機能会社が典型的なものであるが、これらは効率性などを考慮して本体から分離して設立される。また、持株会社制度へ移行する場合は一つの会社を分割する、もしくは持株会社機能（グループ本社機能）を移転するなどの分社によりグループ企業が形成される。この場合、元来は同じ企業であったため、人事異動

(12) 特に、日本企業においては純粋持株会社体制の企業が上場企業の２割以上を占めており、その観点でもグループ・ガバナンスの整備は急務の課題であるといえる。

という形でのグループ会社間の交流も深い。そのため、本体とグループ会社においては、ルールや業務プロセス、システムなどの同質性が高い。この場合は業務管理、品質管理そしてリスク管理などにおいて、双方とも「同じことをしているはずだ」という意識が働き、管理が甘くなった末に問題が発生することが多い。なお、このタイプのグループ会社の傾向として、経営幹部や管理部門のスタッフが転籍や出向者などに依存しており脆弱であるといえる。

次に考えられるのが、海外現地法人や事業領域拡大によるグループ会社である。この場合においては、他社との協働になる合弁企業となるが、資本だけでなく人員などもパートナー側からも派遣されると想定される。また、海外や異業種であることからルールや業務プロセスなどが異なってくる。この結果として、必ずしも本体と同じ管理が必ずしも適切ではない状態が発生する。しかしながら、従来のグループ会社の管理と同じく中核会社の思想で管理することが散見される。この結果として、「想定外」の問題が発生する。

さらに、近年は企業戦略においてM&Aが重要な手段となり、特に買収の場合は子会社として自社グループに取り込むことも十分に予想できる。買収会社は当然のことであるが、自社とは全く異なる「DNA」を取り込むこととなる。この過程で十分に相互にルールや業務プロセス等を共有、理解していないとガバナンス上の問題が発生する可能性が高い。近年発生しているM&Aによる買収後会社におけるガバナンス問題は、グループとして「手の内に入っていない」ことに尽きるのである(13)。

これらの事象をまとめると、ガバナンスを考えるにおいてグループ会社も含めての対応が重要であること、さらにはグループ会社の類型により、その問題構造が異なるということが理解できる。

(13) M&A実施後のプロセスは一般的にPMI（Post Merger Integration）と呼ばれるが、このプロセスは合併に関するものである。一方で、M&Aの主流は買収であるため、PDM（Post Deal Management）という観点で、買収対象会社をグループ会社として取り込むためのプロセスが近年重要視されている。

図表1-20　グループ会社のガバナンス問題

<table>
<tr><th></th><th colspan="2">ガバナンス問題発生の背景</th></tr>
<tr><td>分社型の
グループ企業</td><td>・中核企業とのリソース格差（人材、ネットワーク、情報）による課題の認識、対応
・一方で、高い同質性による暗黙知をベースにしたコミュニケーションによるミスの発生
・中核会社から派遣された幹部とのコミュニケーションギャップの発生</td><td rowspan="2">・グループ企業に対する権限と責任についての不明確さ（グループ経営の現状に即したグループ会社の管理規程の見直しが充分に行われていない）
・グループ会社に対するモニタリング・監査のリソース不足（対象会社、対象項目の増加から不足感が顕著に）</td></tr>
<tr><td>買収等による
グループ企業</td><td>・不十分なPDM（Post Deal Management）／PMIの取組による
✓ 戦略面での議論はなされるようになったが、経営システム、ガバナンスの面でのグループへの「適合化」が充分なされていない
✓ その結果、買収企業がグループ企業に対する管理規程の枠外というケースが散見される</td></tr>
</table>

（出所）筆者作成

上表は、それらを分社型のグループ会社と、買収によるグループ会社ということで整理した。なお、これらの分類によらず共通の課題も存在する。

1つ目は、多くのグループ会社に対してどのようなガバナンスを利かせるかが明示的ではないことである。現実論としてグループ会社に対して一定のガバナンスを利かせるといっても、グループ会社が多数になると全てを同じ形で取り扱うのは困難であり合理的でもない。グループ会社の類型や規模など複数の観点により権限委譲と統制の方針を効かせることが重要であるが、多くの日本企業ではこの部分が明文化されず暗黙知での運営となっていることが多い。具体的にはグループ経営の管理規程をグループ・ガバナンスの方針に見合うように見直しを行う必要がある。

もう1つがモニタリング・監査等にかけるリソースの不足である。日本企業においては、モニタリング・監査部門について軽視しがちであるが、グループの規模が大きくなればなるほど、グループ企業に起因するリスクは拡大する。その意味でも、一定のリソースをかけてグループ全体で有効なモニタリングと統制環境を整備する必要がある。

いずれにしてもガバナンスについては「コーポレート」から「グループ」の視点へ拡張しつつあり、企業においてもグループ全体を意識したグループ・ガバナンス強化に対する取組が議論されるようになった。

なお、グループ・ガバナンスについては、議論の起点がグループ会社で起きるガバナンス問題への対処からスタートしたため「守り」のガバナンスの視点が重視されるが、実はグループ全体での最適なポートフォリオを考えつつ、積極的に事業再編を進めることがグループ経営の本質であるため「攻め」のガバナンスについても極めて重要である。

以降では、グループガバナンスに関する制度等の検討・取組状況について、その流れを説明する。

7　CGS研究会におけるグループ・ガバナンスの検討状況

ここまでは、企業経営におけるガバナンス強化の取組に触れるとともに、近年ではその対象がグループ全体に拡大し、いわゆるグループ・ガバナンスという形でその重要性が認識されつつあることについて説明した。

ところで、このグループ・ガバナンスという考えはコーポレートガバナンス・コードや関連する実務指針等においてどのように取り扱われているのであろうか、以下において説明する。

コーポレートガバナンス・コードは2015年に施行されたが、その後、経済産業省において有識者による研究会、いわゆるCGS研究会が設立され、より形式から実質へ進化させるための議論がなされた。以下は、同研究会の第1回で示された研究会の設立趣旨である。

> 経済のグローバル化や第４次産業革命など、経営環境の変化や経営課題の複雑化が進む時代において、最高経営責任者（ＣＥＯ）を含む経営陣は、非連続な変化にスピード感を持って果断な対応を行うことがますます求められていく。我が国のコーポレートガバナンス改革については、会社法の改正、コーポレートガバナンス・コードやスチュワードシップ・コードの策定などコーポレートガバナンスに関する「枠組み」の整備が進んでおり、各企業がそれらを踏まえてガバナンス体制の構築やその実効性の向上に取り組んでいる状況である。そのような状況の中で、社外取締役の導入による取締役会の構成の多様化等を踏まえ、取締役会の役割として、経営戦略決定や業績評価を中心に行うとともに、経営陣に個々の業務執行の決定を委任することで意思決定の迅速化を図るガバナンス体制を志向する企業が増加している。こうした企業ニーズに対応するべく、国内外の制度や取組事例を整理した上で、我が国の制度や実態を踏まえた取締役会の機能向上（モニタリング機能の強化）を図る場合の考え方や実務について検討を行うため、「ＣＧＳ研究会」（コーポレート・ガバナンス・システム研究会）を開催する。
>
> ～経済産業省　コーポレート・ガバナンス・システム研究会　第１回資料より

同委員会の議論の結果は2017年に「CGS 研究会報告書　実効的なガバナンス体制の構築・運用の手引（CGS レポート）」という形で取りまとめられたが、その後も討議が第２期に引き継がれ、2018年には「コーポレート・ガバナンス・システムに係る実務指針（CGSガイドライン）」という形で改訂版が取りまとめられた。一方で、同研究会で検討された内容は、①取締役会の役割・機能 ②ＣＥＯの選定・後継者計画、インセンティブ付与 ③社外取締役の役割、社外取締役の人材の質的・量的な向上 ④監査等委員会設置会社の活用、の４項目が主体であり、あくまでも中核企業のガバナンスについての議論にとどまり、グループ全体でのガバナンスの取組についての議論については十分になされず、明確な方向性については提示されなかった。この点においては、CGSガイドラインにおいて下記のように記載されている。

CGS研究会（第１期）で十分に議論できなかった事項

○グループ企業のガバナンスの在り方

- 現在の我が国企業のガバナンスの議論は、本社のトップマネジメントをどうするかという議論に集中しているが、グループ企業のガバナンスをどうするかという問題については議論が十分にされておらず、空白地帯として残っているという指摘があった。
- グループとしての企業価値向上につながるガバナンスの構築が重要であり、親会社の取締役会、経営陣（社長・CEO）、各委員会（指名・報酬）の意思をいかにグループ会社経営陣に徹底させるかの工夫が必要と考える指摘があった。その関連で、グループ会社の権限委譲を進めつつ、実効性のあるグループ統制を確保する（「聖域」をつくらせない）方法を検討するべきであるという指摘があった。
- 海外子会社も含めたグループ企業のガバナンスの在り方についても議論し、実務上有益な提言をしてほしいという指摘があった。その関連で、報酬の慣行が我が国と海外で異なる中で、海外子会社を抱えグローバル企業になった我が国企業の報酬慣行（報酬の考え方、報酬レベル）どのようにしていくかという点が課題であるという指摘があった。

この課題事項を受けて、CGS研究会（第２期）においては、グループ経営とコーポレートガバナンスを調和させる、いわゆるグループ・ガバナンスの在り方が検討され、討議の結果については、2019年６月に「グループ・ガバナンス・システムに関する実務指針（グループガイドライン）」という形で公表された。

なお、当該実務指針については、企業経営に実際に活用できるために、先に改訂版がリリースされた「コーポレート・ガバナンス・システムに関する実務指針」と並列の関係に位置づけられている。

図表1-21　グループガバナンスの位置づけ

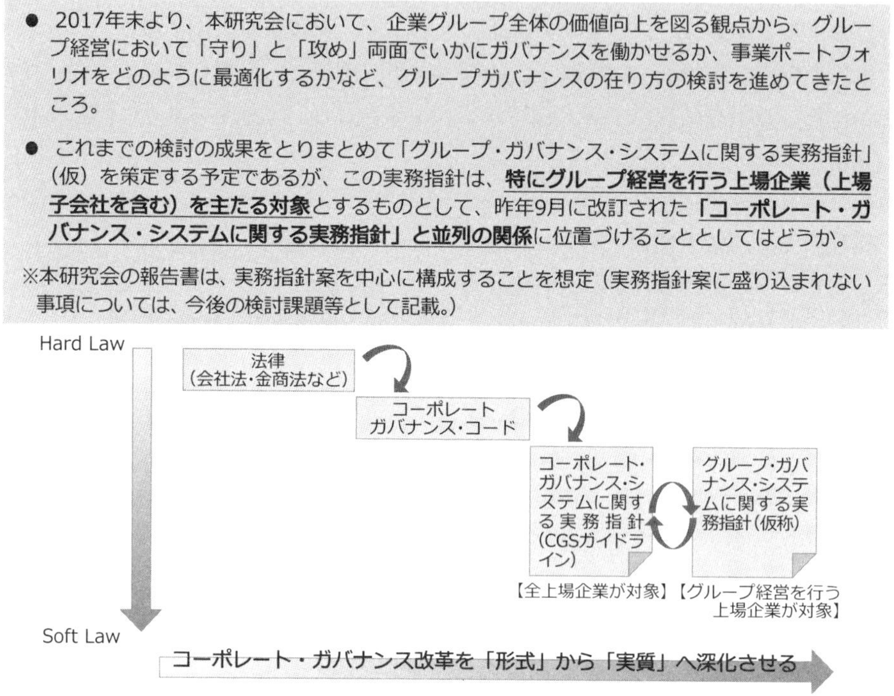

（出所）経済産業省第2期CGS研究会（第13回）

この２つの実務指針の位置づけであるが、従来は会社法や金商法のハードローを踏まえ、コーポレートガバナンス・コードなど規範性の強い枠組みでコーポレートガバナンス改革が形式的に進められてきたが、個々の企業の実情に鑑みて、よりコーポレートガバナンスが実質的に浸透するように、ベストプラクティスや考え方を示したものとなっている。

コーポレートガバナンス・コードとこれらの実務指針の関係を踏まえ、今回のグループ・ガバナンス・システムに関する実務指針の関係を整理する。

まずは、実務指針の検討の基礎となっているコーポレートガバナンス・コードの構造から整理する。

コーポレートガバナンス・コード		
第１章	基本原則１	株主の権利・平等性の確保
	原則1-1	株主の権利の確保
	原則1-2	株主総会における権利行使
	原則1-3	資本政策の基本的な方針
	原則1-4	いわゆる政策保有株式
	原則1-5	いわゆる買収防衛策
	原則1-6	株主の利益を害する可能性のある資本政策
	原則1-7	関連当事者間の取引
第２章	基本原則２	株主以外のステークホルダーとの適切な協働
	原則2-1	中長期的な企業価値向上の基礎となる経営理念の策定
	原則2-2	会社の行動基準の策定・実践
	原則2-3	社会・環境問題をはじめとするサステナビリティを巡る課題
	原則2-4	女性の活躍促進を含む社内の多様性の確保
	原則2-5	内部通報
第３章	基本原則３	適切な情報開示と透明性の確保
	原則3-1	情報開示の充実
	原則3-2	外部会計監査人
第４章	基本原則４	取締役会等の責務
	原則4-1	取締役会の役割・責務（1）
	原則4-2	取締役会の役割・責務（2）
	原則4-3	取締役会の役割・責務（3）
	原則4-4	監査役及び監査役会の役割・責務
	原則4-5	取締役・監査役等の受託者責任
	原則4-6	経営の監督と執行
	原則4-7	独立社外取締役の役割・責務
	原則4-8	独立社外取締役の有効な活用
	原則4-9	独立社外取締役の独立性判断基準及び資質
	原則4-10	任意の仕組みの活用
	原則4-11	取締役会・監査役会の実効性確保のための前提条件
	原則4-12	取締役会における審議の活性化
	原則4-13	情報入手と支援体制
	原則4-14	取締役・監査役のトレーニング
第５章	基本原則５	株主との対話
	原則5-1	株主の建設的な対応に関する方針
	原則5-2	経営戦略や経営計画の発表

コーポレートガバナンス・コードは、上表の通り５つの基本原則で構成されており、それぞれの基本原則については上場企業として企業価値の向上のため重要なポイントを網羅的に規定している。特に、基本原則４における「取締役会等の責務」では、長らくコーポレートガバナンスの在り方で議論されてきた、「監督」と「執行」の分離という考えに基づき取締役会をモニタリング・モデルとして位置づけ、それらを担保するためにも独立社外取締役の登用による外部性の確保など必要であると

いうことが整理されている。また、企業が継続的に価値を向上するために適切なリスクテイクを伴う意思決定を行うことについて言及しているなど、従来の統制だけではなく、「稼ぐ力」の強化などを想定した形になっている。

その上で、コーポレートガバナンス・コードにおいては、これらの基本原則についてコーポレートガバナンス報告書を提出し、「Comply or Explain」という形で対応状況について開示をすることによって一種の規範性を担保する形になっている。

一方で、コーポレートガバナンス・コードについては、下記のアンケートでも指摘されている通り、その内容が概略的であり、具体的にどのような形でコードに記述しているものを遵守していくのかという部分がわかりづらいという指摘もあった。

図表1-22　コーポレートガバナンス・コードにおける課題

現状のコーポレートガバナンス・コードの問題点や課題意識についてご教示ください
・会社の規模（売上、人数、仕組等）、業態によらない一律ルールであること ・解釈に幅があり、対応困難 ・形式的な遵守になりがち ・作業負担が大きい（事務負担・外部委託費用の増加） ・コンプライしなければならないという風潮 ・コードへの適応が、真に企業価値の向上に繋がるのか不明

（出所）CGS研究会（コーポレート・ガバナンス・システム研究会）－報告書
コーポレートガバナンスに関する企業アンケート調査結果

これらの問題意識を受けて、コーポレートガバナンスの実質的な取組を企業が推進するために、CGS研究会において、「コーポレート・ガバナンス・システムに関する実務指針（CGSガイドライン）」が公表、改訂されたのはすでに説明したとおりである。

同実務指針であるが、その構成として企業の実務において関心の高い、取締役会と社外取締役、及び指名・報酬の在り方と委員会の活用がスコープになっているのはCGS研究会の取組で説明した通りである。なお、同時期において退任取締役の処遇としての相談役や顧問についての社会的な関心が高まったため、同指針において言及がなされている。

コーポレート・ガバナンス・システムに関する実務指針 （CGSガイドライン）
コーポレートガバナンスの意義
取締役会の在り方 　　取締役会の役割・機能 　　取締役の指名 　　取締役会の議長 　　コーポレートガバナンスの対応部署に係る整備
社外取締役の活用の在り方 　　社外取締役の活用に向けて 　　社外取締役活用の視点 　　社外取締役の人材市場の拡充に向けて
経営陣の指名・報酬の在り方 　　社長・CEOの指名と後継者計画 　　７つの基本ステップ 　　社内者と社外者の役割分担 　　取締役会・指名委員会 　　後継者計画の言語化・文書化 　　情報発信 　　経営者の報酬の在り方
指名委員会・報酬委員会の活用 　　諮問対象者・諮問事項⑴　社長・CEO 　　諮問対象者・諮問事項⑵　社外取締役 　　諮問対象者・諮問事項⑶　社長・CEO以外 　　委員会の構成 　　取締役会との関係 　　委員会の実効性評価
経営陣のリーダーシップの在り方 　　相談役・顧問の在り方 　　取締役会長の在り方

さらに、CGS研究会（第２期）においては、これまでに十分に議論ができなかった事項である「グループ企業のガバナンスの在り方」を主要検討テーマとして取り上げられ、2019年に取りまとめられたのが「グループ・ガバナンス・システムに関する実務指針」である。

グループ・ガバナンス・システムに関する実務指針
グループ設計の在り方 　　現状と課題 　　グループ設計に関する基本的な考え方 　　本社の役割
事業ポートフォリオマネジメントの在り方 　　現状と課題 　　事業ポートフォリオマネジメントの基本的な考え方 　　事業ポートフォリオマネジメントの仕組みの構築 　　事業評価のための基盤整備
内部統制システムの在り方 　　内部統制システムの意義 　　内部統制システムに関する現状と課題 　　内部統制システムの構築・運用に関する基本的な考え方 　　グループの内部統制システムに関する親会社の取締役会の役割 　　内部統制システムに関する監査役等の役割等 　　実効的な内部統制システムの構築・運営の在り方 　　監査役等や第２線・第３線における人材育成の在り方 　　ITを活用した内部監査の効率化と精度向上 　　サイバーセキュリティ対策の在り方 　　有事対策の在り方
子会社経営陣の指名・報酬の在り方 　　現状と課題 　　子会社経営陣の指名・報酬に関する親会社の関与の在り方 　　グループとしての経営陣幹部の指名・育成の在り方 　　グループとしての経営陣の報酬の在り方
上場子会社に関するガバナンスの在り方 　　上場子会社の現状と評価 　　親会社における対応の在り方 　　上場子会社に関するガバナンスの在り方 　　上場子会社経営陣の指名の在り方 　　上場子会社経営陣の報酬の在り方

実務指針においては、グループ経営を進めるに当たって重要な「攻め」と「守り」のガバナンスについて、それぞれを事業ポートフォリオマネジメントと、内部統制システムという形で言及している。また、純粋持株会社制度への移行や大型のM&Aの実施によりグループ会社の重要性が高まっていることから、グループ会社の経営陣に対する指名・報酬についても言及している。さらに、日本企業に多く見受けられる上場子会社について相互に独立したガバナンスを要求されるという観点から、その在り方についての整理がなされている[14]。

説明の通り、２つの実務指針はコーポレートガバナンス・コードの具体的な運用については概ねカバーするものであり、企業により実質的なガバナンス改革を推進することを後押しするものである。

一方で、コーポレートガバナンス・コードと異なり実務指針、とりわけ「グループ・ガバナンス・システムに関する実務指針」は、考え方や事例の提示が中心であり規範性が低い。それゆえ、当該実務指針をどのように読み取り、自社の改革に取り入れていくのかは企業側の選択である。以降の章では、実務指針をどのように読み取り、実践していくべきかのポイントを整理する。

(14) 親子上場のガバナンスに関する課題認識については、2019年３月７日に開催された未来投資会議において議論されたが、その中で安倍内閣総理大臣より「上場子会社のガバナンスの在り方について新たな指針を早急に策定し、親会社に説明責任を求めるとともに、子会社側には、支配株主から独立性がある社外取締役の比率を高めるといった対応を促す」旨の発言がなされた。

第２部　実務指針を読み解く

（グループ・ガバナンス・システムに関する実務指針）

「グループ・ガバナンス・システムに関する実務指針」の概要

2019年6月に経済産業省のCGS研究会より「グループ・ガバナンス・システムに関する実務指針」が公表された。実務指針は上場企業においてグループ経営を行う企業を対象としており、ほぼ全ての上場企業がその対象になると思われる。実務指針が公表されるまでの経緯と、コーポレートガバナンス・コードとの関係などについてはすでに説明した通りである。

【グループ・ガバナンス・システムに関する実務指針の内容】

1．グループ・ガバナンスの意義
2．グループ設計の在り方
3．事業ポートフォリオマネジメントの在り方
4．内部統制システムの在り方
5．子会社経営陣の指名・報酬の在り方
6．上場子会社に関するガバナンスの在り方

当実務指針は第１章において当実務指針に至るまでの背景と位置づけなどを整理した上で、第２章から第６章で具体的な内容に触れている。第２章においてグループ・ガバナンスの根幹であるグループ設計について整理を行った上で、第３章では「攻め」のガバナンスを担う事業ポートフォリオマネジメントを、第４章で「守り」のガバナンスを進める上で重要なポイントである内部統制システムについてそれぞれ規定している。さらに、グループ・ガバナンスにおいて企業の関心の高い事項である子会社経営陣の指名と報酬の在り方を第５章で、未来投資会議においても議論されている上場子会社のガバナンスを第６章にという構成になっている。

なお、実務指針は各章の内容について、様々な考え方や取組事例などを盛り込んでおり、本編は130ページと相当のボリュームである。そのため、全体の趣旨を先に確認したい場合は、サマリー版である「グループガバナンスの強化と継続的な企業価値の向上に向けて」が有用であると思われる。

実務指針を読み解く

ここからは、実務指針の内容を説明する。実務指針においてはCGS研究会において議論された内容に加え、他社の事例等などを参考資料として付加しているため相

当の分量になっている。

本章においては、この実務指針についての理解を進めるため重要なポイントについて逐次解説を行う。なお、解説については本文の記載との重複はなるべく避け、実務指針における狙いを明確にしていきたい。

1　グループ・ガバナンスの意義

実務指針の冒頭は序章として、コーポレートガバナンス改革の一連の流れとグループ・ガバナンスの定義や位置づけ、そしてその意義を整理しているが、この中で重要なキーワードと思われるのは下記の通りである。

・「監督」と「執行」の分離
・「攻め」と「守り」のガバナンス
・「法人単位」から「グループ単位」
・「形式」から「実質」への深化

特に、今回の実務指針で「法人単位」から「グループ単位」でのガバナンスに取り組む重要性が明記されており、具体的には「事業再編やグローバル化を進める日本企業」においてグループ・ガバナンスの強化が企業価値の向上に重要な要素であることをあらためて表明している。

その上で、グループ・ガバナンスの構築対象となる企業について、以下のように整理されている。

> 本ガイドラインの主たる対象は、グループ経営を行う企業集団、特に、多様な事業分野への展開やグローバル化を進め、多数の子会社を保有する大企業な企業グループを想定している。

このように定義した背景としては、日本企業の持続的な業績と企業価値の向上のためには、グローバル化と多角化は不可避であると思われるが、この過程でM&Aやアライアンスなどで複数の子会社を有することが想定される。そしてこれらの取組に際しては機動的かつ積極的な意思決定が必要であるとともに、取組による新規にグループに入る企業を子会社として適切に統制下におくことの重要性[15]を示し

---

(15)　特に、コーポレートガバナンス改革が推進されていながらも、企業におけるガバナンス問題はこの間にも頻発しており、特にM&Aで取得したグローバル企業で問題が起きるケースが多発した。一方で内部統制に関する記述はCGSガイドラインに含まれておらず、この部分をカバーすべく当初の議論は「守り」のガバナンスの視点が主体的であったと思われる。

ていると思われる。

なお、対象についての記載であるが、グローバル化・多角化された大企業という印象を受けるが、実際には多角化されない単一事業形態の企業においても、業務の効率化やコストの適正化を実現するために子会社を活用している企業も存在する。また、鉄道や電力、ガスなどのユーティリティ企業の主戦場は国内であるが多くの子会社を抱えているなど、記載の内容に当てはまらなくても事業展開上、子会社を活用することが重要である企業においても等しく実務指針は適用の範囲であると思われる。

当実務指針における「グループ」及び「子会社」の定義であるが、その定義は下記の記載の通りである。

- グループ：「株式会社、その親会社・子会社から成る企業集団」を指す（会社法施行規則100条１項参照）。
- 子会社：会社法上の「子会社」、すなわち、「会社がその総株主の議決権の過半数を有する株式会社その他の当該会社がその経営を支配している法人として法務省令で定めるもの」を指す（会社法２条３号）。

ただし、実際に企業がグループ経営を推進するに当たってのグループ企業の範囲とは多少の相違があると想定される。具体的には、企業のグループ経営の第一段階は連結決算であるという認識の場合は、連結対象範囲となる企業がグループ企業であるという認識となり、上記の企業集団とは多少の齟齬が生じる。具体的には、実質支配力基準に基づく連結子会社や、持分法適用関連会社などを、どこまでグループ企業にカウントするかということである。

特に、実務指針においては持分法適用関連会社が、グループ・ガバナンスの範囲から外れているが、実際にはグローバル展開や新規事業開発の過程で持分法適用関連会社とした会社においてもガバナンス上の問題が発生するケースも散見される。このため、当該企業の状況に応じて一定のガバナンスを講じることも必要であると思われる。

最後に、実務指針の規範性について整理する。実務指針においてはその位置づけを下記のように定めている。

本ガイドラインは、グループガバナンスに関する一般的なベストプラクティスを示すものであるが、実際には、その在り方は多様であるため、本ガイドラインも踏まえながら、各社においてその個別の状況に応じた実効的なガバナンスの実現に向けた活発な議論が展開されることが期待される。

さらに、実務指針では各章における重要事項については枠で囲む形で記載をしているが、その論調についても「有意義である」、「重要である」、「期待される」という規範性を抑制した形の記載も存在する。また、「べきである」という記載の項目に関しても「対応しないことによる取締役等の善管注意義務違反を構成するものではない」となっており、各企業に実施を義務づけるものではないという位置づけである。

一方で、実務指針の公表後において一定のガバナンス問題が発生した企業が再発防止策を検討する場合や、今後上場を予定する企業などに対しては、外部への説得性の向上という観点からも実務指針が一定の規範になると思われる。

2　グループ設計の在り方

2.1　現状と課題

中長期的な業績や企業価値向上のために、企業はどのようなビジョンや戦略を構築するか、さらにビジョンや戦略の実現に向けてどのような組織体制を構築するかということは企業にとって重要な課題である。中でも、子会社や関連会社といったグループ会社をどのように配置し活用するかについては、事業展開のスムーズさの確保や、権限と責任の明確化、リスクマネジメントといった視点で検討をする必要があるが、他方でグループ会社については、財務パフォーマンスだけではなく、様々な規律の下でコントロールすることが必要となる。

これらのグループ企業をどのように配置、活用し、コントロールするべきか、このことは企業経営において「グループ経営」と一般的にいわれるが、実務指針では「グループ経営」は「グループ設計」という表現で整理されている。なお、実務指針において「グループ設計」とは大きくは、⑴グループ設計の基本的な考え方、⑵グループ本社の役割という２つのテーマで構成されている。以下においては、それぞれのテーマについて逐次解説を行う。

2.2　グループ設計の基本的な考え方

実務指針において、グループ設計の基本的な考え方については、各社の事業戦略に基づいて設計されるものであると冒頭で規定されている。

（グループ設計の基本的な考え方）

> グループ設計については、各社の事業特性や多角化・グローバル化等の状況を踏まえつつ、グループとしての中長期の企業価値向上と持続的成長を実現するために合理的な在り方が検討されるべきである。
>
> ※一般に、多角化やグローバル化が進むと、迅速な意思決定のために権限委譲が進み、組織設計も、事業部制→カンパニー制→分社化へと移行する傾向が見られる。

ここでは、業務執行において、中核会社とグループ会社を一体として効率良く運営、管理できるのは、どのような組織形態が想定されるかを、事業特性、多角化、そしてグローバル化というような軸から合理的に検討すべきであるということが述べられている。特に、「合理的」という表現がここで使われているのは、日本企業においては戦略の立案と実行において、それに見合うグループ設計が十分に整備されていないという課題認識が存在するからであると想定される(16)。

なお、ここでいうグループ設計とは持株会社やカンパニー、事業別組織、機能組織といったグループ全体の組織の在り方と、中核会社とグループ会社の組織的な連携の在り方の双方を指していると思われ、その観点から分権と集権のバランスについて言及していると解される。

（分権と集権のバランス）

> グループ設計に際しては、迅速な意思決定と一体的経営や実効的な子会社管理等の必要性を総合的に勘案し、分権化（事業部門への権限委譲）と集権化（本社によるコントロール）の最適なバランスが検討されるべきである。特に、事業部門等への分権化を進める場合には、事後的な業績モニタリングや事業部門の長に対する人事・報酬決定権限の行使を通じた本社によるコントロールの確保も重要である。

先述した通り、実務指針においてはグループ設計の前提として、事業の多角化やグローバル化を想定している。一般的に、多角化やグローバル化が進むと、本社部門では迅速かつ適切な意思決定を行うことに限界が生じるため純粋持株会社制度やカンパニー制度、もしくは地域統括法人などの組織において関連するグループ会社も含めた上で分権を進めることが多い。また、M&Aで買収した企業についてもカンパニーや事業部門と同様の権限委譲をすることも想定される。

一方で、分権化を進めることによりグループ全体としての一体感や貢献意識が失われないように、グループとしてのビジョンを示しつつ、個別最適を回避すること

(16) 特に製造業の場合は、日本企業は機能別組織を採用している結果、子会社等の経営管理は関連事業部などの本社間接部門で統括的に行っていることが多く、それゆえ事業部門においてグループ企業を含めての事業運営が意識されなかったという背景がある。

や、権限委譲された意思決定や業務執行が適切かどうかをモニタリング・牽制すること、さらには分権を担う幹部が不適格と認識された場合、人事的な措置を行う権限を本社経営陣が保有することで、適切な分権化を担保することが一般的であり、これが実務指針でいう分権と集権のバランスであると解釈される。

なお、実務指針においては分権化に比して集権化が求められる状況についての説明がなされていないため、ここで補足しておく。多角化やグローバル化において一定の分権が有効であることは先述の通りであるが、これはあくまでも平時の際であり、事業の立ち上げや再構築などにおいては権限委譲を留保し、本社部門による集権型で対処することも想定しうる。グループ設計を進める上では、事業のライフサイクルを見据えつつ再構築の必要性などを判断して、分権と集権の度合いを考えることが現実的であるといえよう。

（法人格の分離）

> グループ設計に際し、法人格の分離については、そのメリット（経営責任の明確化や意思決定の迅速化）と法人維持コストやグループ管理の実効性等を勘案し、その在り方を改めて検討することも有意義である。
>
> ※法人格の分離により、意思決定プロセスが重層化することに留意すべきである。

法人格の分離はいわゆる分社化と呼ばれるものであるが、近年の企業再編の法制度等の整備により分社化については手続面でも会計・税務的にも柔軟に設計、実施が可能となった。一方で、分社化は戦略実現のための手段であるため、戦略の推進状況により適宜再編を行うことも重要である。

分社化については、戦略実現のための手段であることは言うまでもないが、以下において戦略から見た分社化のパターンを整理する。

- 全社戦略によるもの
  - 純粋持株会社によるグループ本社機能と事業責任の明確化
  - シェアードサービスなどの機能分社（経営資源共有）
- 事業戦略によるもの
  - 新規事業、海外事業展開におけるリスクの分断
  - 地域別分社、機能分社など商流、コスト構造への対応

さらに、分社化の実施後、当該グループ会社については他のグループ会社と同様に、定期的にその存在意義や戦略との整合性を検証し、必要に応じて再編（グループ会社同士の統合、本体への吸収、外部への売却など）の実施を検討することが重要である。

なお、分社化によって権限委譲は一律になされるわけではなく、分社の目的とタイプによりその程度を決定する(17)ことが現実的である。

（２つのシナジー）

> グループ経営においては、各法人・事業部門の総和を超える企業価値を実現するため、シナジーの最大化を図るべきである。各社における財務的シナジーと事業的シナジーの最適な組合せを明確にしたうえで、その方針に応じたグループ設計やガバナンスの在り方が検討されるべきである。
>
> 特に事業部門間の事業的シナジーが薄れた場合には、特に、「コングロマリット・ディスカウント」が発生しないよう、グループ本社として、グループとしての「コングロマリット・プレミアム」の創出に向けた積極的な取組を行うことが期待される。
>
> また、純粋持株形態の場合には、ホールディングス（監督・事業ポートフォリオ戦略）と事業会社（事業に関する意思決定の執行）の役割分担を明確にすることが重要である。

経営においてシナジーという言葉は様々な状況で使われるが、グループ経営においては、多角化した事業部門間、グループ会社間、さらには、M&Aの対象会社などにおいてシナジーが発生しうるものとされる。シナジーの定義及び分類については様々な捉え方があり、実務指針においては事業シナジー、財務シナジーと整理している。この整理について、実務指針を補足すると、まず事業シナジーであるが具体的には、事業部門間・グループ会社間でリソースを相互活用することで事業領域を創出・拡大することや、当事者間の共通要素を洗い出しコストの削減を図ること

---

(17) グループ会社等への権限委譲については、その規模や性格に応じて親会社が区分けを行い、区分ごとに権限委譲の程度を定め規程化することなどがガバナンス上有効であると思われる。なお、具体的な方法論については第３部で解説する。

などが想定される。これらの効果は収益性の向上という形で各事業部門やグループ会社が享受するものであるが、具体的に効果を創出するためには、それぞれのリソースの状況を知りうる立場にあるグループ本社の関与が必要であることも確かである。なお、事業シナジー創出に関する具体的な取組方法については第３部で取り上げる。

一方で、財務的シナジーについては、グループ全体の企業価値拡大の観点から事業や施策を評価し、対応を促すという観点から整理しうるものと理解する。

コーポレートガバナンスの議論においては、継続的な企業価値向上においては資本コストを上回る事業効率が求められることは言うまでもないが、多角化した企業において、事業ポートフォリオの編成において資本コストを下回る事業を保有する状況も現実問題として発生しうる。このような局面においては、財務シナジーとして、①他事業の収益性拡大へ継続的に貢献しうることや、②一時的な局面として他事業の創出した企業価値を活用すること、さらには、③資本構成の見直しによるレバレッジの活用で競合他社の参入困難な事業へ参入すること、などの理由で当該状況がなぜ是認されるかを整理し、株主との対話の中で必要に応じて説明することが必要になると想定される。また、M&Aにおいて発生する「のれん」について、最終的にはM&A実施後の企業価値の拡大の中に収斂させるための取組を明確にすることも財務的シナジーの取組といえよう。これらの取組の連続が財務的シナジーの成果として「コングロマリット・ディスカウント」の回避につながるものとして、グループ本社が意識して取り組むべきものと思料される。

2.3　グループ本社の役割

シナジーの創出において、事業的及び財務的のいずれにおいてもグループ本社の主体的な関与が必要であることはすでに前項で述べたが、その他にもグループ経営を推進する上でグループ本社の果たすべき役割は大きい。実務指針についてもグループ本社の存在は、グループ・ガバナンスを推進するために重要な位置づけであるとして、その具体的な役割を示している。

2.3.1　グループ本社（業務執行）の役割

> グループ本社は、グループ全体としてシナジー最大化のための戦略の策定・実行や共通インフラの提供等が重要な役割を担う。

1）グループ全体の方向性の決定と実行モニタリング
（企業理念等の策定と普及・浸透、中期経営計画の策定と進捗管理等）
2）グループの顔としての対外発信（ブランディングやIR活用）
3）スケールメリットを活かした経営資源（資金・人材）の効率的な確保とグループの全体最適の実現のための経営資源の適切な配分
4）事業ポートフォリオ戦略の策定・実行（基準策定と検討プロセスの明確化）
5）グループとしての内部統制システムの構築と運用の監督
6）中長期の事業部門横断的な課題への対応
（事業部門間のシナジーの実現、新規事業の創出、基礎的R&D、IT投資戦略など）

企業価値の向上を実現するためにグループ本社が重要な役割を果たすことについては、近年多くの企業において認識されており、グループ本社機能の整備が進められている。

グループ本社の象徴的な組織形態は、純粋持株会社であるが、上場企業において純粋持株会社へ２割以上の企業が移行していることからもグループ本社の在り方が注目されている証左であろう。一方で、グループ本社が何をすべきか、その役割が明確ではないという課題意識を有する企業は依然として多く、純粋持株会社に移行した企業でさえも試行錯誤しているのが実情である(18)。このような課題認識に対して、実務指針ではいくつかの役割を例示しているが、大枠では下記の通りに整理される。

・企業グループにおける中長期ビジョンの提示
・事業単位での経営資源配分
・事業間のシナジー創出
・新規事業創出
・各事業の適切なモニタリング・評価
・企業価値を意識したファイナンス

---

(18) このような課題意識が発生する背景としては、日本企業、特に製造業においては機能別組織が主流であり本社の事業への関与度合いが高いことや、純粋持株会社制度に移行していない多くの企業においては、グループ本社と中核企業の本社機能が混在しており、ともすれば中核事業の論理が優先されることなどが想定される。

・適切な内部統制
・マルチステークホルダーへの対応
・経営や事業運営に必要なインフラ基盤の整備

実務的には、これらで示された役割を機能レベルにまで展開した上で、グループの業態や規模に応じた機能配置を検討し、当該機能を発揮できるようなグループ本社としての組織をデザインし、最終的に機能を遂行しうる要員配置を行うというプロセスが必要になってくる。

以下ではグループ本社を構成する上での基本的な機能を整理したものである。

図表2-1　グループ本社が有すべき機能

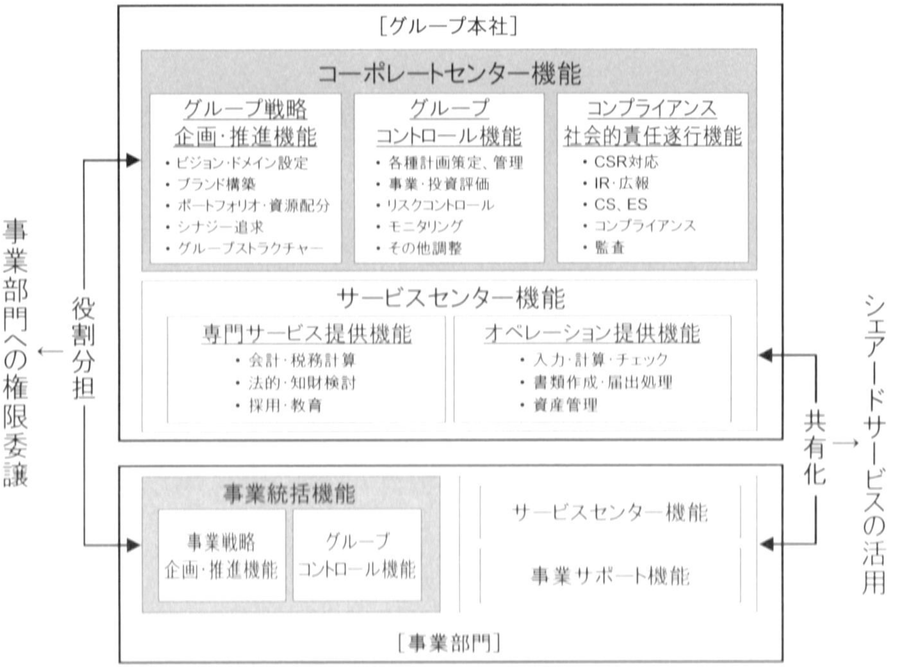

（出所）筆者作成

具体的にはグループの企業価値を向上させるためのコーポレートセンター機能と、グループ内で最適な間接部門のオペレーションを遂行するためのサービスセンター機能に大別される。そして、コーポレートセンター機能は、ビジョンと戦略を立てるための「グループ戦略企画・推進機能」、グループ業績を適切にモニタリングしコントロールするための「グループコントロール機能」、そしてガバナンスやコンプライアンスに意識した「コンプライアンス・社会的責任遂行機能」の３カテゴリーに区分され、サービスセンター機能についてはグループ内で高度な専門知識に基づくプロフェッショナルを共有し有効に活用する「専門サービス提供機能」と、グループ内の定型業務等を効率的に処理するための「オペレーション提供機能」の２つに区分される。

グループ本社の構築に関する実務については第３部で解説するが、重要なポイントは下記の２点である

① グループ本社はコーポレートセンター機能に純化し機能強化を図る

② サービスセンター機能はグループ全体で集約させ効率化を図る

特に①のグループ本社はコーポレートセンター機能に純化させることはガバナンス面においても重要である。なぜなら、コーポレートガバナンス改革の推進において、取締役会が監督機能を中心とするいわゆるモニタリング・モデルに移行しつつあるが、その中での重要なポイントは事業への積極的に業務執行に関する権限を委譲することであり、権限を委譲された事業サイドにおいて適切な運営を執り行うためには、従来本社で行っていた機能を事業部門に移管する必要が生じるからである。

なお、事業部門は権限委譲によって適切に事業執行を行うために、上記の機能の移管を受けるために、組織体制及び人員の整備が必要となるが、多くの日本企業においては、本社や間接部門の要員が抑制傾向にあったため人員余力に限界があることも多く、対応策を考える必要がある。いわゆる②の観点からのアプローチであり、具体策としてサービスセンター機能を共有化する組織、いわゆるシェアードサービスセンター化などの取組を実施する企業も多い。

2.3.2 グループ本社の取締役会の役割

> グループ本社の取締役会は、グループ全体のガバナンスの実効性と子会社における機動的な意思決定を両立させる観点から、グループ各社の業務執行等に対する適切な関与の在り方を検討すべきである。
>
> また、こうした役割を適切に果たしているかについて、取締役会の実効性評価の中で確認すべきである。

一連のコーポレートガバナンス改革においては、取締役会は監督機能を中心とするモニタリング・モデルへ移行すること念頭においていることについては、再三述

べている。したがって、グループ本社の取締役会についての議論は、コーポレートガバナンス・コードの基本原則に従うものと解される。

コーポレートガバナンス・コードにおいて、取締役会の責務は基本原則４において下記のように記述されている。

【コーポレートガバナンス・コード　基本原則４】

上場会社の取締役会は、株主に対する受託者責任・説明責任を踏まえ、会社の持続的成長と中長期的な企業価値の向上を促し、収益力・資本効率等の改善を図るべく、

（１）企業戦略などの大きな方向性を示すこと

（２）経営陣幹部による適切なリスクテイクを支える環境整備を行うこと

（３）独立した客観的な立場から、経営陣（執行役及びいわゆる執行役員を含む）・取締役に対する実効性の高い監督を行うこと

をはじめとする役割・責務を適切に果たすべきである。

ここで示されている、モニタリング・モデルの考え方に立てば、事業執行権限は極力経営陣にゆだねるということであり、グループ会社の事業執行についても同じであるといえる。なお、厳密にいえば全てのグループ会社が同じ取り扱いではない。グループ会社の性格や規模、そして事業部門との関係において、グループ本社の取締役会に直接付議・報告すべき事項であるのか、事業部門の執行者に付議・報告すべき事項か、あるいはグループ本社の経営陣で意思決定を行う事項かを整理する必要がある。

また、付議や報告が必要な事象についても整理が必要となる。最終的にはこれらの整理を、いわゆる「グループ決裁権限規程」のような形で文書化し、定期的に点検と見直しを行う必要があると思われる。なお、当該規程については、グループ本社において事業部門への権限委譲を定めた規程や、グループ会社が有する決裁権限規程との整合が必要であることは言うまでもない。

一方で、業務執行の権限委譲に対して、「守り」のガバナンスの観点から一定の内部統制下に置く必要がある。グループ会社に対する内部統制の在り方については後段で説明するが、グループ会社の非常勤取締役や監査役ポストを有効に活用することも想定される。

2.3.3 グループ本社による子会社の管理・監督の在り方

（基本的な考え方）

> グループ本社においては、権限配分等の基本的な枠組（共通プラットフォーム）を構築した上で、子会社の規模・特性等に応じてリスクベースでの子会社管理・監督、権限委譲を進めた場合の子会社経営に対する結果責任を問える仕組みの構築、業務プロセスの明確化やグループ共通ポリシーの明文化等について検討されるべきである。

前項と関連するがグループ経営を適切に運営するためには、適切なグループ管理体制を構築することが重要である。前項の「グループ決裁権限規程」はグループ経営管理の根幹となる要素ではあるが、その他にもグループ会社の業務執行を適切に統制する仕組みを体系的に整備する必要がある。また、これらの仕組みをスムーズに導入するためには、グループへの帰属意識を浸透させることが重要である。下記は例示であるが上位概念から個別の規程までを整理したものである。

- グループ経営理念・ビジョン
- グループ行動規範
- グループ決裁権限規程
- グループ人事規程・人事規則
- グループ経営管理規程
- グループ投資管理規程
- グループ資本政策・配当規程
- グループリスクマネジメント規程
- グループ監査規程

なお、経営理念・ビジョンや行動規範などについては、全てのグループ会社に対して例外なく共有・浸透すべきものであるが、グループ決裁権限規程をはじめとした実務的なルールや基盤の構築と適用については、その相手先や適用範囲ついてグループ会社の規模や特性に応じたものとすべき(19)(20)であることは先述の通りである。

（グローバルな子会社管理の具体的な取組）

> グループ本社は、グローバルな子会社管理に際して、共通プラットフォームの整備等を行うとともに、リスクベースでの子会社管理を行うなど、その実効性確保に向けた取組が検討されるべきである。
>
> ①　グループとしての共通プラットフォームの整備・浸透
> （ソフト面）グループ全体の経営理念・価値観・行動規範の現場への浸透
> （ハード面）親子間の意思決定権限の配分等、子会社管理に関するグループ全体の枠組の整備
> ※海外子会社についても、共通プラットホームを適用した上で個別に調整
>
> ②　リスクベースの子会社管理
> 子会社ごとのリスクに応じてグルーピングし、親会社の関与の強弱・方法を決定
>
> ③　子会社管理の実効性確保
> 明確なグループ管理規程を策定・周知し、子会社における遵守担保措置を確保

海外グループ会社の管理についても、基本的な進め方は国内グループ会社と同一であるが、個別の運用において各国の法的、ビジネス慣習的な要素も加味する必要がある。

なお、グループ会社の経営管理については、組織構造において、国内の場合はグループ本社の直轄、もしくは事業部門の管轄のどちらかにあるというのが一般的であるが、海外グループ会社においては地域統括会社の管轄という選択肢も想定される。ただし、実務的には海外グループ会社においては特に事業部門と地域統括会社で二重管理になっていたり、逆に双方の管理から抜け落ちしているケースも散見される。これらの状況を回避するためには、地域統括会社の位置づけと機能や、権限

(19)　実務指針におけるグループ経営管理の対象は子会社であるが、実務上は関連会社に対してもリスクの度合いを考慮しつつ、部分的に適用することが重要である。

(20)　グループ会社の個々の事情を勘案した対応ついては恣意性の排除やグループ会社数の制約を考慮する観点から、いくつかの区分に分類する方法が一般的である。

などについて再度見直しをすることが重要である。

その他の海外グループ会社の管理上の留意点として、欧米や欧米が宗主国であった国の企業においては、契約社会であることを前提に管理の遵守を求める傾向にある。具体的には規程を提示し、遵守を要請するだけではなく、グループ会社及びその経営陣との間に、経営管理契約やグループ規程の遵守に関する宣誓書などを取り交わすことも視野に入れるべきである。

(M&A後の海外子会社の管理・監督)

> M&A後の海外子会社の管理・監督については、グループ本社において、グローバルな経営体制の整備や子会社経営陣への適格な人材の配置等を通じ、適切な経営統合（PMI：Post Merger Integration）の在り方が検討されるべきである。
>
> ※業務プロセスの明文化等、従来の暗黙知の形式知化を図り、グローバルに適用する管理・監督の仕組みの整備が必要

近年の日本企業においてM&Aは重要な戦略実現の手段であり、その金額についても大型の傾向にある。またIn-Outの案件も増加している。

一方で、M&Aについては、概ね８割が株式の取得による企業の買収であり、「買収した会社は必ずグループ会社となる」ため、被買収会社について迅速かつ適切にグループ会社として「適合化」させる必要があり、合併による「経営統合」とは実務上は異なるプロセスであることを認識すべきである。

この「適合化」において重要なのは、グループ会社管理の枠組みの中で、被買収会社をどのように位置づけるか[21]である。海外M&A実施に伴うグループガバナンスでの失敗事例では、M&Aによる被買収会社について、自社のグループ経営管理の枠組みに当てはめることをしなかったため、一種の治外法権となっていたことが要因であったケースも散見される。

なお、M&Aによるグループ会社管理について留意すべき事項は、対象会社のグループ会社（いわゆる孫会社等）の取り扱いである。近年の大型買収においては孫

(21) 近年のM&AではExecutionにおけるビジネスDDの項目としてグループ会社として適合可能か否かを入れている企業が増加している。また、買収後のPDM（Post Deal Management）のプロセスがスムーズに進むように、セカンドDDを実施するケースも増加している。

会社等において巨額の損失が発生するケース等が発生している。そのため、被買収会社のグループ経営管理手法との擦り合わせを行うとともに、規模や事業特性においては孫会社を直接、自社のグループ経営管理フレームに当てはめて直接管理することも想定される。

いずれにしても、グループ・ガバナンスにおいては、一定の思想の下でグループ組織のデザイン（グループ設計）を行い、グループ経営を推進するグループ本社の役割と機能を明確にした上で組織化し、グループ本社主導での会社の管理フレームを構築することが重要である。第３部ではこれらのプロセスについて事例を交えて解説を行う。

3　事業ポートフォリオマネジメントの在り方

日本におけるコーポレートガバナンス改革の特徴は、「稼ぐ力」の向上という観点から、いわゆる「攻め」のガバナンスからのアプローチを採用しているということについては、すでに背景等においても説明した通りである。

これらの流れから、コーポレートガバナンス・コードにおいては基本原則４において「会社の持続的成長と中長期的な企業価値の向上を促し、収益力・資本効率等の改善を図る」とあり、また原則５－２において収益計画や資本政策に関して、「収益力･資本効率等に関する目標を設定」し、「その実現のために、経営資源の配分等」を行う旨が示された。一方で､具体的な方法については例示されていなかったため、2018年のコーポレートガバナンス・コードの改訂に際して原則５－２については具体的な記述にあらためられた。

> 【コーポレートガバナンス・コード（2018年改訂）原則５－２】
>
> 経営戦略や経営計画の策定・公表に当たっては、自社の資本コストを的確に把握した上で、収益計画や資本政策の基本的な方針を示すとともに、収益力・資本効率等に関する目標を提示し、その実現のために、事業ポートフォリオの見直しや、設備投資・研究開発投資・人材投資等を含む経営資源の配分等に関し具体的に何を実行するのかについて、株主に分かりやすい言葉・論理で明確に説明を行うべきである。

改訂版における「攻め」のガバナンスの具体的な手立てについて、コード本文において事業ポートフォリオという言葉とともに、収益力や資本効率を測る目安として資本コストという概念が記載された。

これらの流れを受けて、実務指針においては、主に多角化企業について[22]は事業ポートフォリオを意識した、資本コストを下回る事業部門やグループ会社に対し

(22)　実務指針において、事業ポートフォリオに関しては複数の事業セグメントを有する多角化企業を想定しているとなっているが、単一事業体においても地域軸や製品軸などにおいて資本コストを梃子にしたマネジメントを行うことも想定される。

て梃入れや、再編・撤退などの抜本的な措置を通じて適切な組換えを行うべきであるという考えの下で方針の整理がなされている。

3.1　事業ポートフォリオマネジメントの現状と課題

実務指針の現状認識においては、まず日本の企業の収益性課題に触れている。

（現状と課題）

> 現状、大規模多角化企業の収益性において、欧米企業に比して低水準にあり、改訂コードに対応するためにも、資本コストを踏まえた事業ポートフォリオの最適化を図ることが重要な課題となっている。
> ※特に、事業ポートフォリオ見直しに関する基準や検討プロセスの明確化や、事業評価のための基盤整備が課題。

実務指針では冒頭において、「未来投資戦略2018」を引用しているが、それによるとROA水準については、日本（TOPIX400）、米国（S&P500）、そして欧州（BE500）を比較しているが、それぞれ4.0%、5.4%、4.7%であり、日本企業の資本効率性の低さを具体的な数値をもって指摘している(23)。そして、これらの収益性が低い理由として、日本企業として事業ポートフォリオへの意識が低いということを仮説として挙げており、アンケートによりその検証を行っている。実務指針でのアンケート分析によると、低収益事業やグループ会社の撤退・売却など（いわゆる「選択と集中」）が進んでいないことや、そもそも事業ポートフォリオマネジメントを進めるための体制やインフラが整備されていないことなどが挙げられている。これらの課題認識に対して、実務指針において、「攻め」のガバナンスの視点から事業ポートフォリオマネジメントのあるべき姿についてまとめている。

3.2　事業ポートフォリオマネジメントの基本的な考え方

以降では、実務指針の内容に即して、グループ・ガバナンスに資する事業ポートフォリオマネジメントの在り方についての整理を行う。実務指針においては、冒頭において事業ポートフォリオマネジメントの基本的な考え方として、下記のように

(23) 2017年4月～2018年3月の期間における各企業の年次決算について2018年5月に算出。

記述している。

（基本的な考え方）

> グループ全体の事業ポートフォリオについて、シナジーの発揮や持続的な収益性確保の観点から、定期的に見直しを行い、その最適化を図るべきである。その際、自社にとってのコア事業を見極め、その強化のためのM&Aとノンコア事業の整理を通じ、コア事業に対する経営資源の集中投資が戦略的に行われることが重要である。
> ※その際、各事業の潜在力を発揮させる「ベストオーナー」が誰かという視点が重要。
> ※事業ごとのライフサイクルも踏まえ、将来の成長事業に重点投資していくという動態的な視点も重要である。

当該実務指針における事業ポートフォリオマネジメントに関しての基本的な考え方は上述の通りであるが、具体的な重要なポイントについては以下のように整理される。

複数の事業への投下資本の組み合わせにより継続的に収益を確保する

事業ポートフォリオマネジメントは事業に対する適切な投下資本の組み合わせの方針を定めることであるが、外部環境や内部構造の制約により、現実的にはそれぞれの事業が常に期待収益の基準を超えるような水準を確保できるとは限らない。特に新規事業やグローバルの初期段階、事業再構築中などは通常は期待収益の水準を下回るであろう。ゆえにこれらの事業が成長途上の期間においては、他の収益性の高い事業がカバーし、トータルとしての収益水準を確保するということが求められる。

収益水準の議論ついては資本コストをベースとする

事業ポートフォリオマネジメントにかかわらず経営資源の投下に関する意思決定には何らかのKPIが必要である。もちろん意思決定については複数の指標を使うことが有効ではあるが、上場企業の場合は株主というステークホルダーを意識して、資本コストを意識した指標をベースとした議論を行うことが重要である。

単年での業績ではなく複数年度にわたる持続性も考慮に入れる

事業のパフォーマンスは経済環境や競合関係、さらに自社の構造などにより年度ごとに変動する。そのため、事業ポートフォリオマネジメントを議論する際には業績を複数年度で考慮することも重要である。特に、新規事業や構造改革中の事業などは、中長期計画の進捗度合いなどを勘案することも方法論としてはありうる。

必要に応じて事業再構築や撤退などの意思決定を行う

事業ポートフォリオマネジメントにおける重要な議論は、一定のパフォーマンスに至らない事業についての対処に関するものである。事業の再構築が必要な場合においては事業サイドが自力で行うのか、それとも本社部門が介入するのかという権限委譲の変更に関する経営判断も必要になる。また、撤退の場合については、実施に伴う二次的な損失なども考慮した議論も必要となる。いずれにしても、重要なのは中長期的かつ継続的に全社としての価値向上に資するかが判断のポイントとなる。

事業単体の評価に加えて、シナジーなども評価の対象に加える

企業において事業領域を拡張することは、一般的に自社の経営リソースを他分野に転用することで新たな価値を創出することが可能であるという仮説、いわゆるシナジーがあるという判断に基づいている。したがって、事業ポートフォリオマネジメントにおける議論は、第一義的には個別の事業に対するものであるが、シナジーによる他事業の貢献についても考慮に入れる必要がある。

（事業ポートフォリオにおけるガバナンスの重要性）

> グループ本社の取締役会は、事業ポートフォリオマネジメントのための仕組みの構築において主導的な役割を果たすとともに、その運用の監督を行うことが期待される。その際、経済合理性に基づく冷静な議論が行われるよう、社外取締役の主体的な関与が重要である。

経営資源配分に関する意思決定は企業にとって最重要事項の一つであり、それゆえ事業ポートフォリオマネジメントはこの意思決定のベースとなるものである。そのため、特に企業価値の向上を積極的に進める「攻め」のガバナンスが適切に実施されているのかについて、取締役会は議論に参加するとともに、仕組みの構築と運用について監督を行う必要がある。なお、その際に留意すべきポイントは下記の通りである。

中期計画・ビジョンとの整合性

コーポレートガバナンス・コードでは資本コストを意識した事業ポートフォリオマネジメントを進めるべきであるとされていることはすでに説明したが、事業ポートフォリオに入れるべき事業の内容については、建設的かつ十分な議論が必要である。特に、資本コストを過剰に意識すると、本来の事業のあるべき方向でない分野に経営資源を投下するリスクもある、それゆえに前提条件として中期計画・ビジョンに立ち返りながら事業ドメインと事業ポートフォリオの内容が一致しているかは常に意識する必要がある。

意思決定プロセスに必要な経済合理性と透明性

事業ポートフォリオマネジメントが運用されると、資本コストなどをベースとした指標により事業が置かれている状況が可視化される。このため、定量的かつ客観的な議論と経済合理性に即した判断が行われることがガバナンス上期待される。もっとも、事業ポートフォリオマネジメントの判断において、指標は重要な判断要素ではあるが絶対ではないので、最適な意思決定を導き出すために様々な角度から議論がなされることは重要であり、取締役会がその場であることが望ましい。一方で、議論を通じて指標とは違う結論に至った場合も想定されるが、その際は必要な範囲で指標と異なる判断を行った議論の道筋を示すこともガバナンスに求められる透明性を満たすという意味では重要である。

外部を交えた議論が有効

事業ポートフォリオマネジメントをもとに、取締役会で有効な意思決定を進めるために、実務指針では社外取締役の主体的な関与が必要であると述べられている。具体的な局面としては、経済合理性やデュープロセス、リスクマネジメントの観点から経営陣の初期判断に対して、再考も含めた慎重な意思決定を要請する場合と、逆に経営者側が意思決定を逡巡、躊躇している場合に、積極的な意思決定を促す場合が想定されるが、特に後者において事業撤退や大規模な再構築が必要な際は、経営陣が迅速に意思決定を行うことを躊躇することが想定されるため、社内の業務執行から距離をおいた監督者の目線で、経済合理性や説明責任という観点から社外取締役が議論に積極的に関与することが有効(24)であろう。

---

(24) 一方で、事業ポートフォリオに関して適切な議論や監督を行うことのできる社外取締役の構成とする必要がある。そのためにスキルマトリックスなどを利用しつつ中長期で社外取締役の人員構成を最適化するなどの措置も有効である。

なお、事業ポートフォリオマネジメントについて社外取締役が主体的に議論に参加できるようにするためには、社外取締役に適切な情報を提供する体制[25]や仕組みの整備が前提条件であることは言うまでもない。

3．3　事業ポートフォリオマネジメントに関する仕組みの構築

企業経営において資源配分は重要な戦略要素であり、事業ポートフォリオマネジメントが有効な手段であることはすでに説明した。

図表2-2　経営管理の変化とトレンド

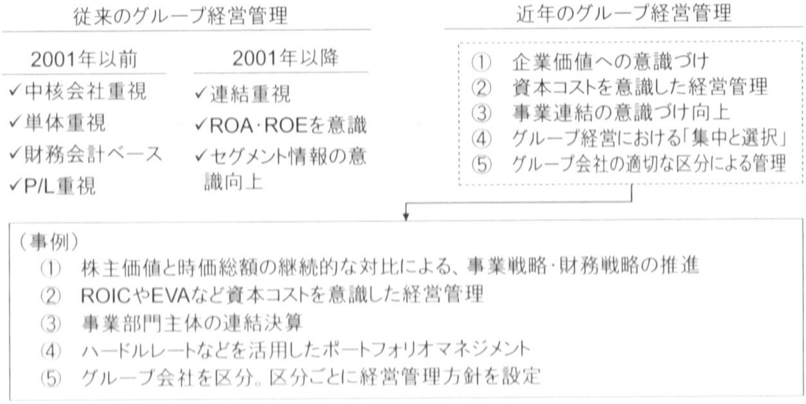

（出所）筆者作成

もっとも「選択と集中」という概念は古くから存在していたため、資源配分の議論は過去の経営においても実施されていた。その内容が、上図のように時代とともに変化して現在に至るのである。

> 事業ポートフォリオマネジメントを継続的に実施するため、グループ本社の取締役会が中心となり、投資や事業切出し等に関する基準の設定や検討の主体・プロセス等の明確化による「仕組み」の構築について検討されるべきである。

(25) 社外取締役をサポートする体制については、CGSガイドライン（3.3.2「社外取締役の活用に向けて」で言及されているとともに、実務指針の脚注45において、欧米各国における事例として「カンパニー・セクレタリー（company secretary）」の導入が挙げられている。

実務指針において、事業ポートフォリオマネジメントの「仕組み」については、事例も含めて下記の項目を例示している。

・事業評価に用いるべき指標
・事業評価の時間軸
・事業評価の主体
・事業評価のプロセス

これらの項目において、実務指針においては国内及び海外の事例を示している。事例において共通していることは、資本コストをベースとした指標を用いて事業評価を実施していること、その中で基準に抵触した事業やグループ会社については事業再構築や撤退を議論するということである。

また、事業評価の時間軸については特に、立ち上げ直後の海外事業や新規事業、再構築中の事業などについては複数年度の時間軸で議論を行うことが重要であることは説明したが、時間軸の長さやモニタリング項目については、あらかじめルール化しておくことが望ましい。

事業評価の主体であるが、対象となる事業そのものをポートフォリオで論じる場合はグループ本社の経営陣及び取締役会が主体となると思われるが、グループ会社については規模や重要性において一定のルールを定めておき、グループ本社で議論するものと、事業部門で議論するものを区別することが合理的であると思われる。

最後にプロセスに関するものであるが、予算管理などのPDCAと異なり、事業ポートフォリオの議論は年に1～2回で足りると思われる。そして事前準備としてグループ本社のコーポレート部門が一定のルールや指標計算に基づいて、論点の整理を行い、経営陣とのディスカッションを行う。この際には、市場の成長率や自社シェアの推移など財務以外の情報についても共有を行うために、必要に応じて事業部門や主要事業会社のトップが参加することもある。これらのプロセスを通じて取締役会で議論がなされるという形が一般的と思われる。

なお、取締役会において事業ポートフォリオに関する議論はもちろん行われるが、指標や各種ルール及びプロセスが合理的なものであるか、その有効性についても議論を行い、必要に応じて次回以降に修正を反映させるということも重要である。なぜなら、取締役会は「監督」という観点から、意思決定の内容だけでなく、取締役の業務執行及び取締役会の有効性について責務を負っているからである。

3.4　事業評価のための基盤整備

前項では事業ポートフォリオマネジメントを有効に機能させるための仕組みについて、評価指標やその時間軸、事業評価の主体やプロセスなどの項目の説明がなされたが、本項はそれらの仕組みのうち、特に指標にフォーカスを当てたものになっている。

> グループ本社は、事業セグメントごとに貸借対照表（BS）やキャッシュフロー計算書類を整備した上で、資本コストを設定するなど、事業ポートフォリオマネジメントに向けた基盤整備として、客観的な評価指標を用いた一元的な事業評価の仕組みを作ることが検討されるべきである。
>
> こうした仕組みの構築・運用においては、CFOが主導的な役割を果たすことが期待される。

本項によると基盤整備とは、グループ全体で一元化された指標による事業評価の仕組みであると説明されており、これらの仕組みについては、グループ全体の企業価値向上をミッションとするCFOが主導するとされている。一方で、これらの指標が十分にグループで浸透し、なおかつ株主との対話に資する仕組みとするためには実務的に工夫を凝らす必要があるが、以下では主要なポイントの説明にとどめ、詳細については第3部において事例を用いて説明する。

事業セグメント別の評価指標の設定

多角化事業において、どの事業に経営資源を投下するかが事業ポートフォリオマネジメントの提要であることは再三述べているが、そのためには事業セグメント別に指標を設定する必要がある。なお、事業セグメントの設定についてはグループ会社も含めた連結ベースで設定することが望ましい(26)。

事業セグメント別の連結財務諸表整備

事業セグメント別に連結ベースでの指標を設定するための重要な条件は、事業セグメント別に連結財務諸表を作成できる状況を整備することである。具体的には損益計算書だけではなく、貸借対照表、さらにはキャッシュフロー計算書を事

(26)　事業別に法人格が区分されておりグループ会社との紐づけが容易な純粋持株会社制だけではなく、カンパニー制や事業部制などにおいても簡易な形での管理連結を実施することが望ましい。

業セグメント別に作成することであるが、それには会計処理や情報システムの整備が必要となる。

事業セグメント別のハードルレートの設定

当然のことではあるが、各事業はそれぞれ収支構造や資産構造が異なっているためターゲットとする指標水準が異なるべきである。一方で、資本や負債については会社全体で調達するものであるため、企業価値を維持するためには最低限の指標水準も設定すべきである。これらを踏まえ、実務指針においては事業セグメント別に資本コストを設定するという表現を整理すると下記のようになる。

・全社トータルで資本コストを上回る目標の設定
・全社の資本コストは各事業部門の最低ライン
・一部の事業は、戦略的に一定期間資本コストを下回ることを容認
・各事業のハードルレートは業界の一般的な資本コストを参照

むろん、この考えは一つの原則であり、企業の状況により運用しやすい指標体系を検討すべきであるが、外してはならない重要なポイントは、損益だけでなく資本効率と資産効率を常に意識すべきということである。

これらを踏まえつつ事業評価の基盤を整備する形になるが、実務的にはグループ本社のコーポレート部門が連携して整備に当たることが多い。その際に留意すべき事項はすでに述べた通りであるが、複雑かつ過重にならないような配慮が必要であることを述べておく。

４　内部統制システムの在り方

従前より日本においても上場企業においては、会社法362条第４項６、第５項において内部統制やリスク管理体制の整備について取締役会で決議することが義務づけられており、また取引所規則により内部統制体制を決定・構築し運用することが求められている。これにより、上場企業においては、一定のレベルでの内部統制とリスク管理体制は担保されるようになった。その後、2015年のコーポレートガバナンス・コードにおいても、「守り」のガバナンスとして基本原則４－３の中で内部統制やリスク管理体制の整備が取締役会の責務とあらためて示された(27)。

しかしながら、コーポレートガバナンス・コードや、これを補完するCGSガイドラインにおいては具体的な内部統制の在り方は示されておらず(28)、第１章でも述べたが、この間にガバナンス問題はグループ企業が端緒となるケースも散見されているため実務指針においては、内部統制システムの在り方についてはグループのみならず、内部統制全般に係る記載となっている。実務指針においては、この内部統制の在り方について、相当の分量を割いて記載していることからも、ガバナンスにおいてグループ統制の仕組み構築については日本企業における重要な課題と捉えていると思料される。

なお、本章においては、冒頭においてコーポレートガバナンスの観点からの内部統制システムの意義と課題を整理しつつ、内部統制全般に関する基本的な考えから、具体的に取り組むべき事項を整理している。さらに、近年の課題であるサイバーセキュリティー対策や有事対応の在り方など内容が多岐にわたっている。以下、それぞれについて解説する。

(27)　一方、補充原則４－３（2）においては、内部統制やリスク管理体制の整備を重視するものの、取締役会は個別の事案に終始するのではなく、体制の有効性を評価するものとされている点に留意すべきである。

(28)　CGSガイドライン（参考４）において、CGS研究会（第１期）で十分に議論できなかった事項として「グループ会社のガバナンスの在り方」が挙げられているが、その中で「グループ会社への権限委譲を進めつつ、実効性のあるグループ統制を検討すべき」と記載されている。

4.1　内部統制システムの意義

コーポレートガバナンス改革の背景と流れ、取組状況についてはすでに説明してきたが、実務指針はコーポレートガバナンス・コードやCGSガイドラインを踏襲しつつ、その枠組みを中核企業単体から、グループ全体へと拡張していることもすでにこれまでの説明の通りである。したがって、実務指針における内部統制システムについては、本章の冒頭において内部統制システムの構築・運営を行うことは「グループとしてのリスク管理を適切に行うため」と表現していることからも、その影響が及ぶ範囲をグループ全体(29)と定めていると理解される。

また、実務指針については、内部統制の定義を再確認している。具体的にいうと従来の日本企業の主たる考えである「不正予防」や「コンプライアンス対応」から、それらを包含した「中期的な企業価値を支える適切なリスクマネジメント」と再定義し、さらに「事業戦略の確実な施行のための仕組み（つまり、取締役や執行幹部が決定して事業計画などを適正に実行・管理すること）」という踏み込んだ表現をしている。これは、内部統制を積極的意義に捉えることで、グループ全体という大規模な組織運営において、経営陣が業務執行権限を委譲することで、「攻め」のガバナンスである中長期の経営戦略や、事業ポートフォリオマネジメントの議論に集中できると解される。

これらを総合すると、実務指針がカバーするのはグループ全体に対してであり、下記の事項に配慮しながら適切なリスクマネジメントを行うものとされる。

・法令の適正な遵守
・取引者や一般消費者を含むマルチステークホルダー対応
・社会的責任への配慮
・ブランド価値の維持
・レピュテーションの維持・向上

このように実務指針に照らし合わせて考えてみると、内部統制のカバー範囲は相当にのぼることとなる。当然のことではあるが、企業においては人的リソースやコスト的にも相当の負担になる。そのため、実務指針においても「効率的に守りつつ大胆に攻める」と記されているとおり、一定の合理性の下での効率化を受容してい

(29) 実務指針におけるグループ会社については、一義的には会社法上の子会社と解されるが、現実には個々のグループ会社のリスクを勘案して、その対象を持分法適用関連会社等まで拡大することも必要と思われる。

る。

4.2　内部統制システムに関する現状と課題

コーポレートガバナンス改革の流れにおいては、「攻め」と「守り」のガバナンスの整備が進められる中で、多くの企業が「守り」の観点から内部統制を整備してきたことは事実である。しかしながら、現実は多くの企業においてガバナンス上の問題が顕在化していることも事実である。

近年のガバナンス上の問題はグループ会社に端を発するものが多数存在し、その背景として事業のグローバル化や多角化により、グループ会社が増加したこと、さらにはM&Aの推進によるグループ会社の増加により、従来の管理手法が限界にきていることはすでに説明した通りである。

実務指針においては、このような状況について、コーポレートガバナンスの本旨である「監督」と「執行」の分離を進める中、グループ会社への分権を行う一方で、グループ会社への統制が十分になされていないことを指摘するとともに、内部統制における３線ディフェンスが重要に機能していないのではないかという課題認識を投げかけている。本項における重要なポイントは、実務指針は内部統制システムの構築のあるべき姿としては３線ディフェンスを想定しており、これまでの議論に鑑みると、これらの内部統制システムは、グループ本社の主導で構築されるとともに、社外取締役の主体的な関与のもとで取締役会にて有効性が検証されるべきものであると解される(30)。

4.3　内部統制システムの構築・運用に関する基本的な考え方

ここまでは、積極的に「攻め」のガバナンスを実現することにより、企業の多角化やグローバル化が進み、それとともにグループ会社が増える中で、グループ本社による内部統制システムが構築・運用と、取締役会の有効性の評価が必要であるが、特に内部統制については３線ディフェンスという視点から見ると、十分に整備しきれていないという形で課題認識が整理されおり、これを受けて実務指針における内部統制システムの構築・運用に関する考え方が示されている。

(30)　事業ポートフォリオマネジメントについては、実務指針ではグループCEOが主体になって実施するものと記されているが、内部統制システムの構築についても、必要に応じてグループCROなどを設置することが有効と思われる。

グループ全体での実効的な内部統制システムの構築・運用は、グループの企業価値の維持・向上の観点からも重要である。その具体的設計に当たっては、各社の経営方針や各子会社の体制等に応じ、監視・監督型や一体運用型の選択や組合せが検討されるべきである。

また、内部統制システムの高度化に当たっては、ITの活用等により効率性とのバランスを図ることも重要である。

また、実務指針においては上記の補足として、グループ全体での内部統制の構築・運営が、単なる会社法上の要請にとどまらず、グループ全体のレピュテーションの観点からグループ会社による不祥事から企業価値を毀損しうる事態を回避するために、予防と早期発見、適切な事後対応を実行的であるべきだとその意義を再度示しつつ、グループ全体での内部統制システムを構築する際のポイントを整理している。

この中で、これらの内部統制システムはグループ本社において、その枠組みを基本的には整備し、グループ会社に展開するものであるとしながら、グローバル化や事業の多角化などによりグループ会社が多様化する中で、グループ会社側の個々の体制・リソース及び、業務の効率性とのバランスにも考慮して、以下の２つのパターンを提示していることが重要なポイントと思われる。

① 監視・監督型

グループ会社ごとの体制整備・運用を基本としつつ、各グループ会社における対応が適切に行われているかを親会社が監視・監督する

② 一体運用型

グループ会社も親会社の社内部門と同様に扱い、親会社が一体的に整備・運用する

なお、上記の適用に当たってはグループ会社それぞれの状況を見定めた上で各社ごとに個別で判断すべきと実務指針では示しているが、個別判断に先立ちグループ会社を一定のルールで区分して、区分ごとに上記の２つのパターン適用方針を定めることが実務的である(31)。さらに実務指針においては、グループ全体において内

(31) グループ会社の区分については実務指針第２章にあるグループ設計のうち、「グループ本社による子会社の管理・監督の在り方」で説明したグループ会社の区分に一致させることが実務的には望ましい。

部統制に係る業務効率やリソースを勘案して、ITを積極的に活用するべきであると示唆しているが、グループの規模や、グループ各社のシステム整備状況により、ITの導入に係る投資や初期コスト及びランニングコストが相応に発生するため、スコープとなる領域（会計・財務、法務・コンプライアンス、品質、環境など）と収集すべき情報、及び管理・統制手法や頻度も踏まえつつ、その活用度合いについて慎重に検討すべきである。

4.4　グループの内部統制システムに関する親会社の取締役会の役割

いうまでもなく上場企業における取締役会は、適切なガバナンスの下で中長期的な企業価値の向上を目指す責務があるとされており、この過程においてグループの内部統制に対しても一定の責務を負うと解される。

> 親会社の取締役会は、グループ全体の内部統制システムの構築に関する基本方針を決定し、子会社を含めたその構築・運用状況を監視・監督する責務を負っている。
>
> ※この監視・監督には、定期的な見直しや、不祥事発生時のグループとしての再発防止策等を含む。
>
> ※親会社取締役には、親会社の資産である子会社株式の価値を維持するためにも子会社を適切に管理する義務があると解されている。

実務指針においては、グループ全体を統括する親会社の取締役会の責務として、グループ全体の内部統制システムの基本方針策定と構築・運用に関する監視・監督を行うべきと明示されている。なお、内部統制の範囲には子会社が含まれていると解されるが、持分法適用関連会社に対しても、規模やリスク及び関与体制など実情にあわせた統制体制を敷くことが望ましいと思われる。

なお、グループ全体の内部統制の方針及び構築・管理についてその内容を取締役会において、個別詳細に審議することではなく、全体としての有効性を諮る場であり、実務的なものは親会社の取締役等の幹部に一定の裁量をゆだねられるというのが実際である。そして、親会社の取締役会は、実務を担当する親会社の取締役等の執行状況が適切かどうか、その状況を議論するが、この議論に資するために親会社の監査役等(32)はこれらの職務状況に対する監査を行い、その結果について親会社の取締役会に報告しつつ、必要に応じて内部統制活動に関する改善・是正を促す形態になると思われる。

4.5　内部統制システムにおける監査役等の役割

親会社の取締役会はグループ全体の内部統制に関する方針を定め、構築・運用状況を監視・監督する責務があることについてはすでに説明したが、ガバナンス上では監査役等は執行側から独立して監査を行う存在である。

図表2-3　グループガバナンスにおける監査役等

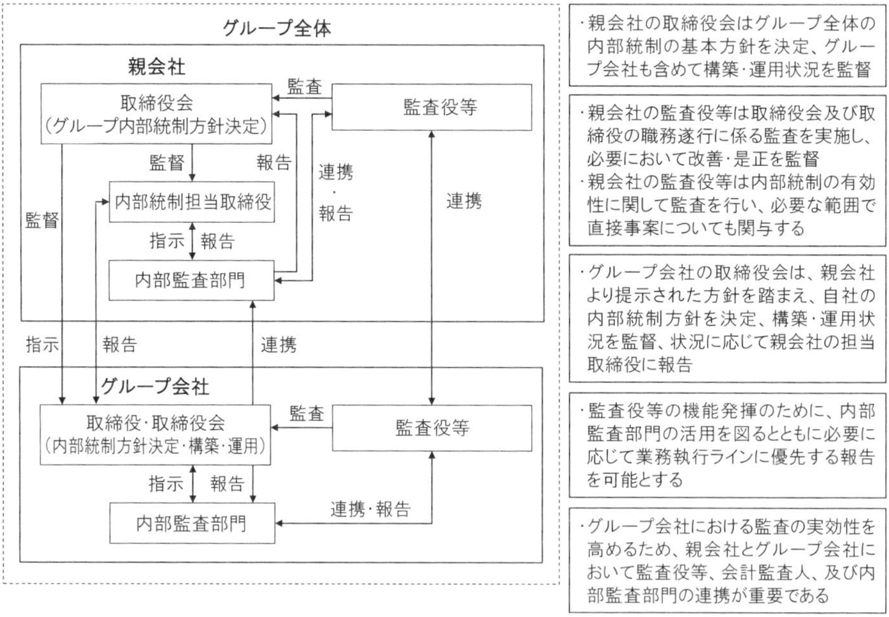

（出所）筆者作成

実務指針はグループ全体の内部統制という観点から、親会社の監査役等の役割を示すとともに、グループ全体での内部統制の有効性を担保するために、親会社の監査役等は、内部監査部門やグループ会社とどのような連携をとるべきかについて言及しており、図はこれらを模式化したものである。以下では、実務指針に則して、それぞれの内容を解説する。

---

(32) 実務指針においては、監査役・監査等委員会・監査委員会を総称して監査役等と定義されている。

（監査役等の役割）

> 監査役、監査等委員会、監査委員会（以下「監査役等」という）は、内部統制システムの有効性について監査する役割を担っているが、グループ全体の内部統制システムの監査については、親会社の監査役等と子会社の監査役等の連携により、効率的に行うことが検討されるべきである。

監査役等による内部統制の有効性に対する監査については執行側から独立した立場で行うべきものであるが、親会社の場合は、グループ全体の内部統制と、親会社自体の内部統制という２つの対象があると想定される。監査役等は通常、法人単位で任用されるものであるため、従来は個別企業の内部統制に対する有効性の監査が中心であったが、近年は多角化やグローバル化、さらにはその実現の手段としてのM&Aの浸透によりグループ企業の重要性が質的、量的にも重要性が高まっており、結果としてグループ全体の内部統制の重要性がそれだけ高まっている。

一方で、増加したグループ会社について内部統制の有効性を監査する場合、監査役等が全てのグループ会社に対して直接に実施することは現実的ではなく、リソースやコストにしても有限であるため、一定の効率性が求められることも事実である。そのため、規模の大きいグループ会社については、その会社で実施している内部統制システムの有用性を監査するという手法を選択することも現実的であると思われるが、その場合は対象となるグループ会社において内部統制の有効性を監査する立場である監査役等との連携が不可欠になる。なお、本項においては内部統制のうち、重要なポイントである財務報告の有効性の監査については会計監査人が担っているため、監査役等と会計監査人の相互連携が必要であることも記述されている[33]。

(33)　なお、実務指針においてはグローバルでグループのガバナンスの有効性を高めるために、財務報告に関する事項について役割を担う会計監査人について、グループ全体で同一のネットワークファームに統一することが望ましいとされているが、現実には体制やコスト面、及びスイッチする場合の負荷を検証して可否を決定するべきと思われる。

（内部監査部門との連携）

> 監査役等の機能発揮のため、内部監査部門の活用を図ることが有効である。こうした視点から、内部監査部門から業務執行ラインに加えて監査役等にも直接のレポートライン（報告経路）を確保し、とりわけ経営陣の関与が疑われる場合にはこちらを優先することを定めておくことが検討されるべきである。

監査役等については、執行側から独立した立場で内部統制の有効性を監査する立場にあるということはすでに説明したが、実際に監査役等がその機能を発揮するためには、監査役等をサポートする体制が整備されていることが前提条件である。

しかし、多くの企業においては監査役等をサポートする体制は人員的にも機能的(34)にも脆弱であるという現実を抱えている。このため、有効な代替案を検討する必要があるが、実務指針においては類似の機能や人材を有する内部監査部門の活用を示唆している。

一方で、内部監査部門は後に説明するが、執行体制における内部統制の有効性を監査し執行側に報告する３線ディフェンスに組み込まれており、また本来のレポートラインは執行側に組み込まれていることにも留意すべきであり、混乱を避ける意味でも、一定の状況を具備する場合に監査役等へ直接報告を行うことを可能とするように規程化するなどの措置が必要である。なお、これらの枠組みは、いわゆる「デュアルレポートライン」と称されており、IIA（Institute of Internal Auditors）のガイドラインにおいてもその必要性や有用性が記されている。

なお、「デュアルラレポートライン」以外にも、監査役等の機能強化のための方策は存在する。監査役等と内部監査部門はそれぞれのミッションが異なるため、本来はそれぞれの活動が独立して存在するものではあるが、それぞれが収集した情報は互いに活用が可能であることも事実である。一般的には内部監査部門の方が基礎情報を多く保持しており、別の見方をすると監査対象部門における応査対応負荷の削減のためにも、内部監査部門が取得した基礎情報の共有などは有効な手立てであると思われる。

---

(34) 定量的なデータでは確認できないが、多くの企業における監査役等の業務をサポートする部門については直接の監査業務には従事せず、主に監査役等のスケジュールなどの調整業務を主体としているという指摘がある。

（子会社の監査）

> 子会社における監査の実効性を高めるため、親会社の監査役等・会計監査人と子会社の内部監査部門等との連携が重要である。

グループ全体での内部統制システムの有効性に関する監査については、多角化やグローバル化によりグループ会社が増加しつつある中で重要性が高まっているが、その反面で親会社の監査役等が全てを直接的に関与することはリソースを考えても現実的ではない。

そのため、実効性を高めるために必要な措置としては、親会社の監査役等はグループ会社の監査役等との連携を進めるだけではなく、連結ベースでの財務報告に対して責任を有する会計監査人や、グループ会社の内部監査部門とも連携をとることが有用的である。特に、近年は日本企業においては２割以上の上場企業が純粋持株会社へ移行し事業会社においても一定の内部統制システムが整備されていることや、一定規模のM&Aの場合、被買収会社については一定の内部統制システムが存在することが多いため、連携による相応の効果が見込まれる。なお、連携体制の強化のため親会社とグループ会社の監査役等の兼任や、内部監査部門のスタッフの兼務や人事交流を行う企業も相当数あるが、効果的なリソース活用と情報共有という観点では有効であると思われる。

4.6　実効的な内部統制環境の構築・運営の在り方

実務指針は、企業価値向上を目的とした「攻め」と「守り」のガバナンス強化をグループ全体で図るために取りまとめられたものであるが、特に近年のガバナンス課題においてグループ会社における問題が多く発生したこともあり、「守り」のガバナンスである内部統制システムの整備にも言及している。その中でも重要なポイントは、これまで抽象的であった内部統制システムの在り方について、「３線ディフェンス」という具体的な概念を打ち出していることである。当該実務指針はその性格上、強い規範性を有しているわけではないが、今後「３線ディフェンス」の整備状況は、ガバナンスへの取組を評価するものになると思われる。

4.6.1　３線ディフェンスの重要性

内部統制システムの構築・運用のため、第Ⅰ線（事業部門）、第２線（管理部門）、第３線（内部監査部門）から成る「３線ディフェンス」の導入と適切な運用の在り方が検討されるべきである。

※過去の子会社不祥事の分析から、第Ⅰ線に対する牽制機能を発揮するため、第２線と第３線の実質的な独立性が重要であることが示唆される。

※不祥事の早期発見・早期対応のため、グループ全体として内部通報制度の整備や、グループ本社への報告基準の明確化やIT活用による経営情報の見える化が有用である。

図表2-4　３線ディフェンスの概要

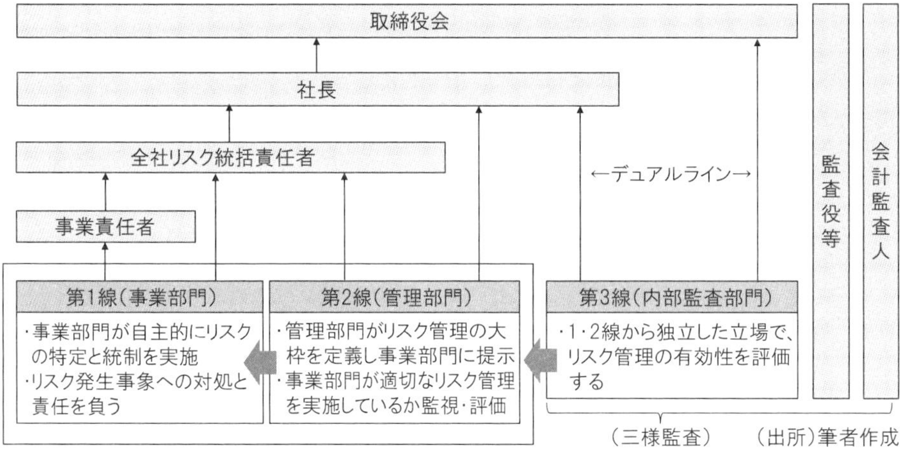

（出所）筆者作成

実務指針においては、企業における実効的な内部統制システムとして３線ディフェンスの導入が有効であるとして、その検討を行うべきとしている。図はこの３線ディフェンスの構造を示したものであり、重要なポイントは下記の通りである。

①　第１線としての事業部門は、リスクに対して責任を負う立場として自律的な内部統制とリスク管理を実施する。

②　第２線としての管理部門は、内部統制とリスク管理の枠組みを提示しつつ、第１線である事業部門のスムーズな導入と運営を支援しつつ、有効にリスク管理ができているかを監視する。

③　第３線としての内部監査部門は、第１線及び第２線から独立した立場として内部統制が有効に作用しているかを監査する。なお、有効性を監査する過程で個別の事案を検証することもある。

なお、この３線ディフェンスについては、あくまでも執行側において整備するものであり一義的な報告先は執行側の経営幹部であるが、グループ内部統制の有効性を高める意味で、監査役等との連携を進めつつ、必要に応じて監査役等もしくは取締役会に直接報告できるデュアルレポートラインを確立することが望ましいと実務指針では示唆している。

また、財務報告に関する内部統制の有効性監査については会計監査人が担うものであるが、執行組織である内部監査部門、執行組織から独立した立場である監査役等、及び外部専門家としての会計監査人がそれぞれの役割で監査を行う「三様監査」体制が形成されているが、その体制により内部統制システムが有効性をより高まることを担保するためにも、それぞれの役割を認識しつつも有効に連携することも重要である。

さらに、既存の内部統制組織における不祥事の端緒を把握するために内部通報制度の整備などをグループ全体で行うことも重要である。以下ではガイドラインに従って各線における課題事項を整理する。

なお、実務指針においては、内部統制やリスク管理のスコープについては財務会計や法務・コンプライアンスを中心に取り扱っているが、内部統制のスコープ及びその軽重は各企業により異なる。特に、昨今においては品質問題や情報漏洩などでガバナンス問題が顕在化するケースも散見されるために、企業により内部統制やリスク管理のスコープの見直しを行う必要がある(35)。

4.6.2　第１線におけるコンプライアンス意識の醸成

> 第１線（事業部門）におけるコンプライアンスを確保するため、ハード面（ルール整備やITインフラ等）とソフト面（現場におけるコンプライアンス意識の醸

(35) IIA Position Paper, "The three lines of defense in effective risk management and control" において2nd line of defenseのスコープは、Financial Control, Security, Risk Management, Quality, Inspection, Complianceとされている。

成・浸透）の両面から取り組むことが重要である。

3線ディフェンスの構築において最も重要なのは、実際に事業に携わる第1線である事業部門における統制環境の整備である。具体的には内部規程の整備やITインフラの構築などであるが、これらのハード面の整備に加えて、ビジョンの共有や、教育の徹底、及び人事評価等へのフィードバックなどソフト面の整備も重要であることは実務指針においても説明されている。

一方で、日本企業における特有の課題として、特にメーカーにおいて日本企業は長らく機能別組織の形態をとっていたため、各種の統制やリスク管理の実務までを本社間接部門に依存する傾向があり、結果として第1線と第2線の役割が混在する素地があった。

その後、多角化により機能別組織から事業部やカンパニー制組織などに移行する際に、本来は事業部やカンパニーに第1線の役割を移管すべきであるが、事業部門の採算優先などの背景やスタッフ人材のリソース不足から、引き続き本社部門で第1線の業務を行っており、この結果として事業部門が第1線の役割をそもそも認識せず「本社まかせ」となり、結果的にガバナンス上の問題が発生するという事態に至るケースが散見されるようになった。近年の品質問題などは、これらの組織の再編成の過程において第1線の機能の整備強化が事業部門において十分に実施されていないことを端的にあらわしているといえよう。

4.6.3　第2線の役割と独立性確保、機能強化

第2線（管理部門）の実効的な機能発揮のため、第1線（事業部門）からの独立性を確保し、親子間で直接レポート等のラインを通貫させることが検討されるべきである。

第2線の役割とは、すでに述べたように内部統制とリスク管理の枠組みを提示し、第1線である事業部門のスムーズな導入と運営を支援しつつ、有効にリスク管理ができているかを監視することである。そして、この役割を果たすためには第2線を担う管理部門は、第1線から独立していることであることが重要な前提条件となる。

日本企業においては、第1線の役割を十分に事業部門に認識させず、その結果、本社管理部門が実質的に第1線の役割もこなすなど、第1線と第2線が混在し、第

２線の独立性が確保的できていないという状況については、すでに説明した通りである。一方で、グループ全体での内部統制について、その有効性を高めるためには親会社とグループ会社間で、内部統制の基本方針や情報を共有しつつ、機動的に動く必要があるため、グループ本社である親会社の管理部門を起点にして、グループ企業の管理部門に対して直接の指示・報告を可能とする体制を構築する必要があると思われる(36)。なお、実務指針において第２線の連携は親子会社間とされているが、重要な持分法適用会社についても、可能な限り連携を図る必要があると思われる。

さらに、カンパニー制など法人格は存在しないものの、企業組織を擬制している組織については、カンパニーにおいてもグループ会社と同様に３線ディフェンスを構築する必要がある。そして、カンパニーの第２線である管理部門についても、グループ会社と同様に体制を整備するとともに、グループ本社との指示・報告系統を確立することが重要である。

4.6.4　第３線の役割と独立性確保、機能強化

> 第３線（内部監査部門）の実効的な機能発揮のため、第１線（事業部門）と第２線（管理部門）からの独立性が実質的に確保されるべきである。
>
> 子会社業務の内部監査については、各子会社の状況に応じて、①子会社の実施状況を監視・監督するか、②親会社が一元的に実施するかが適切に判断されるべきである。

第３線である内部監査部門は、第１線及び第２線から独立した立場として内部統制が有効に作用しているかを監視する立場にあることはすでに説明したが、グループ・ガバナンスの観点からグループ全体の内部統制を有効に作用させるために、親会社のグループ会社に対する内部監査が適切に行われることが重要である。なお、グループ会社に対する内部監査については、全てのグループ会社に対して一元的に行われるわけではなくグループ会社の規模や特性において、⑴子会社の実施状況を監視・監督するか、⑵親会社が一元的に実施するかについては、すでに説明した通

(36)　この背景として、日本企業においては純粋持株会社への移行度合いが増加したことにより、グループでの内部統制上、持株会社と事業会社の２線間での連携が重要であると認識されたこと、M&Aやグローバル化により対象企業との２線間での連携が同じように重要視されたことなどが想定される。

りである。なお、一般的に①の間接的な監査手法によるグループ会社の例としては、下記の分類が想定されるが、グループ全体及び個社の状況により、区分の設定方針は異なる。

子会社の監査体制において重要なことは、メリハリをつけて対応することはもちろんであるが中長期の視点では、グループ各社そのもので内部統制体制が有効に作用するようにグループ本社が主導して指導することで、間接統制主体のグループ内部統制システムに移行することが限られたリソースの中で有効な内部監査体制を構築するという視点からも重要である。

図表2-5　グループ会社の監査対応方針の整理

	① 間接統制 （対象会社の内部統制状況を監査）	② 直接統制 （一部門とみなし直接監査）
規模・性質による分類	・事業セグメントに相当する売上規模や資産規模を有する事業会社	・グループ内売上が一定以上を占める機能会社
所管による分類	・間接統制の対象となる事業会社の傘下にある会社	・グループ本社が主管かつ統制環境が十分に整備されていない会社
地域による分類	・一定規模かつ地域統括会社に属していない会社	・グループ本社の機能を分担している地域統括会社
経営状態による分類	・M&Aのデューデリジェンスにおいて一定の内部統制が確保されていると判断された会社	・M&A直後や、ベンチャー型企業、及び事業再構築中などの理由で一定のリスク管理が必要な会社

（出所）筆者作成

コラム4　グループ・ガバナンスにおける3線ディフェンス構築

実務指針は、企業価値を高めるためにグループとしてのガバナンス体制を強化するためのものであり、そのため内部統制システムについてもグループ全体を意識して有効な体制を構築するべきとされている。なお、実務指針における内部統制システムの構築については3線ディフェンスを念頭にしたものであることはすでに説明したが、実際に構築を行う場合、特にグループ全体という視点からの3線ディフェンスと、事業部門の執行に必要な3線ディフェンスが混在することで内部統制の脆弱性を引き起こすケースも散見される。特に、脆弱性については法人格が分離していないカンパニー体制などを採用している企業で多く見られる課題である。

そこで本コラムでは、実務指針における内部統制システムについて、グループレベルと事業レベルでの役割分担を意識した3線ディフェンスの在り方を純粋持株会社体制とカンパニー体制の比較をしながら整理する。

1）純粋持株会社体制における3線ディフェンス

図表1　純粋持株会社体制における3線ディフェンス

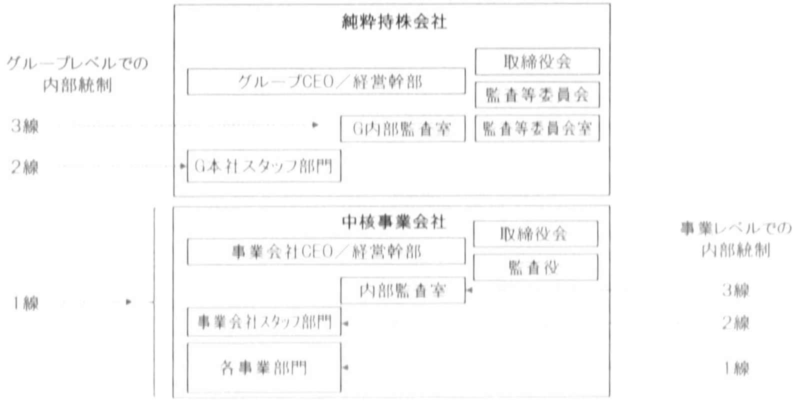

（出所）筆者作成

グループレベルと事業レベルの3線ディフェンスの役割分担という意味で

は、純粋持株会社制は持株会社側が事業を有していないこと、及び主要事業部門は法人格として切り出されるため明確になる。具体的には持株会社サイドはグループレベルの内部統制を担うことに専念し、事業会社自体を1線と捉え、持株会社スタッフ部門はグループレベルでの2線の役割を、持株会社内部監査部門はグループ全体の3線を担うことになる。一方で、事業部門においては中核事業会社を起点とした事業連結レベルでの内部統制システムを構築することになるが、中核事業会社のスタッフ部門と内部監査部門がそれぞれ、事業レベルでの2線と3線を担うことになる。つまり法人により組織が分化されることがグループレベルと事業レベルの内部統制の役割分担を促すのである。また、それぞれの法人に機能と組織が具備されるので、必要な連携の在り方も明確になる。

2）カンパニー制における3線ディフェンス

図表2　カンパニー制における3線ディフェンス

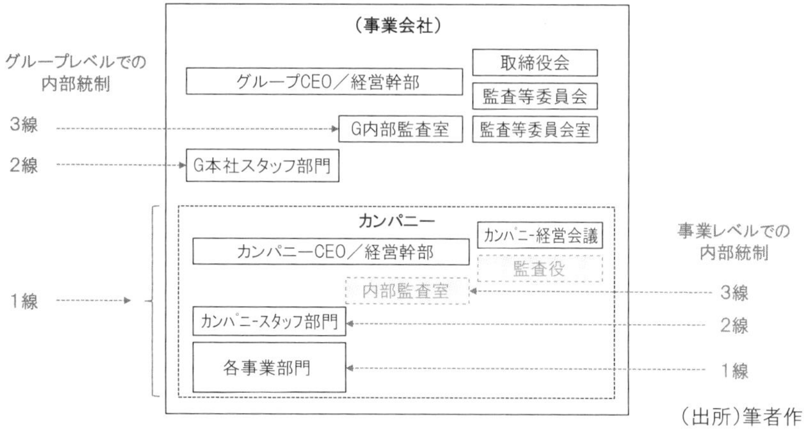

（出所）筆者作成

先述の通り、純粋持株会社制度においては法人格が分離しているため、グループレベルと事業レベルの内部統制を明確に切り分けることができるが、企業の組織デザインは当然ガバナンスの視点だけで構築するものではないため、純粋持株会社体制の移行に何らかの制約がある会社は、何らかの組織設計における代替案で対応することとなる。

その中でも典型的なものがカンパニー制である。具体的には法人格は有しないものの事業部門を一つの企業と見立てて、傘下の子会社も含めて連結ベースで運営する制度である。カンパニー制の利点は企業のリソースやコスト効率の要請に応じて組織を柔軟に設計することができるが、その過程でカンパニー内の内部監査部門を省略して、グループ内部監査部門に片寄せしてしまうと、その結果グループレベルと事業レベルの内部統制システムが混在することとなる。また、カンパニー制の場合は法人格を持たないゆえに、取締役会や監査役等に該当する組織がないので、事業レベルでは実務指針で期待されている、デュアルレポートラインの形成が難しくなる。

この対策としては、グループ内部監査部門に片寄せをしつつも監査部門内においてグループ統制と事業統制の担当を分離することや、監査役等に事業部門を担当いただくことでデュアルレポートラインを確保するなどが考えられる。

一方で、カンパニー制の場合は、グループ本社の内部監査部門や監査役等に情報が集積するという意味でよい連携を構築できるという利点もある。

いずれにしても、組織形態には一長一短があり、また戦略に応じて重要に設計する必要があり、大切なのはその中でも最適なグループ内部統制を意識しながら現実に即した対応が求められるということである。

4.7　監査役等や第２線・第３線における人材育成の在り方

監査役等の人材育成や指名・選任に当たっては、役割認識・意欲や専門的知見について配慮すべきである。

管理部門や内部監査部門を実効的に機能させるため、経営トップは、これらの部門の重要性を認識し、中長期的な人材育成や、専門資格の取得等を通じた専門性やプロフェッショナル意識の向上を図るべきである。

※この他、第２線や第３線のキャリアゴールとして監査役等の地位向上や、経営幹部候補のキャリアパスとしての内部統制部門の活用も有効である。

実務指針においてグループ全体のガバナンスの有効性を高めるためには、監査役等に依存するだけではなく、執行側サイドにおいても3線ディフェンスを確立させることが重要であることが説明されているが、これらの仕組みが有効に作用するためには仕組みに従事する人材が一定水準の能力や経験を有することが前提条件となり、実務指針においてもその重要性が記述されている。

ただし、現実問題としてこれらの人材の配置と育成については、その必要性を企業サイドとしては認めつつも、具体的な配置については量的にも質的にも十分であるとは言えない。実際においても近年では多くの企業が、特にグループ会社を含む社内出身の監査役等や、第３線の内部監査部門を担う人材の確保と育成について課題認識を有している。一方で、多くの企業においては課題意識を有する半面でこれらの人材について必要とされる要件が明確に定められていないのが現状である。実際に、監査役等や３線の内部監査部門スタッフ、第２線の管理部門スタッフに対して求められる要件は、同じように見えても異なっており、適切な人材配置や育成を行う、さらにはキャリアパスを定義するのであれば、要件の明確化は重要な前提条件となるのである。なお、実務指針の検討における議論においては第２線、第３線についてのキャリアパスが監査役等に直結するか否かは会社の人事施策であるため強制はできないが現実問題として多くの会社においては第３線がキャリアとしての魅力度がそれほど高くない(37)という状況について、キャリアパスの設計や報酬等の面で改善すべきであるという意見もあった。

下記は、第２線や第３線、さらには監査役等などに期待される役割と、求められる人材要件について整理したものである。必ずしもこの整理に合わせる必要はないが、キャリアパスや要員配置を検討する際には参考になると思われる。

(37) 一般的に監査役や監査部門の役職者は「上がり」のポストであったり、スタッフにしても年長者の受け入れに利用されているなどとの課題認識が多くの企業において存在する。

図表2-6　監査役等や第２線・第３線の期待役割と人材要件

		役割	要件
監査役等	親会社	•監査を通じ、取締役会の有効性及び取締役の職務遂行の妥当性と内部統制の有効性を監視と会計監査（監査役の場合）を実施。なお、監査の範囲がグループ全体に及ぶ	・会社のビジネスに関する理解と、会計や財務、法務、環境、品質に関する知識（複数の選任されたメンバーでカバーすることで可能）
	グループ会社	監査を通じ、個社の取締役会及び取締役の業務の妥当性・適法性を監視する。なお、必要に応じて個々の業務内容を検証（監査役の場合は会計監査を実施するが、会社法上は会計監査に限定することも可能）	同上（会計監査に限定している場合は、基本的な経営の理解と会計・財務の知識）
内部監査部門（第3線）	部門長・統括職	内部統制システム及びリスク管理の有効性を評価する内部監査の全体計画と必要な各種調整、及び報告・フィードバックを行う	基本的な経営に関する理解と、内部統制・リスクマネジメントに関する包括的な知識。可能であれば内部監査の資格
	監査スタッフ	専門的（会計・財務・法務・コンプライアンス・品質・環境）な観点から実際に内部統制システムが有効に作用しているかを監査する	専門分野における一定以上の知識と、関連する業務経験。可能であれば、関連する公的な資格
管理部門（第2線）	リスク統括責任者	リスク体系を明確にするとともに、第2線の各部門に対して方針を提示するとともに、情報を吸い上げ、必要に応じて対処を要請する	基本的な経営に関する理解と、内部統制・リスクマネジメントに関する包括的な知識
	管理職	所管する領域の内部統制・リスク管理について、リスク統括責任者に報告。また定期的な内部監査に対応	基本的な経営に関する理解と、専門分野における汎用的な知識と、関連する業務経験
	専門職	第1線に対して専門的な見地から内部統制・リスク管理のフレームを提示するとともに、実施状況をモニタリングする	専門分野における一定以上の知識と、関連する業務経験。可能であれば、関連する公的な資格

（出所）筆者作成

4.8　ITを活用した内部監査の効率化と精度向上

内部監査の効率性と精度を向上させるため、ITやデータアナリティクスの活用が検討されるべきである。

近年の企業経営の多角化とグローバル化により、内部統制の対象はグループ会社に及ぶとともに、その対象についても会計情報だけでなく、法務やコンプライアンス、品質、環境など多岐にわたることについてはすでに説明した通りである。

この結果、監査における情報の収集と分析の負荷も拡大するのは自明であるとともに、負荷拡大に人員配置で対応する場合は、データ収集や分析のプロセスや内容にもブレが発生し、内部統制の効率性と精度が低下するというリスクが発生する。また、往査側についても相当の負荷がかかることとなる。

このような状況を回避するために、情報収集と蓄積について情報システムを活用することが有用であることは間違いがない。その意味では、大手企業を中心にERPなどの導入によるデータが一元的に取得できる環境が企業側で整備されつつある。また、蓄積した情報についての基礎的な分析については、従来の監査におけるデータ活用の技法としてのCAAT（Computer Assisted Audit Techniques：コンピューター利用監査技法）から、データ分析ツールが発達したこと、さらにはAI（人工知能）やRPA（Robotic Process Automation）への取組も進んでいることから、これらを監査に活かすことが期待されている。

一方で、これらの動きは主に会計情報が主体であり、今後は会計以外の監査項目についても必要に応じて順次整備する必要があると思われる。

なお、情報システムの導入については一定の投資を伴うため、監査やモニタリングの体制やニーズに応じて必要な範囲で整備することが合理的であり、また第1線から第3線、さらには監査役等が共同で使うにしても、最終的な分析と判断は個々で異なるため、データのアクセス範囲を合理的に設定する必要がある。

4.9　サイバーセキュリティ対策の在り方

> サイバーセキュリティについて、グループ全体やサプライチェーンも考慮に入れた対策の在り方が検討されるべきである。

企業のビジネス展開において情報システムの整備は重要な要素であるが、特に大手企業においては、会計のみならずバリューチェーンの重要な要素を同一のシステムで統合するERPの概念で整備するのが一般的である。また、業務効率をさらに高めるためにシステムのグループ全体での共有、さらにはEDIのように顧客や協力業者との一定のシステム上でのデータ交換の普及など、システムはグループ内外で繋がれた状態となっている。そのため、過去と比較するとサイバー攻撃に対するリスクは拡大していると認識される。情報セキュリティについては内部統制においても重要なポイントであるのは言うまでもないが、このような状況に鑑み、サイバーセキュリティへの必要な投資と、攻撃を受けた場合のコンティンジェンシー対応を検討する必要がある。

4. 10　有事対応の在り方

企業において、不適切な会計や、法令・コンプライアンス違反、さらには品質問題など、各種の不祥事が顕在化した場合には、状況の早期把握と対策の推進、さらには再発防止策の構築など企業内での適切かつ迅速な対応と、ステークホルダーへの適切な情報開示が求められている。これらの一連の対処について、実務指針においては有事対応という形で示されている。

特に、近年はグループ会社に端を発しているガバナンス上の問題が増加していること、対応の遅れにより企業価値のさらなる毀損を招くケースが散見されることから、平時におけるグループ単位での内部統制システムの有効性の確保だけではなく、有事における適切な対応を「守り」のガバナンスとして位置づけているものと思われる。

4. 10. 1　基本的な考え方

> 中長期の企業価値を支えるレピュテーションへのダメージを最小化し、一般消費者を含む多様なステークホルダーの信頼の早期回復を図るためにも、グループ本社を中心として、早期発見と被害の最小化のための迅速な対応等の有事対応が適切に行われるべきである。

冒頭で説明した通り、平時における「守り」のガバナンスは内部統制の有効性を不断にチェックすることであるが、一定の有効性が保てていても、何らかの形で綻びが生じるとガバナンス上の問題として顕在化する、これが所謂「有事」であるが、企業としては迅速かつ適切に対応をすることが求められる。

これら有事の対応の在り方については、以下で説明がなされているが、グループ・ガバナンスの視点からは、有事が発生した場合には、グループ本社が中心となって適切に対処すべきであるとしている。さらに、有事の際には、内輪の論理で事案を過少に評価した結果、傷を広げるという事態も往々にして発生するが、このような事態を回避するために、社外取締役が有事に際して果たすべき役割について整理している。

4. 10. 2　有事対応の在り方

前項において有事対応の基本的な考えをもとに、以下においては目的やプロセスなどを整理している。

（有事対応の目的）

> 有事対応の目的は、速やかに事実調査、根本原因の究明、再発防止策の検討を行い、十分な責任を果たすことにより、ステークホルダーの信頼回復とそれを通じた企業価値の維持・向上を図ることである。

実務指針はガバナンスの観点から、有事対応を「守り」のガバナンスと最終局面として捉えている。その意味では、ステークホルダーへの適切な説明責任を果たしつつ企業価値の毀損を回避することが最大の目的といえよう。

具体的なプロセスについて、実務指針では現状把握と原因究明、再発防止策という形で整理されているが、以下で具体的に説明する。

事実調査

有事対応における初動対応は事実の正確な把握である。事実の把握方法は事案の内容により異なるが、必要な現物データの確保や、関係者への聞き取りなどにより事案の程度を把握する。なお、事実調査の過程においては、事態の拡大の可能性も見極めつつ、拡大を回避させるために必要な対応を講じることも並行して必要である。

根本原因の究明

収集した事実をもとにして、発生した有事についての原因の所在を明らかする。これらの原因分析で重要なことは、直接の因果関係の解明はもちろんのこと、有事が発生した背景要因などを考察することでもある。なぜなら、有事が発生した背景によっては、同様の事象が今後も発生する可能性が存在するからである。

再発防止策の検討

事実調査と根本原因の究明により、事態の拡大を防ぐことに併せ、今後において同様の事案が発生しないように対策を講じる、いわゆる再発防止策を検討することは重要である。再発防止策については、いわゆる再発のリスクの高い部分に対する定常的なモニタリングや、担当部門などにおいて対応人員強化などの組織的対応、さらにはルールやマニュアル・ガイドラインの見直しなども実施する必要がある。

事案の総括

実務指針では触れられていないが、重要なプロセスは事案の総括である。事実の正確な把握と分析して根本原因の解明をしつつ事案拡大の回避策を実施し、再発防止策を取りまとめるわけであるが、事案の全体像を整理するとともに責任の所在を明確にして、関係者の処分を行うなどの措置も必要である。

そして総括の内容を、社内外にどのように伝えるかという判断も重要である。特に総括の内容を社内に知らしめることは、類似事案の発生の防止にもつながるという意味で重要である。

（事案の公表等）

> 問題を把握した際の初動としては、事案の重大性を見極め、公表が必要と判断した場合には、迅速な第一報を優先させ、社会的観点から必要に応じて謝罪を行いつつ、（その時点で可能な限りの）正確な説明を心掛けるべきである。
> ※上場会社の場合、公表の要否やそのタイミングについては金融商品取引所の適時開示ルールに従う必要がある。

事案公表への対応については、グループ本社の広報部門が関係者と、公表の必要性を議論したのちに、事案を公表する際には「どのような内容」を、「いつ」、「誰が」公表するかという観点から検討する必要がある。

実務指針においては、重要な事案については、迅速に発生事実の公表を行い、必要に応じて謝罪をするとされているが、公表においてはタイミングによってその内容が異なる。

⑴　事案発生時

事案が発生した段階において、その内容を公表する場合は概ね当該事象が社会的インパクトの大きいものや、レピュテーションや企業価値に大きな影響を及ぼす可能性と判断されるものである。

この段階の公表は事態の拡大や業績・企業価値へのネガティブインパクトへの注意喚起を促すという意味を有しているが、一方では、この段階での公表はあくまでも端緒情報であるので、公表時において今後の対処方針を説明する必要がある。

②　事案把握時

事案の事実調査が進み、全容が把握できた段階で公表が行われるケースも多いが、この場合は事案の発生要因と回復までの目途、そして当該事案が今後の企業業績に及ぼす影響などを公表する必要がある。

③　事案収束時

事案の事実調査による全容の把握と根本的な原因の究明がなされた結果、これ以上の事態拡大がないと判断した場合、事案が収束したとして、総括を行うとともに、関係者の処分、及び再発防止策などについて取りまとめ公表を行う。なお、再発防止策について、時間を要するものである場合は、方針及び施策を開示し、その進捗状況については定期的に開示するという方法もありえる。

（独立社外役員等による対応の在り方（第三者委員会の活用等））

> 有事対応においては、当該事案に利害関係のない独立社外取締役や独立社外監査役（独立社外役員）が、いわゆる第三者委員会の設置の要否を含めた調査体制の選択、同委員会の組成・運営において主導的な役割を果たすべきである。
>
> ※調査体制としては、第三者委員会のほか、内部調査にゆだねる、独立社外役員による委員会を設置して法律事務所の専門サービスを活用することも考えられる。
>
> ※第三者委員会を設置する場合、当該事案について利害関係のない限り、独立社外役員が自ら委員長や委員に就任することも有力な選択肢になりうる。
>
> ※第三者委員会の活用や報告書の公表の在り方を検討するに当たって、米国のディスカバリー制度等における訴訟対応への影響を踏まえることも重要である。

ここまでは、有事における会社としてとるべき行動をステップ化して示すとともに、事案の内容に応じて、可否を含めた公表対応について説明しているが、有事においては、迅速かつ適切な手順が重要であることは言うまでもない。初期の事実調査と根本原因の究明においては、ステークホルダーを納得させる必要があるため、その体制については配慮を要する。

特に、会社の業績や企業価値に大きな影響を及ぼす事象については、外部公表を前提とした体制の構築が必要であり、重要なポイントとしては中立性が挙げられる。

このため、近年においては外部性が担保されたメンバーによる第三者委員会の設置などが増加している。

いずれにしても、事案による直接・間接的な影響拡大と、今後における同一・類似の発生リスクを回避するという観点では、第三者委員会の設置の可否も含めて、一連とプロセスについて、利害関係者でない第三者の目を通すということが非常に重要であることは確かである。

特に、実務指針においてはコーポレートガバナンスの観点から、重要事項については、社外取締役が多数を占める取締役会に適切な情報が伝達され、適切な議論を踏まえた有事対応が必要であるとしており、そのために事案への対応が必要だと判断された段階においては、事案への関与と利害関係のない独立取締役が対応を主導することは有効としている(38)。一方で、上記については正論ではあるが、有事と思われる事案が発生した場合において、対応方針の決定、第三者委員会の要否を含めた体制の検討、及び事案の公表方針と、初期対応から再発防止策の策定までのスケジュールとタスク遂行について、社内に具体的なルールが定められていない企業が多いのも現実である。

また、事案への一時的な対応は勿論のこと、再発防止策が機能をしているかをモニタリングすることも重要である。その意味では、事案収束後においても、内部監査室などから一定のモニタリング状況の報告が、取締役会や独立社外取締役に上がるような仕組みが構築されることも重要と思われる。

4.10.3　子会社不祥事における親会社の対応

> 子会社で不祥事等が発生した場合には、親会社は、事案の態様や重大性、子会社における対応可能性等を勘案し、特に必要な場合には、事案の原因究明や事態の収束、再発防止策の策定に向けた対応を主導することも期待される。

ガバナンス問題の傾向として、グループ会社を端緒とするものが近年は増加しつつあることは前述の通りであるが、そのために有事対応においてはグループ会社全

(38) ただし、全ての事案情報が社外取締役に上がってくるということは現実的でない。その意味でも執行サイドにおける第3線である内部監査部門からの情報提供がなされるためのデュアルレポートラインが重要になってくる。

体としての責務としてとるべきである。

特に、近年においては純粋持株会社制度へ移行する企業が増加していることもあり、グループ本社を中心としてグループ全体における有事対応プロセスを構築することが急務といえよう。

一方で、親会社がグループ会社全ての有事に対応することは、法的な責任の所在(39)や、実務面を考えると現実的とは言えない。したがって、グループ会社において事案が発生し対応が必要な場合に際しては、第一義的には各社が対応するものとしつつ、どのような場合に親会社が関与するかを明確にすることが重要であり、さらに親会社の取締役会や独立社外取締役、及び監査役等がどのような役割を果たしていくのかを明確にしておく必要がある。

---

(39) グループ会社は法人格として分離しているため、特段の定めがない場合、有事の一義的な法的な対応責任はそれぞれの会社にあり、親会社は株主としての責任範囲にとどまる。

５　子会社経営者の指名・報酬の在り方

５．１　現状と課題

企業価値の維持・向上を実現するためには、最適な経営者を確保することは重要なポイントであり、そのため近年のガバナンス改革においても、取締役の指名・報酬の在り方が議論されてきた。

【コーポレートガバナンス・コード　補充原則４－11①】
取締役会は、取締役会の全体としての知識・経験・能力のバランス、多様性ならびに規模に関する考え方を定め、取締役会の選任に関する方針・手続と併せて開示すべきである。

まず、指名に関してはコーポレートガバナンス・コードの補充原則において、「取締役の選任」という表現で言及しており、さらにCGSガイドラインにおいては経営陣の指名に関して、特に社長・CEOにスコープを絞り、後継者計画の策定と運用も含めて、その在り方について言及している。

【コーポレートガバナンス・コード　補充原則４－２①】
経営者の報酬は、持続的な成長に向けた健全なインセンティブの一つとして機能するよう、中長期的な業績を連動する報酬の割合や、現金報酬と自社報酬との割合を適切に設定すべきである。

また、経営者の報酬についても、補充原則において触れられているが、CGSガイドラインにおいては、さらにインセンティブの内容について業績連動報酬や自社株報酬など内容に踏み込んでいる。

【コーポレートガバナンス・コード　補充原則４－10①】
上場会社が監査役会設置会社または監査等委員会設置会社であって、独立社外取締役が取締役会の過半数に達していない場合には、経営陣幹部・取締役会の指名・報酬などに係る取締役会の機能の独立性・客観性と説明責任を強化するため、例えば、取締役会の下に独立社外取締役を主要な構成員とする任意の諮問委員会を設置することなどにより、指名・報酬などの特に重要な事項に関する検討に当たり独立社外取締役の適切な関与・助言を得るべきである。

さらに、これらの指名・報酬の適切なプロセスに関しては、同補充原則において諮問機関の活用について言及しており、具体的な運用方法についてはCGSガイドラインにおいても整理されている。

一方でこれらの議論については親会社の経営陣が主な対象になっており、グループ会社の経営陣については議論の対象外であった。しかしながらグループ経営の進展により、親会社のみならずグループ会社の経営陣の指名・報酬についても配慮をする必要性が高まっている。例えば、企業集団において純粋持株会社形態を採用している場合は、純粋持株会社の経営陣に匹敵するほど、主要事業会社の経営陣の指名は重要事項である。また、M&Aで買収した企業については経営陣の指名・報酬に関してどのようなプロセスで決定すべきかを現実的な課題として捉えている企業も多い状況である。

なお、本書においてはこれまで、実務指針において「子会社」と表現している部分については、一部持分法適用会社にも適用するという観点から、あえて「グループ会社」という表現を通してきたが、本章においては指名・報酬について直接の権限を行使しうる「子会社」という表現を使用する。さらに、上場子会社については利益相反の観点から検討を加える必要がある点に留意すべきである。

5.2　子会社経営陣の指名・報酬に関する親会社の関与の在り方

グループとしての一体的運営や企業価値の最大化の観点から、親会社の取締役会及び指名委員会・報酬委員会においては、例えば、主要な完全子会社の経営トップを審議対象とすることが検討されるべきである。

実務指針で示す通り、親会社は子会社に対して支配株主として子会社の取締役の指名や報酬額を株主総会において決議する権限を有しているが、この権限を親会社として適切に行使することで、子会社に対して適切な監督を行うことが期待されている。しかしながら、厳密には代表取締役の選任や個別の報酬額については取締役会での決定事項[(40)]である。また、執行役員などの上級幹部職については、そもそも株主総会の決議事項ではない。したがって、会社法上の権限だけでは、親会社としての適正な影響力を行使できないため、指名や報酬に関してグループ全体でルールを設定した上で、親子間で取り決めを行うことで、このギャップを補完することが一般的である。

一方で、子会社数が増加すると、全ての子会社に対して経営トップの指名や報酬額を設定することは実務的には困難となるため、現実的には下表のように子会社の規模や性質によって区分し、重要な子会社については親会社の指名・報酬委員会での審議事項とし、それ以外は報告事項とするなどの整理が必要である。

図表2-7　グループにおける指名・報酬の決定ルール例

		親会社			子会社	
		株主総会	取締役会 指名・報酬委員会	グループCHO グループ人事委員会	株主総会	取締役会
指名	経営トップ	報告事項として主要子会社の選任状況を報告	主要子会社は審議 その他は報告	原則として事前調整（ネガティブチェックなどの実施）	経営トップの選任について報告	親会社の事前審議が前提で決議
	取締役	—			親会社の事前審議が前提で決議	役付・序列について決議
	執行役員				—	親会社との事前協議が前提で決議
報酬	総額	報告事項として主要子会社の報酬総額を報告	主要子会社は審議 その他は報告	事前確認（グループ報酬規程）	親会社の事前審議が前提で決議	—
	個別報酬（基本）	—			—	親会社の審議もしくは確認の上個人別に決議
	個別報酬（変動）			事前確認（報酬算定根拠）		

（出所）筆者作成

5.3　グループとしての経営者の指名・育成の在り方

前項では総論としてのグループ指名・報酬の在り方についての整理であったが、本項は特に中長期の観点からグループ全体を束ねる経営者について、その候補者の選抜と育成、指名についての整理を行っている[41]。

(40) 取締役の個人別の報酬額については、株主総会で個々に決定することはせずに総額の上限のみを定め、その上で株主総会の決議により個人への配分を取締役会の決定にゆだねることが許容されており、多くの会社がこの方法を採用している。

5.3.1　グループとしての社長・CEO等の後継者計画の在り方

> グループとしての後継者計画の一環として、「タフ・アサインメント」の対象として子会社の経営陣ポスト（特に社長・CEO）を積極的に活用することが検討されるべきである。

日本企業における経営陣は、一般的には部門のトップが昇格していく図式が一般的であるために特定の事業や機能の経験に偏りがちであり、企業全体を見据えた意思決定などについての対応力については未知数であるという課題が存在する。そのため、一定の経営的な素地を涵養するという観点では、実務指針に定める「タフ・アサインメント」を行う意義がある。

なお、「タフ・アサインメント」として子会社の経営陣ポストを活用することは一つの有力な選択肢であるが、副作用の発生や形骸化を防ぐために下記の点に留意すべきである。

- 「タフ・アサインメント」として設定された子会社サイドの経営陣のモチベーション維持についても十分に留意すること。特に、日本企業においては、現在も親会社から子会社の主要ポストに「降りていく」構図が存在するため、その意図を十分に伝える必要がある。その際に、経営陣の候補者育成の場であっても、単なる修練の場ではなく「タフ・アサインメント」の先となる子会社サイドの業績向上に十分寄与することが必須の前提条件となる。
- 後継者候補の育成のための「タフ・アサインメント」であるが、対象となる企業を固定化しないような配慮が必要である。実態としては、多くの企業においては、「タフ・アサインメント」の名前の下に後継者候補が就任する子会社が固定化する傾向にある。その際に、対象となる子会社についても「傷のつかない」業績の安定している企業が選定されることも散見されるが、結果として仕組み自体が形骸化するケースも少なくない。

---

(41)　本項については、内部昇格型を前提とした日本企業の現状を意識したものであるが、中長期においては外部から直接グループ全体の経営者を招聘することも十分に想定される。この外部招聘を後継者計画にどのように組み込むかについても今後議論が必要と思われる。

5.3.2　グループとしての経営陣の人材育成・人事管理の在り方

> グループ内の人的資源を最大限活用するため、グループ全体として一定レベル以上のポスト・人材を選定し、評価・選抜を行う仕組みを構築し、将来の経営人材の計画的育成を行うことが検討されるべきである。
>
> このため、人事情報の一元化による統合的な人事管理や経営陣候補者への株式報酬の付与等も有効である。

グループの企業価値を中長期的に維持・向上させるためには、経営を担う相応の人材が必要になることは言うまでもないが、そのために中長期の視点から候補者をプールして育成することが人事施策として求められており、実際に多くの企業が「経営者育成」に一定のリソースを費やしている。

一方で、これらの「経営者育成」については、親会社の役職員に限定されており、グループ会社からの登用という観点では十分ではないというのが現状であるが、近年では純粋持株会社の定着により、親会社とグループ企業において、経営幹部が法人間を異動するケースが増加していることや、M&Aによる買収企業に対するPost Deal Managementの一環から経営幹部の人事交流が促進されたことなどから、今後はグループ会社の人材の活用を進めるために、「経営者育成」のスキームもグループ全体を見据えるという視点で今後は検討が進むと思われる。

この際に重要なポイントとなるのが、対象となる人員をどのように特定するか、また対象者をどのように管理していくかという２点である。

⑴　対象となる人員の特定

中長期にわたって経営人材の厚みを作るという観点では、一定数の対象人員を確保する必要があるが、一方でグループ内の人材全てをグループ本社の人事部門で掌握することは現実的ではない。したがって、候補者となる人材については一定の基準で抽出することが現実的である。なお、抽出の基準は一般的には職位によるが、グループ企業を対象とする場合は、各社の人事制度により職位階層が異なるため、グループ会社の規模や性質によって区分しつつ、各区分における抽出基準を設定し、選抜することが現実的と思われる。

⑵　対象者の管理

経営者育成の候補者の選定は上述の通りであるが、これらの候補者に対してグループ間の異動を含む適切な育成機会を与えながら、育成状況の評価とフィードバックに基づき、再度の育成機会提供を繰り返す。この過程で対象者を絞り込みしつつ次世代の経営陣を育成するというのが一般的な進め方である。

なお、これらの枠組みを実際的、かつ有効に機能させるためには、グループ全体での人事ルール等を導入する必要がある。このルールについては、あくまでもグループ各社の固有の人事制度は保持しつつ、グループ共通で管理すべき事項について補完的に各社に適用させるものである。なお、共通の制度として検討する項目は下記の通りである。

・グループ経営人材（対象者）の選抜基準
・対象者の人事データの共有
・対象者が受講すべき研修・教育
・対象者の人事異動
・対象者の報酬

特に、対象者のキャリア形成を促すために人事異動を実施する場合は、所属先との調整は必須であるとともに、異動の際に発生する人件費の差額の取り扱い等(42)についても当事者が納得できる仕組みを構築する必要がある。

5.4　グループとしての経営陣の報酬の在り方

ガバナンス強化において、避けて通れない議論の一つが報酬にかかわるものである。近年は特に、報酬の開示を巡りガバナンス上の問題が顕在化した企業もあるが、問題の所在はテクニカルな報酬額の開示規程抵触の有無ではなく、報酬額そのものであり、報酬を決定するプロセスである。特に、日本企業においては、経営陣の報酬水準が欧米と比較して低いことに加えて、グループ内にあっては「グループ会社の報酬水準は、親会社のそれを超えない」というような報酬秩序があり、これがM&Aにおける経営幹部のリテンションや、優秀な経営者の外部からのリクルーティングの阻害要因になっており、グループとしての経営陣の報酬の在り方について、これを再整理する必要があると思われる。

---

(42)　グループ間の人事異動については出向とするか転籍とするかなどの論点があり、特に転籍時においては退職金の扱いなどが焦点になる。また、異動については、本人のキャリア指向を考慮してグループ外の企業への転出や社外役員の兼務などの機会を与えるなどの措置も検討に値する。

5.4.1　グループ全体での報酬政策の策定

> グループとしての企業価値向上に向けてグループ各社の経営陣に適切なインセンティブを付与するため、グループとしての企業理念や経営戦略を頂点とした統一的な報酬政策を構築することが重要である。

本項において、グループにおいては、企業理念や経営戦略に基づいてグループで統一した報酬施策が必要であると示している。確かに、グループとしての企業価値向上を実現するためには、グループ会社それぞれが、企業理念や経営戦略に従って活動し、パフォーマンスを発揮することが重要であるとともに、パフォーマンスに応じて適正なインセンティブを付与される環境を整備することも必要である。

一方で、実務指針でも触れているが、日本企業にもグループ全体の報酬政策が全く存在しないわけではない。ただし、日本におけるグループ人事方針は、親会社を「卒業」した経営幹部が、グループ会社の経営陣に就任するというメカニズムであり、したがって報酬政策も親会社の報酬水準を頂点としたものであるというのが一般的である。このメカニズムは自社から分社し出向者と転籍者で構成されるような旧来タイプのグループ会社であれば機能するが、近年、グループ会社はM&Aによるものや、他社との合弁、さらには現地社員が中心の海外現地法人など、従来のタイプと異なるグループ会社で構成される傾向にある。そのため、従来の日本型のグループ会社に対する報酬政策やメカニズムでは、優秀な経営陣をグループ会社にリテインすることが困難になるとともに、仮にリテインしてもモチベーションが低下しパフォーマンスが停滞するなどの状況が発生する懸念が存在する。その意味で、今後のグループの在り方にマッチするような報酬政策を再構築することが必要であろう。

図表2-8　報酬メカニズムの変化

	従来の日本のグループ報酬メカニズム	今後のグループ報酬メカニズム
グループ会社の性質	・親会社が新設 ・親会社からの分社	・M&Aによるグループイン ・他社との合弁企業 ・現地採用者中心の海外現法
経営陣の構成	・親会社からの出向・転籍者	・プロ経営者 ・プロパー役職員
報酬体系	・報酬水準は親会社を超えない ・基本報酬中心・固定型 ・ベンチマーク対象はグループ内	・親会社の水準とは連動しない ・業績連動型、一定のインセンティブ ・マーケット水準がベンチマーク

（出所）筆者作成

なお、ここで述べている統一的な報酬政策とは、単にグループ全体の報酬規程やテーブルを一元化するということではなく、報酬額を決定するに当たり、当事者だけでなくステークホルダーにも説明責任を果たせるような報酬の支給方針とそのメカニズムを示すことと解釈するのが妥当であると思われる。

5.4.2　グループ企業における報酬水準の在り方

優秀な人材の確保やグループ内での最適な人材配置が円滑に行えるよう、中長期的には、グローバルな報酬水準に関する考え方の統一を目指すことが期待される。

現状の欧米との報酬格差を踏まえれば、当面の対応として、職務格付けなどを用いた客観的かつ統一的な基準を導入し、これに基づき各地域における具体的な水準を決定することが検討されるべきである。

報酬政策において重要なのはいうまでもなく報酬水準の設定であるが、これをグループ・グローバルで統一することは理論的には正しいものの、実務的には困難であると思われる。その理由としては下記が挙げられる。

① 地域によって（主として報酬総額に）差異が存在すること

② 産業によって（特にインセンティブに）差異が存在すること

③ 企業の規模や性質により（主に報酬総額）に差異が存在すること

これらを考慮すると、実務指針でも触れられているが、第一歩としては、報酬水準そのものを統一するのではなく、グループの経営幹部に対して、報酬メカニズムの設計思想がグループ内で統一されていることを示すことから始まると思われる。その上で、グループ全体の報酬水準ということであれば、全ての会社が同一のテーブルに乗るわけではないので、会社を適切な区分に分類した上で、当該区分において設定された職位や職務に対しての報酬水準を設定するのが現実的である。

また、報酬水準を設定する際には、上記の地域や産業における報酬差異を調節項目として反映させるべきであるが、その調整については基本報酬とインセンティブのどの部分で行うのかなどを検討する必要がある。さらにガバナンスという視点においては、これらの対象人員が法人においては取締役等に相当する役職であれば、報酬対価が「監督」に対するものなのか「執行」に対するものなのかについても整理が必要(43)である。

5.4.3　グループ企業におけるインセンティブ報酬の設計

> グループ各社の経営陣のインセンティブ報酬の設計については、グループ全体の企業価値向上に向けた統一的な考え方の下で、報酬の種類ごとに、その目的や位置づけに即した成果指標（KPI（非財務情報を含む））を設定し、情報開示を通じて透明性・客観性を確保することが検討されるべきである。

企業の報酬設計を考える上で、業績向上に対して一定のモチベーションを確保する手段として一定のインセンティブを付与することが定着しつつあるが、特に経営陣に対しては、短期的利益よりも中長期の企業価値向上に重きを置くような形で、中長期のインセンティブを付する考えが一般的になりつつある。

さらに近年では、純粋持株会社制度を採用している企業は勿論のこと、主要事業が分社されているケースも増加しており、親会社だけではなく、グループ会社の経営陣の報酬に対しても、グループ全体の業績に連動したインセンティブを検討する企業も増えている(44)。

(43)　日本企業においては、社外役員（取締役・監査役）の報酬については「監督対価」が、充分に認識されていない指摘が存在する。そのため職務対価としての報酬に対する考えを整理する段階で「監督」と「執行」に分離する場合は現行の役員報酬体系との間に相当の乖離が発生する可能性がある。また、グループ会社の経営陣の報酬において「監督」対価に相当する部分が存在するかについては、議論の余地がある。

具体的な報酬設計においては、基本報酬に加えて、現金賞与などを中心とした短期インセンティブ、株式報酬などを中心とした中長期インセンティブという形に区分されるが、特にインセンティブの算定については、その区分ごとに付与の基本的な考えを示しつつ、その考えに合致するKPIを設定するとともに、対象者にその趣旨を十分に説明する。なお、実務指針でも示されているが、報酬においては設計思想とKPIを開示することが望ましいが、特に中期的インセンティブはその水準について、株主等が検証できるようなKPIであることが望ましい。なお、インセンティブに関する基本方針についてグループ全体で設計することは望ましいが、実際の運用においてはKPIが達成しインセンティブを支払う場合にグループ会社において報酬原資をいかに確保するかということについても配慮を要する。

5.4.4 グループ企業における報酬に関する情報開示の在り方

> グループとしての報酬政策に関する基本的な項目や、KPIの設定理由・算定方法について開示することが検討されるべきである。

投資家に対して、現在は親会社の報酬については、基本的な報酬政策や評価指標、総額報酬と区分ごとの内訳を開示するように定められている。また、個人別の報酬額については高額報酬支給対象者については開示されている。

一方で、主要なグループ会社における報酬については、親会社と兼務する取締役などについてのみ開示されており、部分的なものにとどまっており、中長期インセンティブについては、算定根拠となるKPIについても十分であるとは言えない。

報酬については株主等の最大の関心事項であるが、報酬スキームが複雑化していることもあり、その全容の理解が困難になりつつある。どこまでを開示の対象にするかは、さらなる議論が必要であるとは思われるが、企業サイドにおいては、開示トレンドが今後も変化する可能性もあることを念頭に、開示すべき情報を整理する必要がある。

---

(44) ただし、上場企業は勿論のこと、少数株主が存在する場合には、グループ全体の利益を自社の利益よりも優先することの可否について、設計時点で十分に検討する必要がある

6　上場子会社に関するガバナンスの在り方

実務指針の本旨であるグループ・ガバナンスとはグループ会社、特に支配下にある子会社についても一体としてグループ全体でガバナンスを強化するというものであるが、ガバナンスが２重構造になり、利益相反リスクが顕在化しやすい上場子会社に対するガバナンスにおいては、実務指針の検討過程で相当の議論がなされた(45)。以下においては実務指針においてガバナンス上重要とされる事項について補足する。

6.1　上場子会社の現状と評価

実務指針においては、スムーズな議論に入る前に、冒頭において上場子会社に関する基本的な事項を整理するとともに、課題認識を整理している。

6.1.1　本章の適用対象（上場子会社の定義）

まずは、冒頭においては、本章の適用対象という形で上場子会社の定義を行っている。

図表2-9　上場子会社の位置づけ

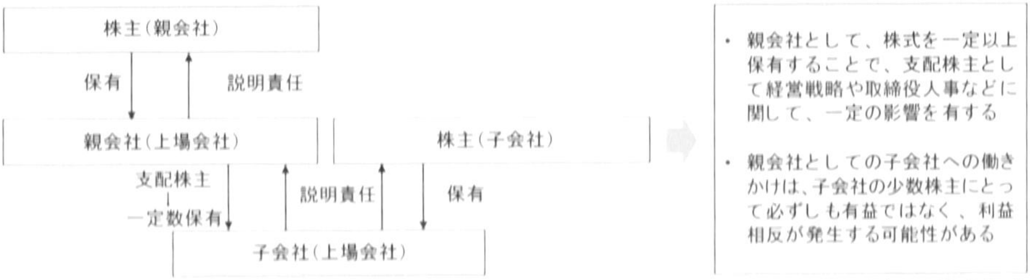

（出所）筆者作成

上表をもとに簡単に整理すると、株主に対して企業価値の最大化に対する方針に

(45)　上場子会社に関するガバナンスに関しては、第24回未来投資会議（2019年３月17日）においても議論がなされ、近夏までに上場子会社のガバナンスに関する指針の検討を進める旨の発言が安倍内閣総理大臣よりなされた。

ついての説明責任を負っている親会社と、親会社が支配株主でありながら、株式を上場しているため、同じように支配株主以外の株主に対して説明責任を負っている上場子会社については、特に子会社の少数株主との間で利益相反リスクが発生する可能性があるため適用の対象とするのである。

なお、子会社については、一義的には会社法において規定される過半数の株式を支配株主が有する会社と定義されるが、実務指針においては「ある会社の主要株主等が、形式的には支配株主の定義に該当しない場合（例えば、議決権保有割合が40％未満の場合）においても、実際の議決権行使率を総合的に勘案し実質的に当該会社を支配していると考えられる場合」についても実務指針の趣旨を踏まえるべきと言及している。この記載については、連結財務諸表規則における実質支配力基準による連結子会社を想定していると思われる。

【連結財務諸表規則】第８条（一部抜粋）

３　この規則において「親会社」とは、他の会社等の財務及び営業又は事業の方針を決定する機関（株主総会その他これに準ずる機関をいう。以下「意思決定機関」という。）を支配している会社等をいい、「子会社」とは、当該他の会社等をいう。親会社及び子会社又は子会社が、他の会社等の意思決定機関を支配している場合における当該他の会社等も、その親会社の子会社とみなす。

４　前項に規定する他の会社等の意思決定機関を支配している会社等とは、次の各号に掲げる会社等をいう。ただし、財務上又は営業上若しくは事業上の関係からみて他の会社等の意思決定機関を支配していないことが明らかであると認められる会社等は、この限りでない。

二　他の会社等の議決権の100分の40以上、100分の50以下を自己の計算において所有している会社等であって、かつ、次に掲げるいずれかの要件に該当する会社等

ロ　役員（法第21条第１項第１号（法第27条において準用する場合を含む。）に規定する役員をいう。以下同じ。）若しくは使用人である者、又はこれらであつた者で自己が他の会社等の財務及び営業又は事業の方針の決定に関して影響を与えることができる者が、当該他の会社等の取締役会その他これに準ずる機関の構成員の過半数を占めていること。

一方で、連結財務諸表規則において、「意思決定機関を支配」している状況の会

社を、子会社とみなす場合を「実質支配力基準による子会社」と評することができるが、この実質支配力基準による子会社が上場しているケースも少なからず存在する。実務指針においては、これらの会社も上場子会社としての適用範囲に含めていると思われるが、実務指針における上場子会社のガバナンスのあるべき姿と根本的に矛盾する構造を抱えているために、今後は何らかの制度的な調整がなされると思われる。

6.1.2　上場子会社の現状

前項において上場子会社を定義し、実務指針の適用範囲を明確にしているが、それを踏まえて、実務指針においては企業アンケートを含めて、日本における上場子会社の現状について整理し、その特徴について分析している。その具体的な内容は下記の通りである。

⑴　2018年時点では東証上場企業のうち628社（上場企業の17.2％）が支配株主を有する企業で、そのうち親会社が上場企業である上場子会社は311社（同8.5％）である。傾向としては減少傾向であるが、欧米各国に比べると高水準である。

⑵　研究会における企業アンケートによると、上場子会社としての成立過程としては、成長可能性の大きい子会社について成長を加速するために独自に外部資金を調達するということが一般的である一方、モチベーションの維持や人材の確保、取引先の信用確保など本来副次的な事象が目的となっている企業も少なくない。なお、上場企業をM&Aで傘下にした際に、上場維持が買収条件となっているケースも少なくない。

⑶　さらに、同アンケートによると上場子会社の取り扱いについては、戦略の一貫性や、シナジーの創出、及び一元管理などの面において課題を示している企業が多いが、７割の企業は上場を維持すると回答しており、当面の間は親子上場の課題は継続するものと思われる。

6.1.3　上場会社の利益相反構造

親会社が上場子会社に対して戦略の一貫性やシナジー創出、そして一元管理という面で課題を有しているということは前項のアンケートにおいても触れられているが、その要因については親子上場の場合においては、管理の仕方によっては親会社と上場子会社の少数株主の間で利益相反のおそれがあるからである。また、親子会社で同種の事業を行っている場合は典型的な利益相反構造が発生するおそれがあるが、当実務指針においては、その他の利益相反についても大きく３つの類型によって、示している。

① 親子間取引に関するもの

親会社	上場子会社	内容
Ａ１社（輸送用機器）	Ａ２社（部品製造）	Ａ１社に製品を納入
Ｂ１社（電子部品）	Ｂ２社（物流）	Ｂ１社製品の運送

上記は、典型的な親子会社において取引がある企業の事例である。利益相反の要因としては、親会社としてはグループでの内製化に寄与する面でメリットがあるが、上場子会社としては親会社との取引が、他の有利な取引に優先する可能性があるという構造である。

なお、実務指針においては、親子間取引として、近年多くの会社で導入されているCMS（キャッシュマネジメントシステム）などにより子会社の資金を親会社が預かる仕組みなどについて触れている。

② 事業再編に関するもの

親会社	上場子会社	内容
Ｃ１社（運輸）	Ｃ２社（建設）	Ｃ２社の運輸保全部門を Ｃ１社の子会社に事業譲渡

親子会社で同種及び関連の強い事業を行っている場合、グループ内でさらなる効率を求めて再編することは一般的であるが、親子上場の場合は利益相反を孕む。上記Ｃ社のケースは、収益性の高いＣ２社の保全工事部門をグループ内の効率化のためにＣ１社の子会社に譲渡するという行為が、Ｃ２社の収益基盤を損ねるという観点からＣ２社の少数株主との間で利益相反が生じている。

③ 完全子会社化に関するもの

親会社	上場子会社	内容
D1社（電機）	D2社（工事）	株式交換で完全子会社化

３つ目のケースは、グループ最適化の観点から完全子会社化を行う例である。Ｄ１社は他にも上場子会社を多く保有しているが、近年は再編の過程で多くの上場子会社を完全子会社にしている。この完全子会社の過程において株式交換により親会社の株式を交付する形になるが、上場子会社の少数株主としては、Ｄ１社の株式保有を望んでいない場合や、交換比率の面で利益相反が発生する

ことが想定される。

6.1.4　上場子会社に対する評価

ここまでは、日本における親子上場の現状や、発生しうる利益相反についての整理を行った。過去において日本では、独自の資金調達や、役職員のモチベーションアップのために子会社を積極的に上場させる動きが起こり、これが現在の上場子会社となっているが、近年のガバナンス重視、少数株主保護の流れや、実際の利益相反による双方の企業価値に対するネガティブな影響の懸念などから、その在り方が問われている。

特に、同時期に並行して行われている、未来投資会議においてもガバナンスの向上というテーマにおいて、下記のコメントがなされている。

> 【未来投資会議】2019年３月15日　安倍総理
>
> 安倍政権では、企業ガバナンス改革を進め、内外の投資家から評価を得ているが、日本企業の競争力、信頼性を一層グレードアップさせるために、グローバルスタンダードに沿って更なる強化が求められている。特に、支配的な親会社が存在する上場子会社のガバナンスについては、投資家からみて、手つかずのまま残されているという批判がある。日本市場の信頼性が損なわれる可能性がある（後略）。

さらに、これらの状況を踏まえて、上場子会社の自律性を担保するための指針を検討することが示唆されている。

6.2　親会社における対応の在り方

日本における上場子会社の問題は、ガバナンスの観点から大きな課題として捉えられ、未来投資会議等においても中長期的に何らかの指針が示される旨のコメントがなされたのは前述の通りであるが、実務指針においても親子上場において、利益相反を最小にとどめつつ、双方のガバナンスを両立させるための在り方を親会社及び上場子会社双方の立場から整理している。

6.2.1　グループの事業ポートフォリオ戦略の視点

> 親会社は、グループ全体としての企業価値向上や資本効率性の観点から、上場子会社として維持することが最適なものであるか、定期的に点検するとともに、その合理的理由や上場子会社のガバナンス体制の実効性確保（そのための取締役の選解任権限の適切な行使）について、取締役会で審議し、投資家に対して情報開示を通じて説明責任を果たすべきである。
> ※具体的な検討内容（完全子会社化や売却等の方針等を含む）の開示を行うことに支障がある場合には、上場子会社を維持することの合理的な理由について、十分な議論が尽くされ、客観的に確認されていることをプロセスとして説明することも考えられる。

本項では、親子上場における親会社の対応を整理したものであるが、ガバナンスの視点に立つと、親会社は上場子会社を保有する積極的な意義を示す必要があり、情報開示を通じて説明責任を果たす必要があるとされているが、具体的な開示内容としては下記が想定される。

①　上場子会社のグループにおける位置づけ

実務指針においては、事業ポートフォリオを念頭においているが、グループの形態によっては、上場子会社が親会社において一定の機能分担を果たしている（すなわち、機能子会社である）ことも想定される。

②　上場子会社である経済的合理性

経済的合理性については、事業ポートフォリオの観点から見ると、上場子会社の収益が資本コストを上回っているべきであるが、機能分担という観点では、資本コストによる経済的合理性の判断に加えて、上場子会社の機能を活用することで親会社の収益性の向上がなされているなどの説明を、可能な限り示すべきと思われる。

③　親子間における利益相反の回避

これまでの説明からも、親子上場においては一定の利益相反リスクが存在する。そのため、親会社においては上場子会社について認識している利益相反リスクの概要とその回避策を示すことが望ましい

④　上場子会社のガバナンス体制の実効性の担保

親会社は情報開示において上場子会社の存在意義と、利益相反の回避策を示す

ほかに、上場子会社における有効なガバナンス体制の担保についての表明を示す必要がある。

いずれにしても親会社がグループ内において上場子会社を保有する意義については定期的に検証する必要があることは言うまでもない。

6.2.2　グループのリスク管理の視点

> 親会社は、グループのリスク管理上必要な事項等については、上場子会社による独立した意思決定が担保されることを前提に、事前の協議を求めることも合理的である。

実務指針においては、グループ・ガバナンス力の向上のため「守り」のガバナンスの中心である内部統制の在り方について整理がなされている。一方で、親子上場の場合は、それぞれで有効な内部統制を整備する必要があり、グループ内において内部統制やリスク管理体制がダブルスタンダードになる。このため、親会社としては、一貫的でかつ有効な内部統制やリスク管理体制を担保するために、上場子会社との間で一定の調整が必要と思われる。

一方で、「攻め」のガバナンスにおいても、M&Aや事業構造改革などでリスクを伴う経営意思決定においては、重要なステークホルダーとして事前の協議を求められることが想定される(46)。

6.3　上場子会社におけるガバナンス体制の在り方

グループ・ガバナンス強化のために、特に上場子会社の在り方については、親会社としては、上場子会社の存在意義を明確にするとともに、適切な説明責任を果たす必要があるが、一方で上場子会社側においては、一定の自律的なガバナンス体制を強化する必要がある。

(46)　ただし、上場子会社である場合、親会社との事前協議については、少数株主との情報格差を招くことや、インサイダーリスクの観点から慎重に行うべきであるという意見も存在する。

6.3.1　基本的な考え方

> 上場子会社においては、親会社と一般株主との間に利益相反リスクがあることを踏まえ、上場子会社としての独立した意思決定を担保するための実効的なガバナンス体制が構築されるべきである。

上場子会社においては、グループ・ガバナンスの観点から、親会社との連携を保ちつつも、一定のガバナンス体制を構築することを実務指針では要請している。具体的には、上場子会社の取締役会等が有効に機能していることに加えて親会社から一定の程度で独立していることが問われる。

その中でも独立社外取締役の役割が重要という考え方を基本的な考えという形で示し、具体的な役割や要件などについて整理している。

6.3.2　上場子会社における独立社外取締役の役割

> 上場子会社の独立社外取締役には、業務執行を監督する役割を果たすための執行陣からの独立性に加え、一般株主の利益を確保する役割も期待されるため、親会社からの独立性も求められる。

前項において、有効なガバナンス体制を構築するポイントして、上場子会社においては独立社外取締役の果たす役割が重要であることが示されているが、下表でその役割についてまとめている。

上場子会社の独立取締役の役割	上場子会社の独立取締役の要件
取締役の業務執行及び取締役会の有効性の監督	一般にいわれる、社外取締役の独立性要件と同じ
親会社との間における利益相反事項の有無の確認	形式面と実質面双方で、親会社からの独立性が必要となる

6. 3. 3　上場子会社における独立社外取締役の独立性に関する考え方

（上場子会社における独立性基準）

> 上場子会社の独立社外取締役については、10年以内に親会社に所属していた者を選任しないこととすべきである。

上場子会社において独立社外取締役を選任する際には、前項で整理したように、一般的な独立性要件を満たすだけではなく、親会社からの独立という要件も加味すべきであるが、実務指針において形式要件を示している。

なお、実質的に親会社の独立性を担保するためには、親会社及びそのグループ会社と解釈することが現実的である。理由としては、親会社とグループ会社との間では人事的な交流が確立されているケースが多く、そのため親会社から10年以上前に主要なグループ会社に転じた人間が、この形式要件においては独立社外取締役としての要件を満たすこととなるからである。また、純粋持株会社体制における兄弟会社出身者についても同様に形式要件は満たされてしまい、この状態では十分な独立性を担保するとは言えないからである。

（上場子会社における独立社外取締役の選任）

> 上場子会社の独立社外取締役については、特に一般株主の利益を保護するという重要な役割を担える人物であるかを確認の上、その指名・選任が行われるべきである。
>
> ※一般株主の利益保護は、取締役としての善管注意義務に基づく重要な役割であり、こうした役割に関する意識を醸成していくことも重要である。

前項については、主に過去の所属先についての形式的なスクリーニングであるが、当該項目については実質的な面に関して言及している。具体的には、上場子会社においては親会社の意見に影響されず、一般株主の利益を保護する観点から職務の遂行が果たせることができる人物である必要があり、指名委員会等においてもこれらの視点から評価・確認を行うことが重要[47]である。

（上場子会社における適切な独立社外取締役の確保するための担保措置）

> 親会社は、上場子会社の取締役の選解任権限を行使するに当たっては、上場子会社のガバナンス確保に十分配慮するべきである。

ここまでは、上場子会社において、独立性を担保しうる適切な独立社外取締役の要件について整理したが、現実として親会社は株式保有数という面から実質的に選解任権限を有しており、親会社が影響力を行使しうる形での選解任権限を行使することが可能であるため、親会社からの影響力のない独立社外取締役の選任の議論が水泡に帰するというリスクが存在する。

このような状況を回避するためには、親会社が選解任権限を行使する場合は、少数株主の過半数の意見に従うなどの手立てが必要になると思われる。

6.3.4　上場子会社における実効的なガバナンスの仕組みの在り方

> 上場子会社においては、利益相反リスクに対応するため、実効的なガバナンスの仕組みが構築されるべきである。
>
> 取締役会における独立社外取締役の比率を高めること（１／３以上や過半数等）を目指すことが基本であるが、それが直ちに困難な場合においても、重要な利益相反取引については、独立社外取締役（又は独立社外監査役）を中心とした委員会で審議・検討を行う仕組みを導入することが検討されるべきである。

上場子会社の実効的なガバナンス確保のために、独立社外取締役の存在は重要であり、ここまでの議論においては独立社外取締役の要件について整理していたが、本項では取締役会について、その在り方を述べている。

具体的には、上場子会社においては、取締役会の運営等に関して、通常の上場企業よりも、より独立性が担保できる仕組みを導入すべきとしている。

---

(47)　これらの要件を担保するためには、親会社の意見に左右されず自己の意思で判断する旨の宣誓書などを徴求するなどの手段が想定されるが、本質的には候補者の適性に依存する。そのため、適性を判断するためにコンピテンシーや内的動機などを事前に測定する方法なども有用である。

独立取締役の比率	コーポレートガバナンス・コードやCGSガイドラインよりも独立社外取締役の比率を高める
委員会組織の活用	利益相反取引や、親会社の意向から中立的であるべきと判断される事象について独立取締役を中心として委員会を設置

6.3.5　上場子会社による情報開示の在り方

上場子会社は、そのガバナンスの方策について、投資家への説明責任や資本市場からの信頼確保の観点から積極的に情報開示すべきである。

上場子会社は少数株主や投資家に対して、親会社から独立した一定のガバナンスが確保されていることを示す責任があり、そのためには一定の情報開示が必要あるのは当然のことである。実務指針においては具体的な内容が記載されていないが、有価証券報告書や事業報告書、さらにはコーポレートガバナンス報告書などにおいて任意ではあるが下記の事項を開示することについても有用と思われる。

ガバナンス方針	親会社との関係を示しつつ、上場子会社のガバナンス方針についての概略を示す
独立社外取締役の選任要件	親会社及びそのグループ会社との関係性において中立であることを示す
取締役会の構成	独立取締役会における独立社外取締役の比率。及び今後の方針を説明する
指名・報酬プロセス	指名・報酬委員会の構成及び議長及び検討プロセスについて親会社から中立である旨を説明する
その他の事項	利益相反発生懸念時における、独立取締役の役割や、任意の委員会設置の方針などを示す

なお、当該事項の情報開示の際に、その内容については親会社の開示事項と一定の整合がとれるように、親会社と事前に協議をしておくことも有用である。

6.4　上場子会社経営陣の指名の在り方

6.4.1　上場子会社経営陣の指名に関する課題

ここまでは、上場子会社においても、親会社から独立した一定のガバナンスが確保されるための重要な要素である独立社外取締役の要件と、取締役会の有効性を担保するための要件について整理がなされてきた。

一方で、上場子会社においても企業価値を継続的に拡大させうる優秀な経営陣を確保することは重要である。ただし、現実としては株式の一定部分を保有している親会社が株式総会を通じて、実際の取締役の選任に関する権限があるため、時として利益相反になる可能性がある(48)ため実務指針において基本的な対応の方向性を示していると解される。

6. 4. 2　上場子会社に求められる対応

> 上場子会社の経営陣については、上場子会社の企業価値向上に貢献するかという観点から、上場子会社が独立した立場で、その後継者計画を策定し、候補者の指名を行うべきである。
>
> その際、親会社と連携することは合理的であるが、親会社から提案された候補者についても、その適切性について客観的に判断すべきである。

上場子会社の経営陣については、親会社が株式の相当分を保有しているため、親会社より人事施策の一環として候補者が提示され、そのまま決定されるケースが過去においては一般的であった。

しかしながら、近年のガバナンス意識の高まりにおいては、企業価値向上という観点からは、上場子会社サイドからも主体的かつ積極的に後継者計画を策定する必要がある。

属性	期待される事項
親会社からの提案	親会社で培った知見、マネジメント経験、ネットワーク
上場子会社の内部昇格	社内の人心掌握、当該ビジネスの経験・実績、ネットワーク
社外からの招聘	経営者としての経験、実績、業界内でのネットワーク

上表については、後継者候補として想定される属性であるが、ポイントは内部昇格に加え、親会社出身者や、外部招聘など様々な候補者を均等の目線で評価し、企

(48) 子会社経営陣のポストについては、多くの企業において親会社の役員人事施策の中でいわゆる「派遣ポスト」として認識されており、特に上場子会社における経営陣のポストについては親会社の中での一定以上の職責の役員（取締役・執行役員）のために確保されている場合が多い。そのため、上場子会社において経営陣ポストに、適性の判断とそれに係る情報開示なしに自社プロパーの幹部の昇格、もしくは外部から適切な経営陣を招聘したい場合などは、利益相反となりうる。

業価値の向上に最も資する候補者を経営陣に指名することであり、そのために、指名委員会等における議論については、中立な立場である独立社外取締役がリードすることが望ましい。

6.4.3　上場子会社の指名委員会と親会社との関係

> 上場子会社の指名委員会は、上場子会社の企業価値向上にとって最適な指名が行われるよう、親会社からの独立性が実質的に担保されるべきである。

前項において、経営陣を指名する役割を担う上場子会社の指名委員会においては、企業価値の向上に資するのは誰かという観点で候補者を評価するが、評価の中立性を担保するために、指名委員会の構成が重要である。

役位	構成員	備考
議長	独立社外取締役	兼任：取締役会議長
–	代表取締役	CEO／最高経営責任者
–	独立社外取締役	他社で指名委員会議長経験あり
–	独立社外取締役	
–	社外取締役	非常勤：親会社出身

上記は、上場子会社における指名委員会のメンバーの構成事例であるが、ポイントは、①過半数が独立社外取締役であるということ、②議長が独立社外取締役であるということである。なお、事例においては指名案についてはCEOである社内取締役が発議するとともに、親会社の見解を伝える役割で親会社出身の社外取締役が構成員になっている点が特徴的である。

6.5　上場子会社経営陣の報酬の在り方

6.5.1　上場子会社経営陣の報酬決定に関する課題

上場子会社の経営陣の報酬額は、その総額については株主総会によって決議されるため、親会社が決定に一定の影響を有している。また、従前においては、親会社の人事施策の一環として上場子会社の経営陣の報酬水準は、親会社の経営陣との対比によって決められているケースが散見されたが、今後については経営陣の指名と同様に、一般株主との利益相反リスクに留意しながら、上場子会社の属するビジネスの水準に見合いつつ、企業価値向上に対してのインセンティブになるような報酬決定プロセスを構築することが望ましい。

6.5.2　上場子会社に求められる対応

> 上場子会社の経営陣の報酬政策については、上場子会社としての企業価値の向上への適切なインセンティブとなるよう、上場子会社において独立した立場で検討されるべきである。

一般的に、企業グループにおける役員報酬については、親会社を中心とした報酬体系が設計されており、上場子会社においてもその枠組みで運用されているのが従来は一般的であった。しかしながら、マーケットがグローバルに変化をしている中で、報酬体系も属する産業やビジネスにより大きく異なる。そのため、特に基本報酬はグループの共通体系の枠組みで動かす余地はあるものの、インセンティブについては、当該ビジネスの水準に応じた設計を行うことが望まれる。なお、インセンティブの設計に際しては、通常の子会社に対してはグループ全体の業績連動という思想が存在するが、上場子会社の場合は、ガバナンスの独立性に鑑みて慎重であるべきと思われる。

6.5.3　上場子会社の報酬委員会と親会社との関係

> 上場子会社の報酬委員会は、上場子会社にとって最適な報酬設計が行われるよう、親会社からの独立性が実質的に担保されるべきである。

上場子会社の報酬委員会と親会社の関係については、概ね指名委員会と同様の思想とプロセスで行われるべきものと思われるが、特に報酬体系については親会社が有しているグループ報酬体系との比較からバイアスがかからないように、独立社外取締役が慎重に議論をリードすべきであると思われる。

第３部　グループ・ガバナンス実践に向けてのポイント

ここまでは、第1部ではガバナンスのトレンドを紹介し、グループ・ガバナンスの必要性を整理した上で、第2部において2019年6月28日に経済産業省より公表された「グループ・ガバナンス・システムに関する実務指針」についての解説を行った。

すでに説明した通りであるが、企業グループはその形態や成長過程、さらには戦略の相違に鑑みて多様であるためコーポレートガバナンス・コードのように規範的な形をとることは困難である。そのため、実務指針はベストプラクティスや例示的な考えを示したガイドライン形態となっている。

一方で、実務指針の検討過程をみると、委員として参加している民間企業が大手企業を中心に構成されていることで、あるべき論が中心となっている。実務面では多くの上場企業では人員も含めてリソースに限りがある中で、どのように効率的にグループ・ガバナンスを構築するかが重要なポイントとなっているが、実務指針は具体的構築プロセスそのものについては提示していない。そこで、第3部においては、企業が実務指針を参考としつつグループ・ガバナンスをどのようにして実質的に構築するのか、重要と思われるポイントを整理する。

なお、ここで紹介するものは2018年5月25日のCGS研究会（第6回）において、筆者がゲストプレゼンターとして発表した内容[49]をベースに、他の講演やセミナー、勉強会での内容を加え、さらにはコンサルティングの現場でのノウハウを加味したケーススタディを紹介する。

---

(49) https://www.meti.go.jp/shingikai/economy/cgs_kenkyukai/02_006.html

1　グループ・ガバナンス構築の視点

まず、冒頭においてグループ・ガバナンスの構築の視点を整理する。グループ・ガバナンスとは親会社を起点に、資本関係を有するグループ会社（子会社、関連会社）を適切にコントロールしていくことで、グループ全体の価値を向上させていくということである。

そして、グループ・ガバナンスを構築していく際には、グループ会社が法人格を有していることから、実務的には「法務」、「会計・税務・資金」、「マネジメント」の側面からそれぞれ検討を進めることが一般的である。

図表3-1　グループガバナンス構築の視点

法的側面からの検討	• 国内法におけるグレーゾーンへの対応 　✓　親会社の経営方針の法的拘束力、取締役の権限 　✓　業務執行に関する委任の空白 　✓　内部関係による権限の留保と表見法理の関係 • 海外外現地法人における現地法との整合性
会計･税務･資金面からの検討	• 会計ルールの整備（会計基準の統一、連結への対応） • BEPS（税源侵食･利益移転）ルールへの対応 • グループファイナンス（CMS/TMSの活用）の推進
マネジメント面からの検討	• コーポレート･ガバナンス･コードの趣旨に則したガバナンスのシステムをグループ全体に展開 　✓　グループ経営の形態に応じた権限移譲構造 　✓　グループ企業を類型化し、類型に応じたガバナンスのフレームを提示 　✓　具体的にワークする仕組みの整備（規程、人事、モニタリングなど）

（出所）筆者作成

①　法的側面からの検討

グループ運営における、構成会社の機関設計や意思決定の委譲などの権限構造の整理、グループ内取引ルールの明確化、さらにはグループ企業の再編などは全て一定の法律の枠組みの中で行われる。また、海外現地法人は、それぞれの法律に従うこととなっている。グループの適切な運営を実現する、いわゆるガバナンスの向上のために、グループ内部での法的関係を明確にし、必要な限り書面化することが重要である。

②　会計・税務・資金面からの検討

グループ運営の成果は全て会計という形で集約される。そのため会計処理を含めたインフラの統合については、ガバナンスの側面からも重要な要素である。また、適正なグループ運営を執り行うためのグループ運営経費や配当、グループ間取引などについては税務的な制約を無視することができない。さらに、グループ企業における適切な牽制を資金面から加えることは非常に効果的である。

③　マネジメント面からの検討

グループ全体の企業価値を高めるためには、グループ本社を中心として、各グループの規模や性格に見合った役割と権限を与え、それに対して適切な牽制を行うことが重要であり、これらを実現させるための各種のルールや人事制度、経営管理、さらには情報システムなどのマネジメントインフラを整備する必要がある。

これらの検討要素のうち、法務面や会計・税務・資金面に関しては、コーポレートガバナンスの議論が高まる前から、実務的に所管部門が必要に応じて業務的視点から検討をされてきたが、2015年にコーポレートガバナンス・コードの施行やCGSガイドラインが公表されたことにより、マネジメント視点での検討に移行し、さらに実務指針により、ガバナンス強化についてはグループ全体のマネジメント視点が重視されるという位置づけとなった。

図表3-2　グループガバナンスの検討項目

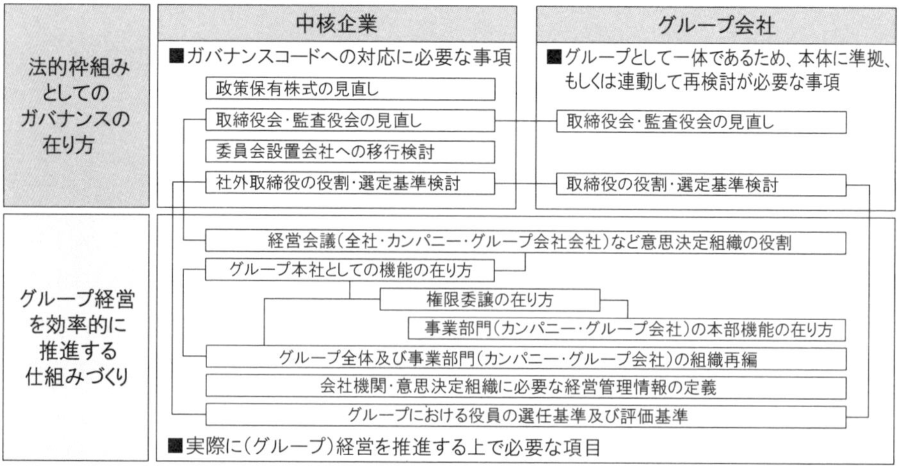

（出所）筆者作成

図表は、コーポレートガバナンス・コードにおける検討項目を整理したものである。確かに、検討項目においては、取締役及び取締役会など会社機関に関するものは法的な観点での整理が必要なものが多いが、実際はこれらの会社機関がスムーズかつ有効に作用するための運用の仕組みをどのようにするかという観点での議論が中心であり、CGSガイドラインや実務指針については、これらの実務をさらに掘り下げている。

この結果として、ガバナンス強化対応策の検討については、従来の所管部門による個別事項の検討から、グループ本社の経営企画部門が各種の指針等の趣旨を読み取りながら全体の枠組みを策定し、関連する各部門と連携して、これらの枠組みについて実務としてスムーズに運用するという形に、検討主体や体制が変化していることに留意すべきである。

以降においては、このような背景に鑑みて、コーポレートガバナンス・コードや各実務指針の趣旨を理解しつつ、グループ本社の経営企画部門がスムーズに全体の構想を策定しつつ、個別テーマへと展開すべきか、そのプロセスと個別論点についてケースを交えて解説する(50)。

---

(50) ケースにおいては、課題認識や解決のプロセスをより理解しやすいように提供するものであり、題材となった企業が特定されないように、複数の事案を複合した上で一般化したものであり個別企業の事例を直接的に記載したものではないことに留意いただきたい。

2　グループ・ガバナンスの構築ステップ

これまでの説明で、グループ・ガバナンスの構築については、グループ全体の企業価値向上を目指すマネジメントの視点から検討すべきものであると説明したが、以下においては、その具体的な構築ステップについての解説を行う。

図表3-3　グループガバナンス構築の全体像

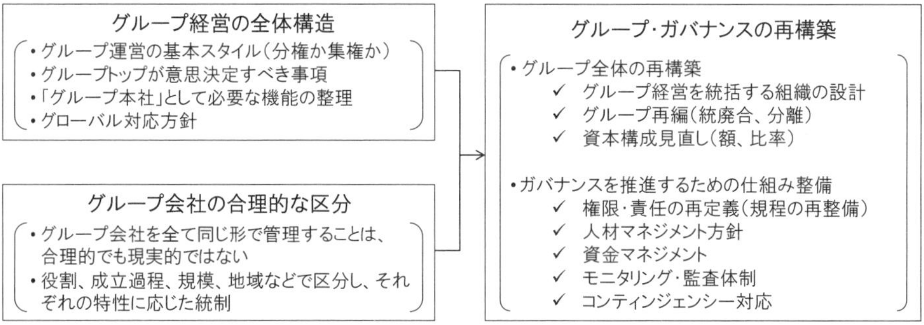

（出所）筆者作成

図はグループ・ガバナンス構築を検討する上での大きな流れを示したものであるが、大きくは3つのステップで構成される。

これらについては、多くの会社においてすでに取組が始まっているように見えるが、実際としては図の左側で記載しているグループ組織の再編や、仕組みの整備などの個別の取組について、それぞれの所管部門が自己の課題認識に基づいて別個に行われているに過ぎないというケースも散見される。

この場合は、取組が統合されていないケースが多く、ガバナンスという観点で再度整理すると、テーマ間での不整合が発生していることも多く、場合によっては個別の取組を中断せざるを得ないということも想定される。

具体的には、まずはグループ・ガバナンスの基本思想であるグループ経営の全体構造を明らかにした上で、構成するグループ会社の責任と権限を明確に定める。そして、グループ全体が、ガバナンスという観点からスムーズに運営できるように組織と仕組みを再構築するという手順が理想であり、以下ではこの流れに従って、具体的な考え方と進め方を紹介する。

Phase 1 ▶▶ グループ経営の全体構造の整理

⑴　グループ経営の基本スタイルの明確化

グループ・ガバナンスとは、これまでも説明してきた通り、「グループ全体の企業価値を向上させるために、グループ全体として一定の規律を示すこと」であるが、そのためにはグループ経営の基本スタイルを前提条件として定める必要があり、これは実務指針においては「グループ設計」という表現で示されている。このグループ経営の基本スタイルを定める上でのポイントは、「集権」と「分権」の度合いをどのように考えるかということである。

図表3-4　グループ経営における集権と分権

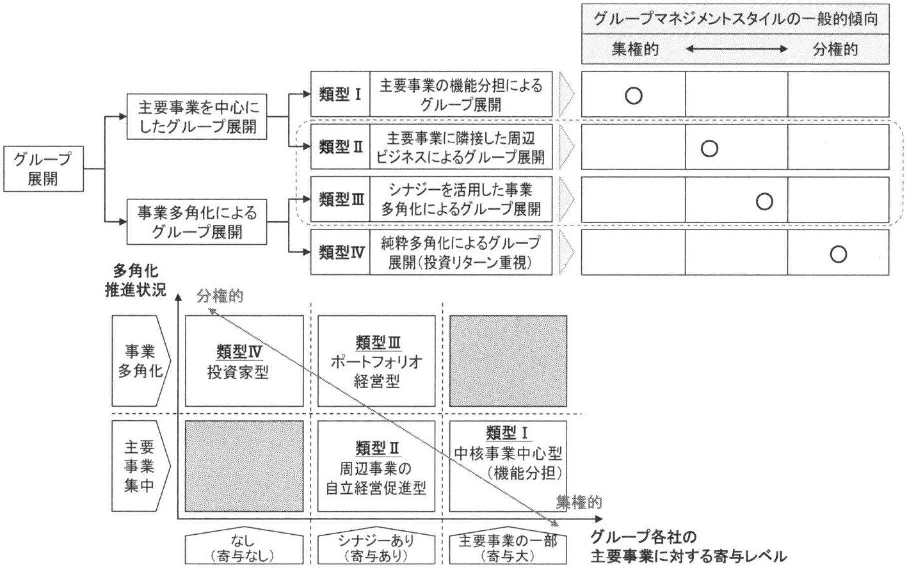

（出所）筆者作成

これらの、集権と分権の度合いについては、上図において類型Ⅰ～Ⅳという形で整理している。企業は創業期においては、単一事業であり創業経営者の中央集権的な形態からスタートするのが一般的であるが、企業の成長においては徐々に権限の委譲がなされる。また、企業の成長において、中核事業に経営資源を集中するのか、複数の事業に経営資源を投下するのか、その選択の如何により権限委譲の程度が異なる。一般的に中核企業に経営資源を集中する場合の組織構造は、R&Dや製造、営業などの機能別組織となり、グループ会社もそれらの機能を補完するものが主体となる。この場合、経営の全体像が見えているのは経営者やそのサポートをする本社機能になるので集権的な組織構造となる（類型Ⅰ）。

一方で、複数の事業に経営資源を投資するいわゆる多角化事業においては分権が進むが、その程度については、中核事業との同質性や、事業間の類似性、さらには事業間のシナジーなどの要素に左右される（類型Ⅱ～Ⅳ）。

さらに、これらの類型は、下図の通り、グループ本社の役割や組織形態に影響を及ぼす。類型Ⅰは、これまでの説明の通り、おおよそ単一事業であるため機能別組織となるため、全体を把握している経営者に権限が集中するとともに、本社も事業戦略に踏み込むためそれなりの規模となる。

一方で、事業が多角化すると、それぞれの内容を経営者が全て把握し、意思決定することが困難になるため、各事業の運営については事業部門に段階的に権限委譲する。例えば、初期の多角化については、従来の中核事業の近隣領域から始まるため、戦略策定はグループ本社が主導し、具体的な実施権限を事業部門にゆだねる（類型Ⅱ）から、徐々に事業部門に権限委譲を進め、グループ本社は経営資源の配分と、経営基盤の提供、そしてシナジー創出支援に役割を絞り込み（類型Ⅲ）、究極的にはグループ本社は資源配分のみを担う（類型Ⅳ）。つまり、段階が進むにつれ分権化が進み、グループ本社は小さくなる。

図表3-5　グループ経営の類型

		事業構成（多角化状況）	事業との関係	グループ本社の役割	ガバナンス形態	該当する業界もしくは企業
集権的 大きな 本社 ↑	類型Ⅰ 中核事業中心型	・事業多角化の程度が小さく、中核事業を中心とした経営	・グループ本社は明確に存在しない ・事業運営に関する大半の機能と権限を本社が保有	・事業を推進するための戦略を本社が策定 ・グループ会社は一括管理	・取締役会で執行に係る意思決定を行う（オペレーション型）	・建設 ・製薬
	類型Ⅱ 事業の自立経営促進型	・中核事業を中心にして、周辺領域や海外事業への進出による多角化	・各事業が自立的な経営を行うための権限を委譲 ・戦略策定や人事交流、シナジーなどに関してはグループ本社が権限を留保	・中長期のビジョンと中期経営戦略の策定を通じ、事業会社を指導、管理 ・事業会社間のシナジーを含めた横串の連携強化	・取締役会ではグループ全体の経営方針等、重要事項に関しては意思決定を行うが、権限委譲した事項はモニタリング（ハイブリッド型）	・鉄道、ガス、電力などのインフラ企業 ・物流 ・メガバンク ・住宅
	類型Ⅲ ポートフォリオ経営型	・一定の企業ビジョンのもとに、複数の事業が対等に存在する多角化形態	・グループ本社が示した方針に従うことを前提に、権限は大幅に委譲	・中長期のビジョンと資源配分方針、中期計画の指針提示 ・事業の参入・撤退に関し資本コストでモニタリング	・取締役会で決議する事項はグループ全体の経営方針と、指名報酬、事業の参入・撤退などに限定（モニタリング型）	・電機、重電 ・化学 ・総合商社
↓ 分権的 小さな 本社	類型Ⅳ 投資家型	・投資対効果の最大化を追求した多角化形態	・事業のパフォーマンス極大化のためほぼ全ての権限を委譲	・資本コストをベースにした投資、経営判断のみ	・投資判断と指名報酬以外などに限定（モニタリング型）	・投資ファンド

（出所）筆者作成

郵　便　は　が　き

料金受取人払郵便

落合局承認

4248

差出有効期間
2021年１月31日

（期限後は切手を
おはりください）

161－8780

東京都新宿区下落合2-5-13

㈱ 税務経理協会

社長室行

お名前	フリガナ	性別	男 ・ 女
		年齢	歳
ご住所	□□□-□□□□　TEL　（　　）		
E-mail			
ご職業	1．会社経営者・役員　2．会社員　3．教員　4．公務員 5．自営業　6．自由業　7．学生　8．主婦　9．無職 10．公認会計士　11．税理士　12．行政書士　13．弁護士 14．社労士　15．その他（　　　）		
ご勤務先・学校名			
部署		役職	

ご記入の感想等は，匿名で書籍のＰＲ等に使用させていただくことがございます。
使用許可をいただけない場合は，右の□内にレをご記入ください。　□許可しない

ご購入ありがとうございました。ぜひ、ご意見・ご感想などをお聞かせください。
また、正誤表やリコール情報等をお送りさせて頂く場合もございますので、
E-mail アドレスとご購入書名をご記入ください。

この本のタイトル	

Q1　お買い上げ日　　　　年　　　月　　　日

ご購入方法　1．書店･ネット書店で購入（書店名　　　　　　　　　　）
2．当社から直接購入　　3．その他（　　　　　　　　　　）

Q2　本書のご購入になった動機はなんですか？（複数回答可）
1．タイトルにひかれたから　　2．内容にひかれたから
3．店頭で目立っていたから　　4．著者のファンだから
5．新聞・雑誌で紹介されていたから（誌名　　　　　　　　　　）
6．人から薦められたから　　7．その他（　　　　　　　　　　）

Q3　本書をお読み頂いてのご意見・ご感想をお聞かせください。

Q4　ご興味のある分野をお聞かせください。
1．税務　　2．会計・経理　　3．経営・マーケティング
4．経済・金融　　5．株式・資産運用　　6．法律・法務
7．情報･コンピュータ　　8．その他（　　　　　　　　　　）

Q5　カバーやデザイン、値段についてお聞かせください

①タイトル	1良い	2目立つ	3普通	4悪い
②カバーデザイン	1良い	2目立つ	3普通	4悪い
③本文レイアウト	1良い	2目立つ	3普通	4悪い
④値段	1安い	2普通	3高い	

Q6　今後、どのようなテーマ・内容の本をお読みになりたいですか？

ご回答いただいた情報は、弊社発売の刊行物やサービスのご案内と今後の出版企画立案の参考のみに使用し、他のいかなる目的にも利用いたしません。なお、皆様より頂いた個人情報は、弊社のプライバシーポリシーに則り細心の注意を払い管理し、第三者への提供、開示等は一切いたしません。

そして、事業の分権化が進むと、それとともにグループ本社と事業部門の関係を示す組織形態にも影響を及ぼす。一般的に単一事業の場合は、機能別組織でありグループ本社は事業の本社を兼ねている状況であったのが、多角化が進むと事業部門に権限が委譲されるため、各事業の事業に必要な機能は全て事業部門が保有することとなる。また、グループ会社についても各事業に紐づけて事業別に連結ベース管理されることになるが、その際に最適な組織形態として複数の選択肢が存在する。

図表3-6　組織形態の選択

			事業の独立性	変化対応力	G本社の役割	管理コスト
事業別組織	純粋持株会社制	複数事業を有する企業に適した組織構造	法人として実質分離	事業再編が容易	より明確さが要求	法人格としてのコスト
	カンパニー制		一般的に権限委譲はカンパニー制度の方が大きい	会社分割や事業譲渡で対応	権限委譲が進むほどその役割は問われる	本社の役割により規模感は異なる
	事業部制					
機能別組織		単一事業に適した組織構造	ー	ー	各機能の調整力が問われる	ー

メーカー企業においては事業別組織と機能別組織の中間形態も存在

（出所）筆者作成

上図は多角化にした企業における事業別組織の選択肢として事業部制とカンパニー制、そして純粋持株会社制の３つを示している。この中で、事業部制とカンパニー制の違いについて論じられることが多いが、教科書的にはあくまでも部門の位置づけである事業部制から、各事業が法人に擬制されたカンパニー制の方がより権限委譲が進むとされている。

ただし、実際のところは両社とも社内組織であるため、物理的に分離された純粋持株会社制よりも、その差異は小さい。敢えて言うとポイントは「法人に擬制」するという言葉をどのように解釈するかである。この言葉を財務会計やファイナンスの観点で捉えると、カンパニー制とは法人と同じように、損益だけではなく資産やキャッシュフロー、さらには事業価値についても各カンパニー単位で把握が可能であり、カンパニー長はそれらに責任を負う組織形態と整理されるが、人事面からのアプローチの場合は、カンパニー長は、あたかも法人における代表取締役のように権限が委譲されているものと説明される。それぞれの解釈はどちらも正しく、また、両立しうるものである。

カンパニー制が、法人に擬制して各カンパニーを分社した形とみなして運営するのに対し、純粋持株会社制は実際に会社分割や株式移転という形で、グループ本社と各事業部門を分離するものである。この場合は、各事業部門(51)は法人として分離されるため事業部門のトップは、法人のトップとして内外に対して、一定の権限と責任を負うことが明確になるとともに、業績についても実際に損益だけでなく、資産や負債、そして資金に関してもその責任が明確になり、分権化が明確に示される。近年では、上場企業の２割程度が純粋持株会社制に実際に移行していることからも、分権化の組織形態として定着していると理解できよう。なお、分権化組織の検討において、特に純粋持株会社制を選択する場合は、法人の分離や手続きに伴って発生する各種のコストや、許認可や届け出に関する各種変更手続きの負荷などを考慮した上で、移行の可否を最終的に決断することが望ましい。

いずれにしても、グループ・ガバナンス検討の起点は、事業部門が所管するグループ会社を一体でマネジメントすることを前提に、自社グループにおける集権と分権の基本方針を定めた上で、その方針を進める上で最適な組織を構築するということである。

⑵ 「グループ経営」の役割分担

グループ全体の経営スタンスとしての集権と分権の在り方、そして経営スタンスに応じた組織の選択と並行して検討する必要があるのが、「グループ経営」における役割分担である。

「グループ経営」とは、一般的には中核企業がグループ企業まで一体で管理することでグループ全体の企業価値を上げることであるが、従来において、この「グループ経営」は中核会社の本社部門がその多くを担っていた。

その背景としては、従来において「グループ経営」とは、財務会計視点での連結業績の向上が中心となる命題であり、さらにその後のJ-soxを中心とした内部統制

---

(51) 純粋持株会社に対して、事業部門について法的に分離は行わないものの中核会社がグループ会社を統括しているという意味で「事業持株会社」と呼ぶケースがある。しかし、厳密な定義がないため、グループ会社を有し一定の管理を行っている企業全てに当てはまることとなる。そのため、事業部門の本社機能から、グループ本社機能が分離していることや、事業部門に一定の権限委譲がなされているなどの付加的な要件を定める必要があると思われる。

の強化もあり、そのために主に本社経理部門を中心に会計情報を集約する体制であったことにある。また、会計以外の情報についても、かつては多くの企業が単一事業であったため機能別組織で運営されており、グループ会社の管理は本社部門に「関連事業部」のような組織を設置して対応していた。その結果、グループ経営については本社部門の役割であるとの認識が形成されたのである。

図表3-7　「グループ経営」における役割分担

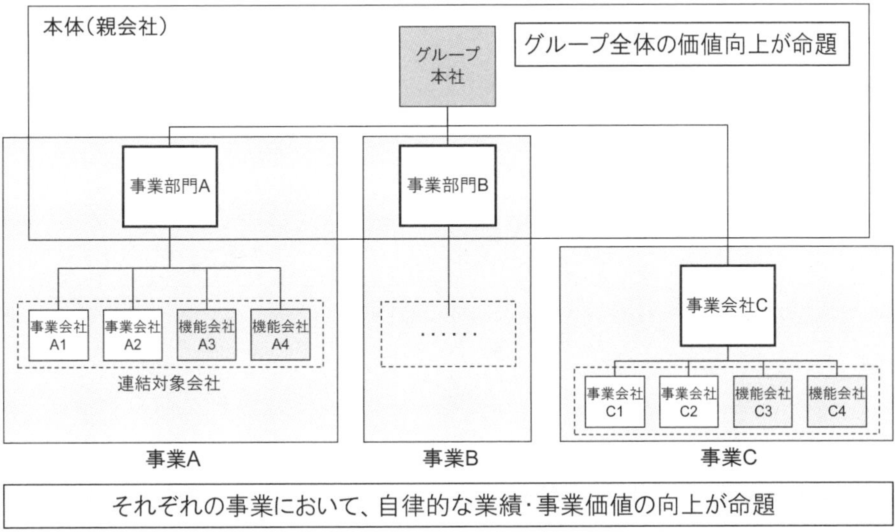

（出所）筆者作成

しかしながら、近年において、特に国内市場が踊り場に差し掛かり、多くの企業で多角化・グローバル化が進むようになると、複数のビジネスモデルや事業運営のロジックを本社部門が全て受け止めて戦略を策定し、管理することが非常に困難になった。

その対応として、事業部門に対しては、戦略策定とその管理について一定の権限委譲を行うとともに、本社部門はそれらの事業部門のパフォーマンスに対してトータルの評価を行いつつ、企業価値の向上という観点から各事業部門への資源配分の決定を行うとともに、必要に応じて撤退を含む事業構成の入れ替えという役割を担うという、上図のような分権的な組織構造へと移行する。これらを整理すると下記のように表現される。

本社部門はグループ本社としてグループ全体の企業価値拡大をミッションとした各種の施策に対しての役割を担い、他方で事業部門は傘下のグループ会社も含めた連結ベースでの事業価値をミッションとした戦略策定と実行の役割を担う。

図表3-8　本社部門が担うグループ経営の変化

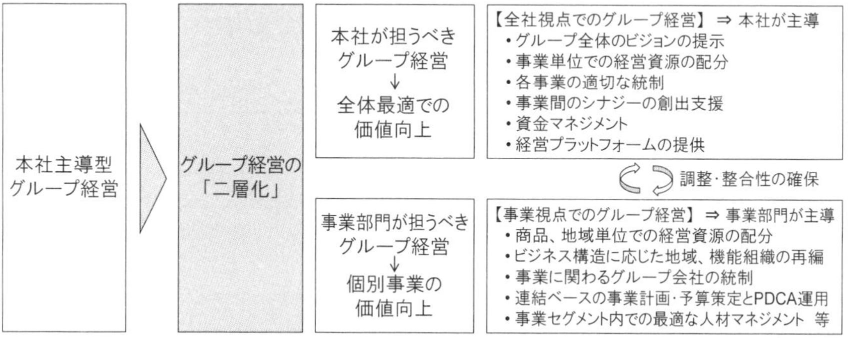

（出所）筆者作成

ここでのポイントは、従来は本社部門が担っていたグループ経営を、「グループ全体最適視点で企業価値の向上を目指すグループ経営」と、「個別事業の競争力高めるためのグループ経営」に分けることであるが、そのためには従来の本社部門を、「グループ本社」と「事業部門の本社」に分けてそれぞれの組織に振り分けることが必要になる。

⑶　グループ本社が有すべき機能の整理

前項においては、グループ･ガバナンスの向上に資する組織を設計するためには、特に今後想定される事業の多角化・グローバル化を想定する必要があるが、そのためにはグループ全体の最適を追求する「グループ本社」と、事業のパフォーマンスを事業連結ベースで最大化させる「事業部門の本社」を分けて考える必要があることを示した。なお、このような役割分担の整理を行うと、特にグループ経営管理も含めて相当の役割が事業部門に移管されることが想定されるが、その役割を担う人材も必要になってくる。この場合、多くの企業においては、従来の本社ではこれらの業務を一体で行ってきたため、対応するためには主として事業部門サイドの人員を増やさなければならない可能性がある。

一方で、一般的には企業において間接部門の人員数については抑制傾向であるため、役割分担を検討する際には、本社を機能ベースまで細分化して、現状を棚卸しつつ、それぞれの機能について強化と効率化、及び役割分担など方針を明確化することが必要となる。その意味では、概して漠然としたイメージである本社というものを機能という観点で整理することが重要なのである。以下では、本社を構成する機能について解説する。

図表3-9　グループ本社の機能

機能分類		主な機能
コーポレート センター機能	戦略企画策定・推進機能	ビジョン・ドメイン／企業ブランド／資源配分 グループ組織形態、人事戦略、M&A戦略　など
	コントロール機能	計画・予算管理／事業・投資評価／人的資源管理 内部統制／リスク対応／各種モニタリング　など
	社会的責任遂行機能	ESG・CSR／IR・広報／ES・CS／コンプライアンス 品質／監査　など
サービス センター機能	専門サービス提供機能	会計・税務関連／給与・厚生関連／法務・知財関連 情報システム関連　など
	オペレーション提供機能	各種データ入力・チェック／計算処理／書類管理 届出書類作成／ヘルプデスク　など

前表で示されているように本社機能とは、一般的には、主に戦略策定と管理を担うコーポレートセンター機能と、実務的な業務プロセスを担うサービスセンター機能で構成されている。そして、コーポレートセンター機能は、戦略の企画・策定と推進を担う機能と、業績や内部管理などのコントロールを担う機能、さらには社会的責任への対応を担う機能に区分され、サービスセンター機能は経理や法務などの高度な知識バックグラウンドに実務を担う専門サービス提供機能と、定型化・マニュアル化が可能な実務を担うオペレーション提供機能に区分される。なお、これら機能をさらに細分化したものを次頁に掲載した。自社グループのチェックとして、例えば業務分掌などと比較をすることで自社の機能配置の特徴や課題の把握の一助になると思われるのでご参考いただきたい。

これらの機能の棚卸と整理を行った後に、具体的な機能の配置を検討した上で組織設計を行うが、この段階でグループ本社部門と事業部門の役割分担を実際の機能配置に反映させる必要がある。そして、機能配置については、可能な限り重複を排除することで効率的な組織運営を行うことが重要であるが、下図のようにコーポレートセンター機能とサービスセンター機能における機能配置のコンセプトは多少異なる点に留意すべきである。

図表3-10　本社機能の整理

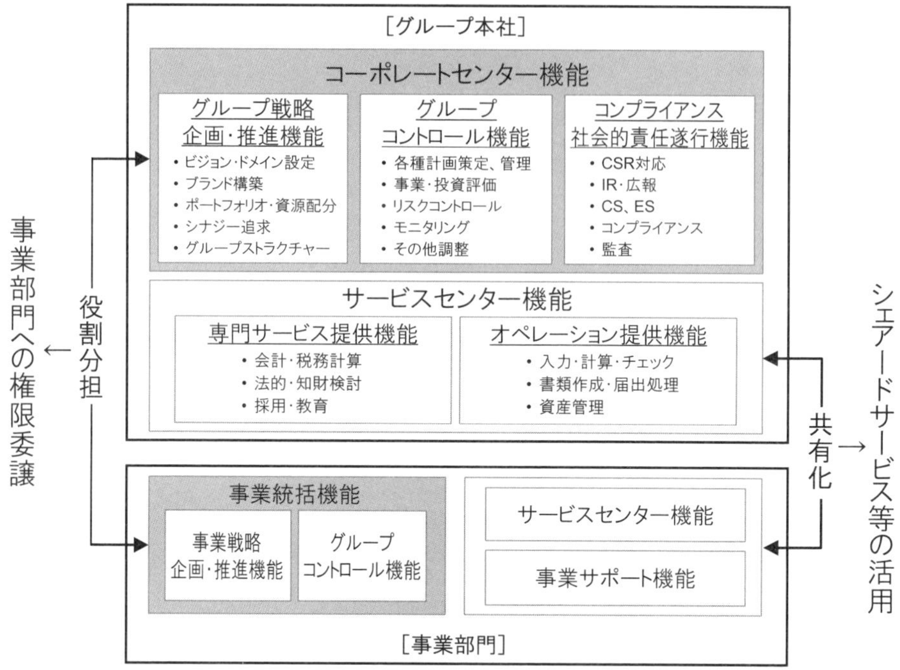

（出所）筆者作成

具体的にはコーポレートセンター機能の場合については、例えば上場会社としてのIR対応はグループ本社に片寄せとなる一方で、経営戦略に関する事項は、グループ本社と事業部門本社の間において、グループの全体戦略と事業の個別戦略という視点から機能分担が成立する。このように、機能の片寄せと分担の整理を行うことで、グループ本社の役割が明確になるとともに、事業部門への権限委譲の内容が整理される。また、サービスセンター機能の場合は、近年ますます確保が困難になりつつある会計・財務や法務・知財などのプロフェッショナルを有効に共有することによってノウハウを蓄積することが可能であるとともに、オペレーションは可能な限り集約の上で共通化して効率的な処理を目指すなど、機能集約による効率化が主体となる。

それぞれの機能については、上記のようにグループ本社と事業部門の関係を考慮しながら、片寄せ、役割分担、及び集約を選択して配置を決定するが、この結果を最終的に組織という形に収束させ、適切な人員を配置する[52]。右表は、実際の企業において機能を様々な切り口から整理して、グループ本社と事業部門に仕分けたものである。

図表3-11　グループ本社と事業部門の分担例

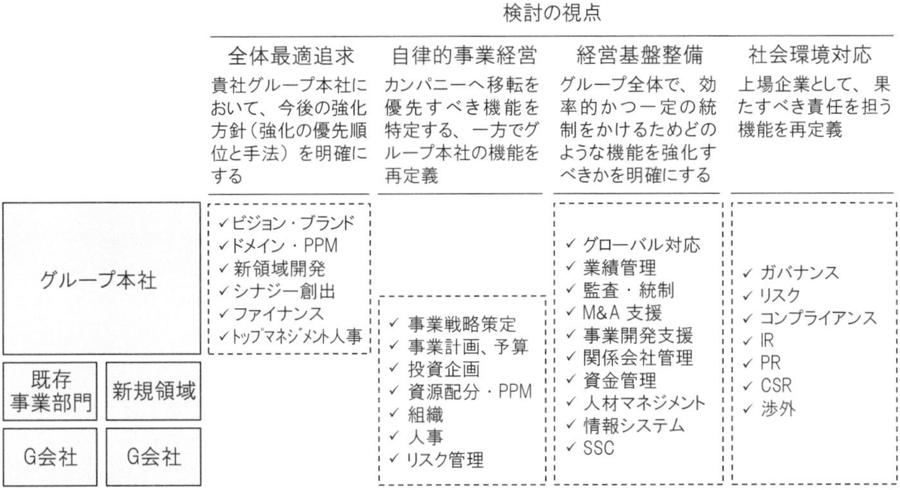

（出所）筆者作成

(52) 具体的なプロセスについては、拙著『「協創」のグループ経営』第3章で詳述している。

図表3-12　本社機能一覧

カテゴリ ＼ 機能	コーポレートセンター機能	
	戦略推進	コントロール
経営企画	A-1-1　ビジョン・ドメイン設定 A-1-2　資源配分決定 A-1-3　組織構造再編 A-1-4　企業ブランド構築 A-1-5　新規事業戦略	B-1-1　中長期計画策定 B-1-2　年度計画策定、管理 B-1-3　年度予算策定、管理 B-1-4　業績評価 B-1-5　関係会社管理 B-1-6　投資評価
経理財務	A-2-1　財務戦略 A-2-2　資本政策 A-2-3　配当政策	B-2-1　中長期資金計画策定 B-2-2　年度資金計画 B-2-3　与信管理 B-2-4　金利・為替リスク管理 B-2-5　決算方針策定
人事	A-3-1　人的資源配分 A-3-2　人事制度 A-3-3　人材開発	B-3-1　要員管理、人員計画 B-3-2　人員配置 B-3-3　人事評価
総務	A-4-1　知的財産活用	B-4-1　社内規程管理 B-4-2　リスク管理 B-4-3　予防法務 B-4-4　知的財産管理
情報システム	A-5-1　情報化構想策定 A-5-2　情報システム投資判断	B-5-1　情報システム開発管理 B-5-2　情報システム運用管理 B-5-3　情報システム評価 B-5-4　体制、規程管理
その他		

	サービスセンター機能	
企業責任	専門サービス	オペレーション
C-1-1　親会社対応	D-1-1　定型分析資料作成	
C-2-1　会計制度対応 C-2-2　会計士応査 C-2-3　税務調査対応	D-2-1　決算業務 D-2-2　資金調達、返済 D-2-3　一般会計業務 D-2-4　出納管理 D-2-5　勘定残高管理 D-2-6　税務計算 D-2-7　現物管理	E-2-1　伝票エントリー・チェック E-2-2　残高管理・保管 E-2-3　残高チェック・消込
C-3-1　労働条件管理 C-3-2　安全管理	D-3-1　人的情報管理 D-3-2　給与・賞与・退職金処理 D-3-3　税金・社会保険処理 D-3-4　福利厚生 D-3-5　教育 D-3-6　採用	E-3-1　人事データ入力 E-3-2　給与・賞与・退職金計算 E-3-3　税金・社会保険料計算 E-3-4　福利厚生データ処理
C-4-1　株主総会運営 C-4-2　取締役会運営 C-4-3　訴訟対応 C-4-4　各種渉外、調整 C-4-5　コンプライアンス	D-4-1　不動産、動産管理 D-4-2　用度・備品管理 D-4-3　文書管理 D-4-4　公印管理 D-4-5　契約管理 D-4-6　各種届出 D-4-7　委託業務管理 D-4-8　購買管理 D-4-9　株主・株式管理	E-4-1　デリバリー・データ入力 E-4-2　デリバリー・データ入力 E-4-3　文書保管・破棄 E-4-6　各種手続
C-5-1　情報セキュリティ管理	D-5-1　情報システム開発 D-5-2　情報システム運用 D-5-3　情報システム保守 D-5-4　情報化推進支援、教育 D-5-5　情報機器管理	E-5-4　ヘルプデスク E-5-5　デリバリー・データ入力
C-6-1　IR活動 C-6-2　PR活動 C-6-3　社内広報 C-6-4　消費者・顧客対応 C-6-5　環境対応 C-6-6　品質管理 C-6-7　業務監査 C-6-8　親会社各部門との調整		

（出所）筆者作成

⑷　グローバル組織体制の検討

ここまでは、グループ・ガバナンスの再構築の前提条件を明確にするという観点から、集権と分権から見たグループ組織の在り方と、グループ組織をハンドリングする重要な存在であるグループ本社について説明した。これらについては、実務指針においては第２章「グループ設計の在り方」に対応するものであるが、グローバル化への対応については、M&Aによってグループ会社となった企業の管理・監督について述べるにとどまっている。

確かに、近年のガバナンス問題の多くは、海外M&Aによるグループが起点になったケースが多いので、PDM（Post Deal Management）の観点からは、最適な管理・監督が必要であるが、立ち返ってみると、そもそもグループ会社を含めたグローバルでの事業管理体制やそれについて必要な機能が十分に整理されていないという現状も垣間見える。もちろん、グローバル組織体制については、海外事業が全体に占める割合や、進出している地域数、さらには海外グループ会社数などの要素により体制の選択が異なる。これらを勘案して、本項では実務指針を補完する目的でグローバル体制の在り方について整理する。

（グローバル経営体制）

企業におけるグローバル経営体制については、本社部門の在り方も併せて考える必要があるが、一般的に想定される経営体制は下図のように整理される。

図表3-13　グローバル経営体制の選択肢

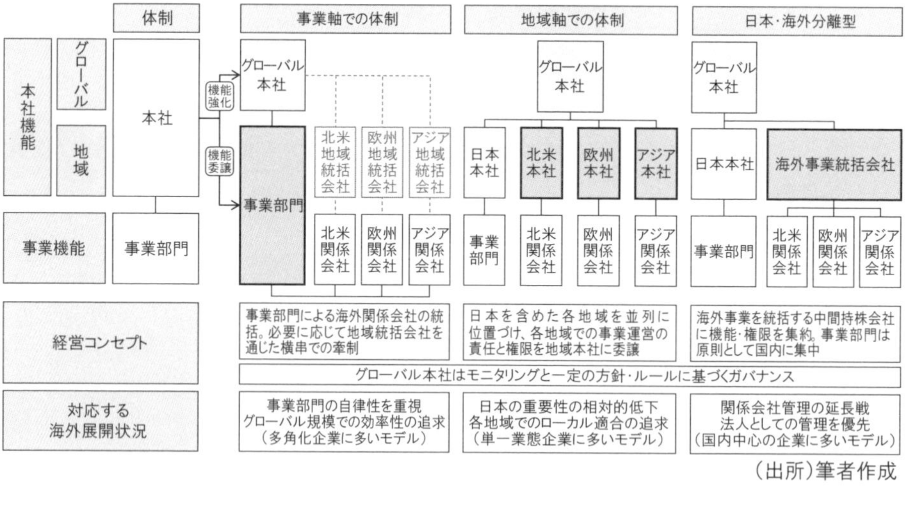

（出所）筆者作成

先述の通りであるが、日本企業が多角化する以前は、単一事業を前提とした機能別組織であったため、多くの企業においてのグローバル体制は、図表のグローバル本社の下に各地域に統括会社を設置し海外現地法人を統括するという、いわゆる地域軸での体制、もしくは日本事業と日本以外の事業を分離して海外現地法人全体を統括する組織の下で海外現地法人を管理するという日本・海外分離型での体制が主体的であった(53)。

しかしながら、近年の日本企業においては多角化が進んだ結果、全体の組織構造は各事業部門に対して権限委譲する事業部別組織に移行していることもあり、海外現地法人は事業戦略をつかさどる事業部門の配下とする企業が増加している。そのため、従来の地域統括会社に対して、その役割や機能について再度見直しの必要を認識している企業が増加している。

（地域統括会社の位置づけ）

近年のグローバル組織体制に関して、企業において最も課題認識が高いものは地域統括会社の位置づけについてである。繰り返しにはなるが、企業において事業領域が単一であった場合は、地域分権という形で地域統括会社を所管する地域の経営戦略策定から管理までを統括する位置づけとしていたが、事業の多角化が進むと当該地域での戦略立案と実施責任については権限委譲を受けた事業部門にゆだねることとなる。この結果、海外現地法人も事業部門のコントロール下に置かれることになるため、多角化企業においては、地域統括会社から戦略策定という機能が失われることとなった。

一方で、グローバル化の進展により、ガバナンスの観点での課題が多くの企業において顕在化しつつある。具体的には、内部統制をグローバルレベルで展開する際にグループ本社のみで対応することに限界があることや、事業部門の管轄外である海外のグループ会社（例えばグループ本社サイドでM&Aで買収した企業など）が増加していることなどである。

さらに事業部門に対してグループ会社も含めた経営戦略や管理について権限委譲をしているものの、事業部門の内部統制システムが十分に構築されていない場合は、グローバルについては内部統制がさらに脆弱であること想定される。その対応策と

(53) なお、これらの2つの体制についても現実的にはグローバル本社は独立した組織を有せず、日本本社と一体である企業が一般的であった。

して地域統括会社を活用するケースが近年増加しているのである。

なお、地域統括会社の活用においては、①グループ本社機能の切り出しとして、グループ全体の第２線、第３線を補完するケースと、②事業部門本社の機能の切り出しとして地域での戦略企画・推進を担いつつ、グループ全体では第１線を補完するケースの２つに分かれる。

その他のオプションとしては、地域統括会社にこれらの機能を持たせずに、海外おける会計・税務、資金及び税務などの業務を集約して対応する、いわゆるシェアードサービスの役割に特化させるケースも存在する。

図表3-14　地域統括会社の類型

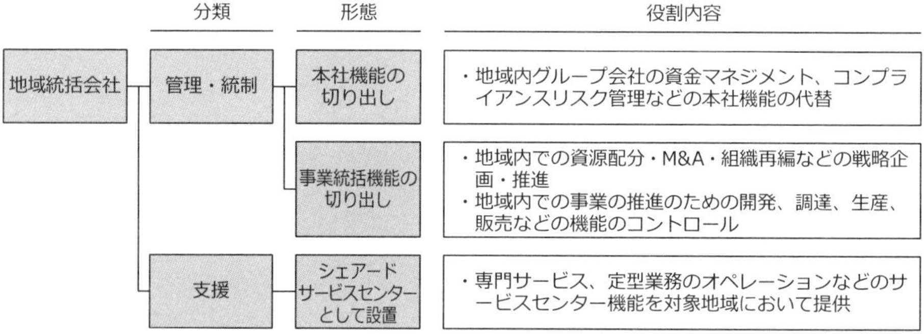

（グローバル本社において必要な機能）

グローバル経営体制及び、その構成要素である地域統括会社についての検討と並行して必要なのは、グループ本社においてグローバル対応に必要な機能を具備しているかを再検証して、必要において整備することである。

機能の構成については、前項で説明した機能一覧を参考にしてグローバル対応に必要な機能は何かを議論する。その上で、機能を遂行するために適切な組織を特定した上で、当該組織にその機能を遂行するミッションを担わせる（実務的には、職務分掌等などの社内規程に反映させる）こととなる。

なお、先述の通り、本来はグループ本社においてグローバルに対応しうる機能を有することが望ましいが、グローバルにおける地理的、人材的など要因により、これらの機能の一部を必要に応じて事業部門や地域統括会社等に担わせることが現実的である。

図表3-15　グローバル経営機能

カテゴリ	近年の課題認識	取組事例
経営企画	・海外・新規事業を含めたグループ内の事業領域に対して今後の成長を見据えた中立の立場での資源配分の決定（一般には中核事業に配分が集中）	・本社は事業・地域セグメント間の資源配分を決定。セグメント内のポートフォリオマネジメントは事業部門・地域本社に委任
経理・財務	・海外事業の拡大に伴う為替変動リスクの増大への対応とグループ・グローバルでの資金マネジメントの効率化	・海外の地域本社によるキャッシュプーリング、一括資金調達の財務関連業務を本社が統括。グループ内の各通貨の可視化による為替リスクの管理
人事	・グローバル化、事業の多角化、グループ企業数の増加により、グループ内での人材確保、有効活用のための人事企画・管理	・労務管理についてはSSCに集約、本社は人事戦略業務に集中。セグメント内の一定階層以下の人事については事業部門・地域本社と役割分担
総務・法務	・グローバル化による地域リスクの増加、多角化による未知のリスクの増加に対応するためのリスクマネジメント・コンプライアンスの推進	・グループ規模の拡大に対応するために本社はリスク管理・コンプライアンスの基本方針を策定し、個々の対処活動は事業部門・海外関係会社に分担
情報システム	・海外現地法人、買収会社を含めたグローバルでの情報システムの共通化の推進	・情報システム構想を本社に一元化、経営層の意思決定に必要なデータに関してグローバルで可視化
広報・IR	・海外売上高比率、海外株主比率が増加する中でのコーポレートガバナンス・コードを踏まえた情報開示	・受動的なIR対応から、投資家とのコミュニケーションプランの策定、コンテンツ作成の機能を拡充
監査	・本体のみならず、海外を含むグループ全体としての企業責任を問われる中でのグループ全体での効果的な監査体制	・本社はグループの監査方針を策定。監査の実務はグループ各社の内部監査部門及びグループ会社を所管する事業部門・地域本社と役割分担

（出所）筆者作成

上表であるが、近年におけるグローバル化に対し、企業が必要性を認識しているものをカテゴリー別にまとめたものである。経理・財務、人事及び法務などについては、従前より海外進出への対応ということで多くの企業においても機能の整備がなされてきたが、事業の拡大とともに、海外M&Aへの対応や海外投資家や現地政府、消費者団体などステークホルダー対応という観点から様々な機能においてグローバル対応が求められている。特に、ガバナンスの観点から考察すると、監査機能についてはグループ本社においてグローバル監査機能を強化するのか、現地サイドでの自己監査機能を強化するか、さらには地域統括会社を活用するのか、組織構造も意識しながら実効性を高めていくことが重要といえよう。

Phase 2 ▸▸ グループ会社の合理的な区分

(1) グループ会社の区分の必要性

グループ・ガバナンスの再構築の重要な前提条件とは、先述したグループ経営の全体構造を明確にすることであるが、それと並ぶ重要な前提条件が、グループ会社を合理的に区分した上で、それぞれのグループ会社の立ち位置を明確にさせることである。言い換えると、グループ経営体制に整合するように、グループ会社それぞれに対し、適切な権限委譲と統制・牽制ができるように区分けを行うことである。

本来であれば、どのような権限委譲と統制・牽制が必要であるかについてはグループ会社それぞれに設定するのが良いという考えもある。確かに、グループ会社それぞれに対して、個別に権限委譲と統制・牽制の在り方を検討することが実態に即する面もある。しかしながら、実際には親会社とグループ会社間の過去の経緯や、グループ会社の経営陣との力関係などで、その調整は非常に困難なプロセスとなるが、その結果は必ずしもグループ会社の規模や性質などに合致するとは言えない。

特に、同種のグループ会社が、個々の調整結果によって異なる対応になりグループ全体として不整合を起こすこと、いわゆる「声の大きな」グループ会社経営陣や海外グループ会社などに対しては実質的にはコントロールできない状況に陥ること、さらにはM&Aによってグループに入った会社について「個別対応」ということで同様にコントロール不能な状況になるようなケースが散見される。したがって、グループ会社を一定の枠組みで区分して、それぞれの区分ごとに権限委譲と統制・牽制の枠組みを設定し、必要に応じて調整を加えることがグループ全体の整合性と、一定のガバナンスに寄与するものと思われる。このような枠組みが存在すると、前出のM&Aでグループ会社となった企業に対して、権限委譲や統制・牽制についての方針を伝えることによってスムーズなPDM (Post Deal Management) にもつながるのである。

(2) 具体的な区分方法

それでは、具体的にどのような視点でグループ会社を区分するのであろうか。一般的には、企業規模や収益性などの定量面での評価と、過去の経緯も含めたライフサイクルなどの定性面での評価が考えられるが、区分において重要なポイントは事業会社と機能会社という類型である。なお、ここでいう事業会社とは主に外部からの売上を中心にして自立した収益を獲得する会社であり、一方で機能会社とはグループ内の特定の役割を担う会社と整理される。

図表3-16　事業会社と機能会社

区分	内容	権限委譲の在り方
事業会社	グループ外から主たる売上を獲得し、自立したプロフィットセンターとして存在が可能な会社	独立した企業として、一定の権限を委譲する
機能会社	グループ内の特定の機能を受け持ち、業務コストや品質の面で貢献する会社	所管部門と一体としてみなすので権限は一定程度留保する

これらの視点にさらに、グループ会社間の資本関係を考慮すると、下記のようにグループ会社を区分けすることが可能となる。

図表3-17　グループ会社の区分

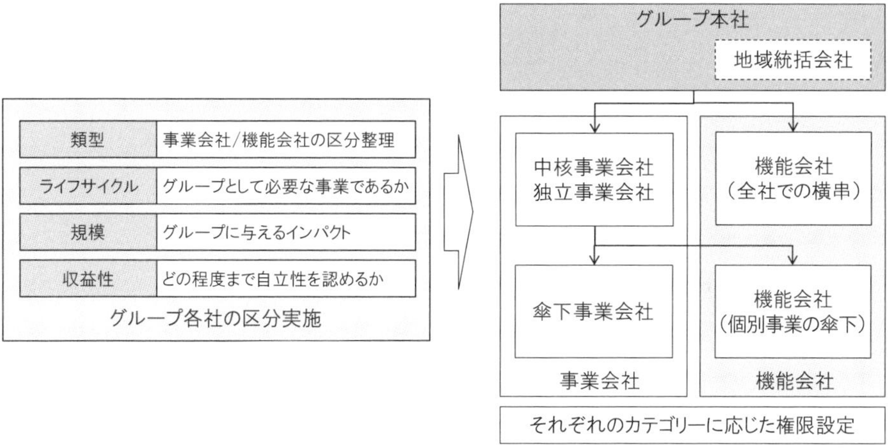

（出所）筆者作成

それぞれの区分に応じた権限委譲や統制の方針を定めていくこととなるが、実務的には既存の「グループ経営管理規程」等に対して区分ごとに整理した権限委譲や統制の考え方を落とし込んでいく形になる。その上で、さらにスムーズな運用がなされるように、上記の区分を規模や地域などで細分化することが一般的である。個別会社の調整については、これらの区分とルールの整備後に行うべきである。なお、グループ会社の区分の見直しについては、中期経営計画の策定時など一定期間で定期的になされることが望ましい。

⑶ グループ会社の区分プロセス事例

以下では、グループ会社の適切な区分について、より深く理解いただくために、具体的なプロセスの事例を紹介する。事例企業における実施の背景であるが、事業の多角化とグローバル化が進んだこと、さらにこの過程でM&Aを実施したため、ガバナンスの観点でグループ会社に対する適切な内部統制システムを再構築したいという考えからスタートしたものである。

図表3-18　グループ会社の区分によるガバナンス再構築

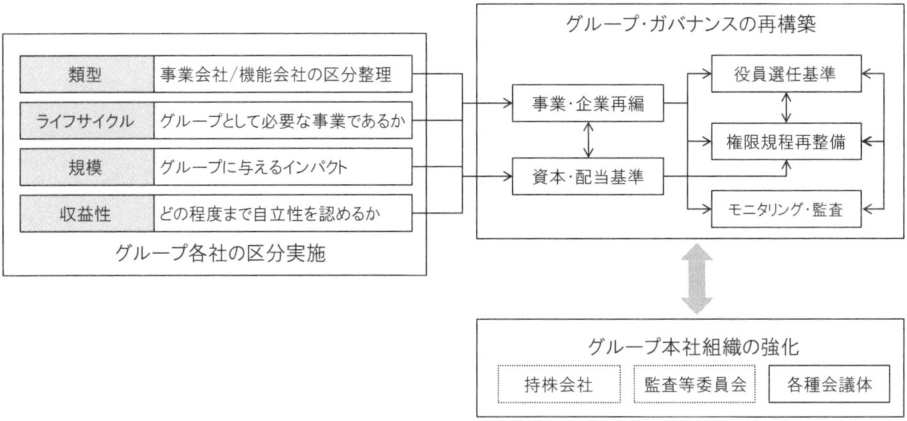

（出所）筆者作成

なお、グループ会社の区分に際しては、ガバナンスの観点から権限委譲と統制・牽制という観点からだけではなく、様々な局面で活用が可能と思われるため、活用の目的を関係者に周知しておくと、実際の運用がスムーズになされると思われる。

下図は、グループ会社の区分に関するプロセスであるが、一般的には現状認識をもとにして区分を実施、関係者との調整のもとで具体的な規程への落とし込みを行うというシンプルなものである。

図表3-19　区分の実施プロセス

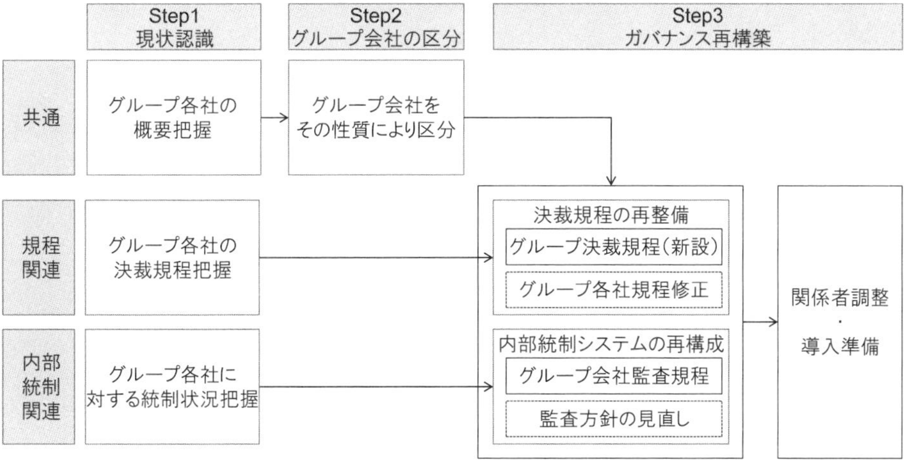

(出所)筆者作成

Step 1．現状認識

グループ会社の適切な区分を実施するためには、それぞれの会社の状況をまずは正確に理解する必要がある。特に、多角化・グローバル化された企業においては、主要なグループ会社の状況は把握できるもの、孫会社や関連会社について、財務以外の情報に関しては十分に収集できていないという状況も現実には散見される。また、グループ会社がどのような経緯で設立されたのかなどの過去の経緯についても把握することが最終的な関係者調整を円滑に行うためには望ましい。

基本情報	地域、所管部門、持株比率、事業内容（事業／機能の別）
財務情報	売上規模、収益規模、総資産・純資産規模、内部取引
その他必要と思われる情報	グループ会社化の経緯、過去の役員人事

これらの基本情報に加えて､現状における権限移譲の状況を確認する必要がある。具体的には親会社サイドのグループ会社管理規程や決裁規程と、各社の決裁権限規程等を収集し、どの程度の権限が委譲されているのか、また実際に権限委譲の程度が、それぞれの会社にマッチしているかを、過去の稟議状況等で確認する。

さらに、権限委譲に対してどのような統制・牽制がなされているかの確認を行う必要がある。具体的には、内部監査部門や監査役、会計監査人からの情報を収集し、統制上の問題が発生していないかを確認する。なお、確認においては顕在化しているものだけではなく、今後発生しうるリスクについても聴取すると今後の検討に際して有用である。

図表3-20　Step 1の検討タスク

検討タスク		内容	備考
Step 1	グループ各社の概要把握	グループ会社の概要及び、決裁構造及び監査方針と状況について、現状を把握する ✓　会社概要 ✓　組織・決裁規程 ✓　監査方針、状況	Step2のグループ会社区分、その後の権限、監査等の再構築のために、現状を把握する ✓　会社概要 ➢グループ会社の規模・役割及び所管との関係などを把握する ✓　組織・決裁規程 ➢各社の組織と意思決定構造について現状を把握する ✓　監査方針、状況 ➢グループ会社に対する監査方針や規程、監査状況を把握する 概要把握については各社決裁規程や組織図などの関係書類を徴収し、整理するとともに、必要に応じて、権限移譲の状況を関連する部門、事業部門及びグループ会社に対してヒアリング等を実施する

（出所）筆者作成

Step 2．グループ会社の区分

収集した情報をベースにしてグループ会社の区分を行う。グループ会社の区分については、企業により異なるが、事例企業においては、まずは事業会社と機能会社に区分した上で、役割や規模等に応じて「事業部門同格」と、「事業部門下部」、「本社（共通）下部」、そして「その他独立」に4分化した。

①　事業部門同格

主要事業会社については事業部門同格会社と位置づけて、親会社の事業部門と同様の権限委譲を行う。

②　事業部門下部

事業部門もしくは、その同格会社の管下にある会社であり、事業会社と機能会社が混在する。これらの会社に対する権限委譲については、全社のルールに従いつつ、実際の運用は事業部門にゆだねる。

③　本社（共通）下部

各事業部門や事業部同格会社をまたぐ、さらにはグループ会社全体に対して、各種の情報提供や実務処理などを行う、いわゆるシェアードサービスに代表される機能会社が該当する。これらの会社は原則として所管部門と一体化されるため権限委譲は制限される。

④　その他独立

事業会社ではあるが、規模や事業の特性から本社部門が直接管理しているものであり、新規事業や社内ベンチャーなどが該当する。なお、同社の場合においては、過去の経緯によりグループ会社となったが、どの事業にも紐づかない事業会社もこのカテゴリーに該当する。これらの会社は基本的には既存事業とビジネスが異なるため一定の権限委譲を行いながらも、経営状況に応じてモニタリングを強化するなどの措置が考えられる

図表3-21　グループ会社の区分内容

グループ会社区分		基本的な定義	権限委譲に対する方針	監査に対する方針
グループ会社区分	事業部門同格	独立採算であり、かつ一定の規模を有しているグループ会社	所管役員の下で、各事業部門に対してと同程度の権限委譲を行う	当該グループ会社の監査役・監査部門と協働で、監査を実施する
	事業部門下部	事業部門の指示系統の下で事業もしくは機能を遂行するグループ会社	事業部門責任者の下で、規模や役割に応じて、必要な範囲での権限委譲を行う	原則として事業部門主導で監査を実施し、監査結果を共有
	本社（共通）下部	本社（全社共通）の運営を補完するための機能をつかさどるグループ会社	本社の所管役員の下で、機能に応じて、必要な範囲での権限委譲を行う	当該グループ会社の監査役・監査部門と協働で、監査を実施する
	その他独立	事業部門に属していない独立採算のグループ会社	会社規模や事業特性に応じて、必要な範囲での権限委譲を行う	当該グループ会社の監査役・監査部門と協働で、監査を実施する

（出所）筆者作成

これらの区分の定義を明らかにした上で、区分ごとの権限委譲に対する方針と、監査・モニタリングに対する方針を整理し、具体的にStep 1で調査した情報をもとに、グループ各社を振り分ける。

図表3-22　Step 2の検討タスク

検討タスク		内容	備考
Step 2	グループ会社の区分	グループ会社の規模や役割に応じた権限設定や監査を行うために、いくつかの区分を設定して、振り分けを行う	現状把握と並行して、区分に関する基本的な考え方(今回は主に、権限移譲と監査の観点を考慮)、各社の現状を踏まえて、グループ各社の区分に関する枠組みを整理する 現段階においては、区分については下記を想定。この区分と、規模、出資比率などを組み合わせてグループ各社を振り分けする ✓　事業部同格 ✓　事業部下部 ✓　本社(共通)下部 ✓　その他独立 ※上記のグループ区分については、権限移譲の在り方にとどまらず、今後、グループにおいて、グループ会社各社の管理水準や人材交流を検討する際に、必要となる各社の「格付け」的性格も含むと想定している

(出所)筆者作成

Step 3．運用体制の整備

グループ会社の区分検討に基づき、Step 3においては具体的な運用の整備を実施する。具体的には、①決裁規程の再整備、②内部統制システムの再構成を行い、その結果をもって③関係先との調整を行う。以下、それぞれを解説する。

①　決裁規程の再整備

グループ会社の区分の再定義に従い、決裁規程を再整備する。再整備の対象を具体的に示すと、親会社が有している「グループ会社管理規程」や「グループ会社決裁権限規程」などの規程であり、グループ会社側は、それぞれの会社が有している「決裁権限規程」である。

再整備において重要なのは、多くの企業でもそうであるように「グループ会社管理規程」や「グループ会社決裁権限規程」については、最大公約数的な簡易なものであったものを、Step 2で検討した4つの区分をさらに、国内と海外に分けて整理した。さらに、それぞれの区分においても、主に規模別に決裁基準を段階化するなど、規程を細分化した。

図表3-23　決裁規程の再整備（イメージ）

決裁権限項目				グループ会社権限決裁規程の策定方針(案)		
		決裁権限報告対象	項目	対象　※本社：グループ本社		
				事業部門同格	本社(共通)下部	事業部門下部
主な決裁項目	経営・組織	取締役会決議もしくは社長決裁	・増資、減資、合併、解散、設立 ・株主構成の変更 ・主要な事業の譲渡・譲受 ・役員の変更 ・経営計画の決定 ・一定額を超える損害賠償金・和解金の支払 ・一定額を超える訴訟の提起	・グループにとって重要事項であり、直系事業会社においては、本体の規程を準用する	・現状の関係会社決裁規程の定める通りとする。ただし、必要に応じて、会社の規模・特徴に合わせて権限基準を見直しする	・本社決裁事項とする
		管轄窓口部門長決裁、もしくは報告事項	・組織の制定・改廃 ・経営方針の決定 ・社外投融資（純投資・貸付）	・重要な組織変更に限定 ・経営方針は現状通り本社報告事項とする。 ・資金計画外、あるいは一定金額を超える社外投融資についてのみ本社決裁・報告事項とする		・統括会社決裁事項、もしくは報告事項とする
	人事	社長決裁	・役員評価（社長、その他専任役員） ・役員報酬(社長) ・出向者の給与・賞与・評価 ・専任役員の退職金	・役員に関する事項については現状と同様とする		・社長に関する人事のみ本社決裁事項とする
		管轄窓口部門長決裁、もしくは報告事項	・採用 ・人事異動 ・昇進・昇格・解雇 ・人事諸規定の改廃	・採用、一定層以上の人事、重要規程の改廃に関してのみ本社決裁、報告事項とする		・統括会社決裁事項、もしくは報告事項とする

（出所）筆者作成

②　内部統制システムの再構成

グループ会社の区分が定まり、各種の規程が整備されると具体的な権限委譲の内容が明らかになるため、それぞれの区分においての統制･牽制の方針が明確になる。この情報をもとにして、グループ本社の内部監査部門が中心になり、監査方針や方法を再構成する。当該企業においてはグループ本社の内部監査部門は、４つの区分に対して下記のような監査方針を作成した。

区分	内部統制方針
事業部門同格	当該会社にてモニタリング・内部統制を実施し、親会社の内部監査部門が有効性を監査。必要に応じて実査を加える。
事業部門下部	事業部門のモニタリング対象に加え事業部門が監査を実施。親会社の内部監査部門の直接の監査対象外であるが必要に応じて実査。
本社（共通）下部	親会社の内部監査部門が、管下部門の監査の実施時に併せて監査を実施する。
その他独立	当該社内に内部監査体制が存在する場合は、親会社の内部監査部門は有効性を監査、存在しない場合は直接監査。

このようにして決定した監査方針について、内部監査規程やマニュアルなどを親会社及びグループ各社について実施した。

③　関係先との調整

これらの検討を実施した後に、対象となるグループ会社と、それを所管する部門との調整に入る。特に、グループ会社に対しては検討の結果として区分変更が生じ権限委譲の範囲が狭まった会社については、グループ会社への評価という誤解を与えないように配慮しつつ丁寧に説明を行う必要がある。

図表3-24　Step 3の検討タスク

検討タスク		内容	備考
Step 3	決裁規程の再整備	Step2におけるグループ会社の区分にしたがって、決裁規程を再整備を実施する ✓　グループ会社決裁規程の新設 ✓　各社決裁規程の修正	グループ会社の区分ごとに、権限委譲方針及び報告先を定めた上で、決裁規程を再整備する ✓　グループ会社決裁規程 ➢ 本体、事業部門及び各社個別の決裁項目を定義 ✓　各社決裁規程の修正 ➢ グループ会社決裁規程と整合するように、既存の決裁規程を修正する
	内部統制システムの再構成	権限委譲の再定義に伴い、グループ会社の区分ごとに適切と思われる内部統制システムの在り方の検討を支援する	グループ会社の区分ごとに、監査のスコープ、体制、頻度に関するルールを定めるとともに、次年度以降の方針検討を支援する ✓　グループ監査規程 ➢ 監査に関する規程やマニュアルの再整備 ✓　グループ監査方針 ➢ 来年度以降の監査方針の制定
	関係先調整導入準備	見直し方針と運用について関係各部門、グループ会社と調整する	決裁、監査等の修正と、今後の運営について関係先への説明と移行措置の検討を実施

（出所）筆者作成

これらのプロセスを踏まえて、グループ会社の区分に応じた具体的な運用に入るが、必要に応じて基準について定期的に有効性を確認するとともに、グループ会社の区分見直しを行う必要があると同社では認識している。

Phase 3 ▶▶ グループ・ガバナンスの再構築

グループ経営の全体像を整理するとともに、グループ会社を適切な区分の下に仕分けるという前述の２つのステップを実施後に、本題であるグループ・ガバナンスの再構築に着手する。実務的には、グループ・ガバナンスの再構築については、「グループ全体の組織再構築」と「ガバナンスを推進するための仕組みの整備」という２つの工程にさらに分かれる。前者は主にグループの骨格となる組織の再編に関するものであり、後者はグループにおいて一定のガバナンスを効かせるための仕組みの導入と運用に関するものである。以下では、主要な取組事項を説明するが、実際の取組においては企業の状況に応じて実施の必要性やタイミングが異なることは言うまでもない。

(1) グループ全体の組織再構築

グループ・ガバナンスの再構築において着手すべき事項としては、ガバナンスを意識した組織構造の再編である。再編の視点であるが、大きくは３つ存在する。

図表3-25　グループ組織再編の視点

グループ経営を統括する組織設計	• グループ経営を統括する組織･機能の在り方を明確化 ✓ 純粋持株会社への移行 ✓ グローバルにおける地域統括会社の役割明確化 ✓ グループ経営を効率化させる機能会社（SSC）の活用
グループ再編	• グループ･ガバナンスにおいては、グループ会社を適正数にすることも重要 ✓ PPMから低投資効率、戦略的重要性の低い子会社を売却 ✓ 経営効率の観点から類似･重複するグループ会社を再編 ✓ 一方で、役割明確のため会社分割等の実施
資本･出資比率の見直し	• 適切な資金ポジションの観点から純資産の統制も重要 ✓ 子会社の資本金規模･剰余金水準は多くの会社で曖昧 ✓ 上記再編と並行して、会社の区分に応じた純資産の在り方を整理 ✓ 併せて出資比率や、親子上場の是非を検討

（出所）筆者作成

（グループ経営を統括する組織設計）

グループ・ガバナンスを円滑に進める要素としてはグループ本社が重要な存在であることについては、実務指針においても第２章で「グループ設計」として触れられている。ガバナンスに資する組織の設計の要素として、グループ経営の形態とグループ本社機能の在り方についてはすでに説明した通りであるが、最終的には組織形態の選択として、純粋持株会社制度に移行するか否かを決定する必要がある。また、グループ本社機能の補完として、グローバル体制における地域統括会社の要否や、さらに本社部門を中心とした間接部門の効率化を図るためのシェアードサービスの活用の是非なども検討する必要がある。

(グループ再編の推進)

グループ経営の形態を検討するに際して検討が必要なものとしては、グループ企業の再編が挙げられる。再編についてはポートフォリオマネジメントにおける集中と選択によるグループ外への退出はもちろんのこと、グループ内における類似の役割を担う会社の統合、さらには役割明確化のためのグループ会社の分割などが想定される。特に、類似会社の統合についてはM&Aで買収した企業の子会社と、元来の子会社の間では頻繁に起こりうる事象でもある。

なお、再編の際に重要なガバナンス上の視点はグループ会社数を絞り込むことにある。グループ会社の数だけガバナンス上のリスクがあるのは自明の理であり、過去のガバナンス問題が顕在化した企業を見ても管理スパンを超えるようなグループ会社数を抱えていることからも、グループ会社の絞り込みは重要なポイントといえよう。

(資本・出資比率の見直し)

グループ再編と並行して実施すべき事項はグループ会社の資本と出資構成の見直しである。出資比率の見直しについては、戦略的な観点から完全子会社化や出資比率の引き上げ、もしくは引き下げなどが行われることが多いが、今後はガバナンスという観点から特に上場子会社に対する出資比率の見直しも検討されることになるであろう(54)。

さらに今後重要になると思われるのは、グループ企業の資本そのものをガバナンスの視点から見直すことである。なぜなら、多くの企業においてはグループ会社の資本金がどのような経緯で設定され、現在の水準に至っているのか、さらには剰余金についてはどのような方針で留保しているのかが明確でなく、また現在の水準が十分であるかの検証もなされていないからである。そして、この結果、グループ会社において過小資本や過大資本が発生している可能性があり、特に過大資本は、そ

(54) 特に、実質支配力基準による子会社というコンセプトはガバナンスという観点と相反するものであるため、グループ外への切り出しという選択を行うケースも増加すると予測される。

の過剰流動性を背景にした資金の流用や横領などガバナンス上の問題を惹起する可能性が高まるのである。

なお、これらのグループ組織の再構築については、会計・税務上の影響を見極めるとともに、少数株主を始めとしたステークホルダーへの対応など、現状に即した対応が必要なのは言うまでもない。

⑵　ガバナンスを推進するための仕組みの整備

ガバナンスの視点を踏まえたグループ全体の組織再構築と並行して、グループ会社も含めて健全なガバナンスの推進が可能になるような仕組みの整備が必要である。以下、主要な項目についての説明を行う。

図表3-26　ガバナンス推進に必要な仕組み

資源配分システムの整備	• 企業価値拡大を実現するための資源配分方針や指標の整備 ✓ PPM推進（参入と撤退の意思決定）に係る基本ルールの整備 ✓ 意思決定指標（ROIC、ROA、ハードルレートなど）の整備
権限・責任の再定義	• 本社と事業部門の関係、グループ会社の区分を踏まえ権限・責任を再定義 ✓ グループ会社を含めた決裁権限規程の再整備 ✓ グループ会社の区分に応じたグループ会社の管理規程の整備
人材マネジメントの再定義	• ガバナンスの観点からグループ会社のマネジメント人材の活用方針整理 ✓ グループ会社の区分に応じた役員派遣基準の整備 ✓ グループ経営幹部の人材プールの整備
資金マネジメント	• グループ会社の実態に見合うキャッシュポジションの確立 ✓ グループ会社の区分に応じた剰余金回収の仕組み整備と実行 ✓ CMS／TMSの活用による資金効率向上
モニタリング・監査体制の整備	• 「攻め」と「守り」のガバナンスをグループレベルで実現できる体制構築 ✓ 連結事業管理など業績評価に必要なKPIの整備 ✓ 有効な統制レベルを実現させる監査体制（人・仕組・情報）の整備
コンティンジェンシー	• ガバナンスにおけるコンティンジェンシー発生時の対応 ✓ コンティンジェンシーの定義 ✓ グループ会社に直接関与する権限の整備と、人員体制の確保

（出所）筆者作成

（資源配分システムの再整備）

ガバナンス強化において重要なポイントの一つは「攻め」のガバナンスであるが、その中核をなすのは、資源配分にかかわる意思決定システムの構築であり、実務指針においても「事業ポートフォリオマネジメント」という表現で言及されている通りである。それゆえに、企業のグループ経営体制にマッチした資源配分システムに再構築することが重要である。

具体的な資源配分システムの再構築に関しては、第２部において解説した通り、資本コストをベースとするのが一般的ではあるが、一方で多くの企業において、事業ポートフォリオマネジメントに代表される資源配分システムの運用について課題を抱えている。これらのシステムを構築し、円滑に運用するためには、下表のような配慮が必要と思われる。

図表3-27　資源配分システム導入の視点

✓ 非財務系の経営者でも理解できるシンプルさ	•高度なFinance理論や複雑な配賦構造は、アレルギーや抵抗感を生む
✓ 外部の目線に耐えうるもの	•管理指標は、社外取締役や株主、アナリストなど外部の人間が収集できる範囲であることがベター
✓ 現場の作業負荷の増加を可能な限り回避	•精緻さは現場の負担を増す。新たなデータの加工を最小限に抑える方法を考える必要がある
✓ シンプルで柔軟性のある管理方法	•経営管理の項目は、環境により都度変化する。そのため過大なシステム化は避けることが望ましい

（出所）筆者作成

（権限・責任の再定義）

コーポレート・ガバナンスにおいては、監督と執行の分離を進めるという観点から、如何に権限委譲を適切に行うかという点がポイントであったが、グループガバナンスにおいては、権限委譲の範囲をグループ会社全体として、それぞれのグループ会社に適切に権限をどう与えるかが重要となる。本書においてはグループ会社を特性により区分けし、区分けごとに権限委譲の方針を定める方法を紹介したが、併せて権限委譲に伴う責任も再定義する必要がある。なお、ここでいう責任の代表的なものは業績責任であるが、どのような指標を設定するかが議論する必要があるが、具体的には、権限設定の際に行ったグループ会社区分に従って、業績評価の指針を定めつつ、グループ会社それぞれに業績責任を図る指標と具体的な数値を設定するというのが一般的なプロセスである。

（人材マネジメントの再構築）

企業において事業の多角化・グローバル化の進展と、その手段としての純粋持株会社制度への移行や、M&Aの活用などにより、近年ではグループ会社が量的にも質的にも増加しつつある。そのため、グループ会社の経営陣をどのように配するのかは重要な経営課題として、その認識が高まっている。そのため、実務指針においても指名・報酬についての言及がなされているが、実務としてはグループ全体の経営幹部をコントロールできる一定の仕組みを構築する必要がある。特に重要な仕組みとしては、グループ会社間でスムーズに経営幹部が移動できるための候補人材のプールとその選抜のための基準作りや、グループ会社間での職位の読替え、そしてグループ内での報酬方針の整合性確保などが挙げられる。一方で、仕組みを動かすに当たっては、全てのグループ会社に同一に運用することは現実的ではない。そのため、グループ会社の性質や規模に応じた運用基準を合わせて検討することが重要である。

（資金マネジメント）

グループ本社は、グループ全体の企業価値に向けて経営陣の意思決定をサポートする重要な組織である一方で、適切なガバナンスを維持するための仕組みを構築する役割を担っている。その中でも近年、多くの企業において取組が進められているのが資金マネジメントである。一般的に、グループ会社の増加とともにグループ全体での資金が増加し、再投資の原資へ回せるものと思われがちであるが、資金自体は各社の事業活動の成果であるために、分散しているのが実情である。グループ本社としては、これらの資金を集約し、グループ全体最適の視点で再投資や調達資金した資金の返済原資に供することが望ましいため、グループ内での資金集約のルールを定め、CMS（Cash Management System）やTMS（Treasury Management System）などのシステムを活用した資金マネジメントを行う企業が近年では増えている。

さらに今後は、単なる資金集約ではなく、ガバナンスの観点からグループ会社の資本・配当政策に踏み込んだルールを定め、グループ会社の適性資本水準を睨みつつ、資金をグループ本社に集約していく動きが加速すると思われる。

（モニタリング・監査体制の整備）

振り返ると、そもそもグループ・ガバナンスが議論された背景は、ガバナンス強化の流れの中で企業の対応が進むものの、それでも発生した多くのガバナンス問題はグループ会社が起点となるものであったことにある。それゆえ、実務指針においても、グループ内部統制については力点が置かれているのは既述の通りである。一方で、実務指針に触れられているように、グループ会社全てに対してグループ本社が直接的に統制をかけることは、実務上は困難である。そのためグループ会社の性質や規模に応じてグループ会社が直接統制を行うか、グループ会社の統制状況の有効性を確認する間接統制を行うか、その選択を検討する必要がある。この際には前提条件において整理した、グループ会社の区分にリンクしてモニタリングと監査体制を整備することが現実的である。

また、グループにおいて一貫した内部統制構築を行うためには、人材の確保と育成、及び情報共有が必要と思われる。特に、多くの企業においてモニタリングや内部監査を担う人材が不足している状況に鑑みると、中長期的にグループ全体から人材を選抜して、人材を育成・配置・ローテーションを行う必要があるが、そのためには当該人員のモチベーションを向上させるためのキャリアパスを検討することも必要である。

（コンティンジェンシー）

これまでの議論において、特に「守り」のガバナンスについては、実務指針においても触れられているが、その多くは平常時における対応であるため、ガバナンス問題が発生した後の、いわゆる非常時についても別途、グループ間で有機的に連携して対応できる仕組みを構築する必要がある。実務指針においては、第３章において有事時対応として整理されているが、重要なポイントとしては、有事における連絡体制の再確認と、グループ全体において有事が発生した場合に機動的に初動対応ができるような組織・体制の在り方であると思われる。

ここまでは、グループ・ガバナンスの構築における、様々な仕組みの構築について整理したが、前述の通り全てを網羅的に実施する必要はなく、自社のグループ経営方針や組織構造、それに伴うガバナンスの強化ポイントに従って取捨選択する、さらには優先順位をつけて一定の時間軸の中で整備を行うことが重要と思われる。なお、グループ・ガバナンスの構築に向けては、ほかにもM&Aやシナジーに関する課題認識を有している企業が多かったことを付言しておく。

コラム5　グループ内でのシナジー創出

「グループ内でのシナジー創出」という表現は、グループ経営において頻繁に見られるものであり、実務指針においてもグループ設計においてシナジーについて言及されている。

しかしながら、実際に企業経営においてシナジーを創出することは、容易ではない。また、執筆の過程でガバナンスとは直接関係ないがシナジーに関する悩みや課題を、多くの企業の経営企画担当者から耳にした。そこで、移行においてグループ内のシナジー創出というテーマを取り上げる。

① シナジーの定義

シナジーという言葉は、いろいろな状況で耳にする言葉であるが、多くの場合、その内容が明確になっておらず、結果として曖昧な概念に過ぎないということが多い。確かに、グループ内に様々な企業が存在する場合には、それぞれの異なる背景やノウハウを共有することにより、何らかの効果が得られそうなイメージがあるが、重要なのがその曖昧なイメージを明確に定義して、自社グループにおいて、どのようなシナジーを獲得するかを意思統一する必要がある。

図表1　シナジーの類型

	内容	競争力強化	効率化
リソース集約型	•グループ内で同種のリソースを集約することによるシナジーを創出	•顧客情報の集約・活用 •グループ人材採用 •R&Dにおける共同研究	•定形業務の効率化 •システム等の統合 •集中購買・調達 •資金の集約
リソース結合型	•グループ各社が有している、異種のリソースを結合することで、シナジーを創出	•クロスセルの展開 •複合サービスの提供	
リソース転化型	•グループ各社が有しているリソースを転用することで、シナジーを創出	•R&Dにおける研究開発シーズの転用 •グループ間での人材転用	•ビッグデータ、AI等を活用した業務改革

（出所）筆者作成

上記は、シナジーの創出形態（リソース集約、結合、転化）と、創出の効果（競争力強化、効率化）で整理したものである。

また、それらのシナジーがグループのどこで発生するかを把握する必要がある。なぜなら、シナジーを享受する部門を特定して、積極的に創出に関与させることが必要だからである。

図表2　シナジーの発生地点

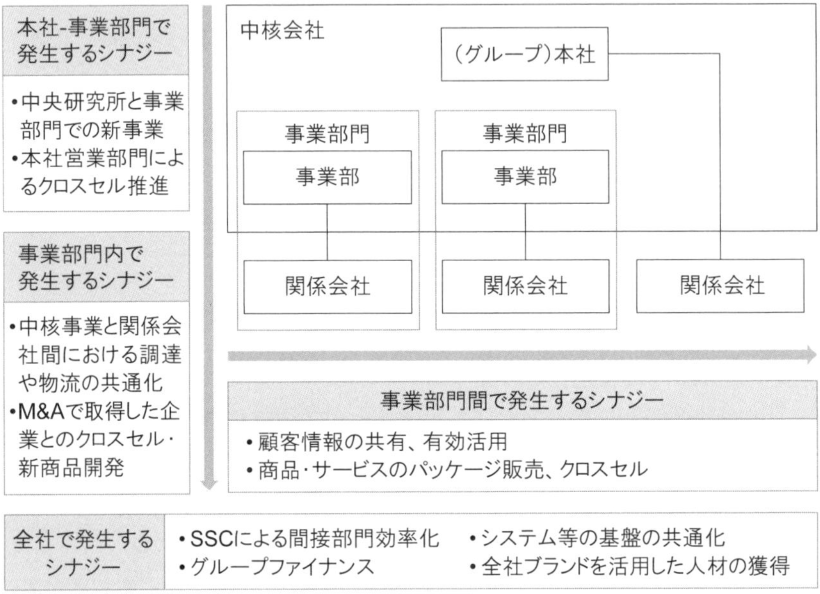

（出所）筆者作成

上図はシナジーを定義し、関連する部門を整理した事例であるが、複数の部門がリソースを持ち寄り協力する必要があることが理解できよう。

② シナジーの創出プロセス

しかしながら、現実はそう簡単ではない。これは多くの企業でグループ経営やM&Aの局面でシナジーを強調しつつも具体的な創出が見いだせないことからも理解できよう。以下、その原因構造を整理する。

先述の通りシナジー創出については複数の部門が関与する性質上、一般的にはグループ本社の管轄となることが多い。そして、グループ本社主導で関係する部門からメンバーを募りプロジェクト等を組成して対応することとなる。その意味では部門協力体制は構築されるのであるが、思うような成果を得ることができないことを多くの企業は経験しているであろう。

図表3　シナジー創出のための取組

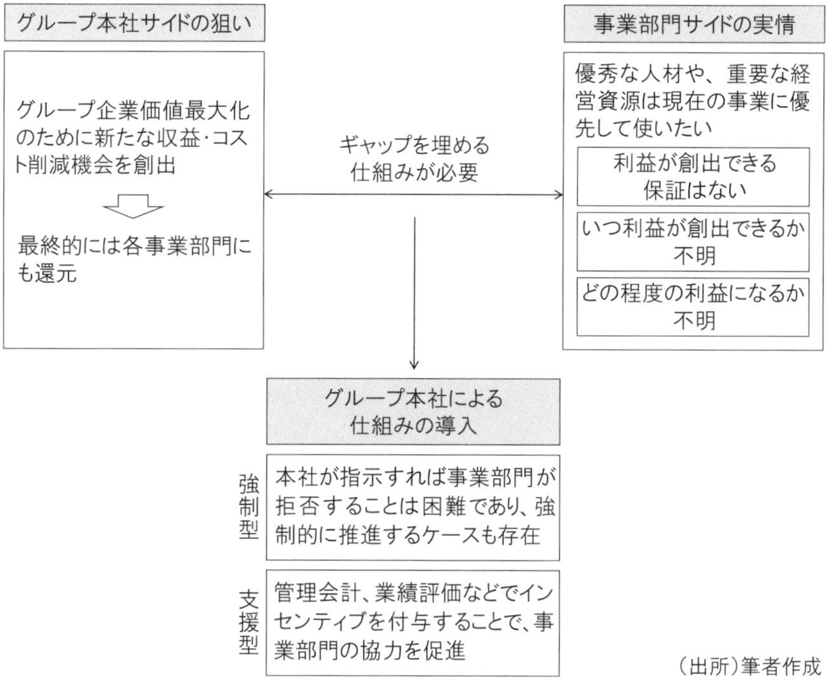

（出所）筆者作成

この理由については端的に説明すると、グループ本社と事業部門の間で認識のギャップが存在することにある。グループ本社は長期的に各事業がシナジーを享受することを目指し当事者である事業部門の協力を求めているが、当の事業部門は当年度もしくは短期的な目標設定の中で活動しているので現実的に確実、かつ利益の水準が読めるものに重点的に人員やリソースを投下したいという意識から、必然的に優秀な人材や経営資源がシナジー創出には投下されていない、その結果として十分な成果が上がらないという構図に陥るのである。

この構図の一番の問題は関連する部門に十分な当事者意識が存在しないという点に尽きる。そのためこのような構図を解消し、実質的なシナジーを創出するためには、①グループ本社が当事者となり、事業部門に対しても人事や経営資源配分に対して主体的に指示する「強制型」か、②事業部門が主体的にシナジー創出に取り組むように経費負担や業績評価などの面でもサポートを惜しまない「支援型」のどちらかの対応となる。

図表4　シナジー創出の仕組みの類型

仕組みの類型	主要な施策	メリット	デメリット
強制型	シナジーを創出推進部門をグループ本社に設置。スタッフを事業部門から吸い上げるとともに、一定の権限を付与して主体的に実施	本社が責任をもって、強制的に実施することで、一定のシナジーは実現が可能となる	事業部門が主体的にならないために、一定期間後に事業部門に上手く引き継げないことが多い
	本社スタッフを事務局とする、グループ横断の会議体を設置、関係者を定期的に招集、進捗を管理	シナジーの推進状況について本社が目を光らせていることにより、事業部門が一定程度実施する	本社への報告のために、形式的に取り組む、もしくはできないことのエクスキューズの場となるケースもある
支援型	クロスセル・パッケージ販売につき、部門間の取引に関する製品・サービスを仕切価で取引し利益を保証	事業部門は一定の利益を保証されるため、ある程度事業部門間での協力体制を作ることができる	主管部門が常に収益が確保される状況でないと、当該シナジーの創出体制が成立しない
	各事業部門からの申請により、一定期間の経費負担・業績評価への反映を実施し、シナジーを後押し	事業部門から自発的にアイデアを上げさせることにより、シナジーに対する積極性を誘引することが可能	所謂ミルク補給であるため、真のシナジーであるか不明であるとともに、自立が遅れる可能性もある

（出所）筆者作成

当たり前であるが、シナジーは自然には発生しないし、誰かが主体的に行わないと中途半端に終わる。多くの企業におけるシナジーが「なんとなく」始まり、中途半端に立ち消えになるのは、シナジーが何か、どこで発生するか、誰の責任でいつまで取り組むのかという共有認識と対応方針の検討が充分になされていない点にある。実務指針においてシナジーの創出がグループ本社の役割ということであれば、今一度この基本動作を再確認すべきではないかと思われる。

3　ケーススタディ

ここまでは実務指針の内容を踏まえながら、グループ・ガバナンスを再構築するための方法論やプロセスについて、実務的な観点から整理を行ったが、本章ではさらに実務的な理解を深めるための参考として、ケースをご紹介する。

本章で紹介するケースは８つであるが、ケースとしての抽出の視点と、グループ・ガバナンスの構築の視点からは下記の通りである。

ケース	参照
1．持株会社によるガバナンス改革	実務指針２　グループ設計 本書４．２　グループ経営の全体構造
2．ガバナンスを意識したグループ再編	本書４．２　グループ・ガバナンスの再構築
3．グループ資金マネジメント	本書４．２．グループ・ガバナンスの再構築
4．資源配分システムの再構築	実務指針３　事業ポートフォリオマネジメント 本書４．２　ガバナンス推進の仕組み構築
5．グループモニタリング体制の強化	実務指針４　内部統制システム 本書４．２　ガバナンス推進の仕組み構築
6．グループ人材マネジメントの強化	実務指針５　子会社経営陣の指名・報酬 本書４．２　ガバナンス推進の仕組み構築
7．グローバル・グループガバナンス	実務指針２　グループ設計 本書４．２　グループ経営の全体構造
8．M&Aとグループ・ガバナンス	本書４．２　ガバナンス推進の仕組み構築

なお、ケースはあくまでも、自社のグループ・ガバナンスを構築するための手がかりに過ぎない。また、全ての企業に有用に活用できるとも限らない。これらを踏まえて、自社のガバナンス構築に有用と思われる部分の参考としていただきたい。

ケース１ ▸▸ 持株会社によるグループ・ガバナンス改革

▶事例会社の概要

Ａ社　大手流通業

▶取組の背景

Ａ社は国内を中心に事業展開する大手流通企業である。同社は中期経営計画を推進してきたが、５か年の計画期間内に業績の大幅な伸長を目指していた。また、計画の実現のためには国内既存事業での自力成長だけでは十分でないとの判断から、①事業領域の拡大、②グローバル強化、③M&Aによる成長実現、という方針で計画の達成を目指すこととしていた。

この中期経営計画の推進の結果、Ａ社の多角化が進むとともに、積極的なM&Aを進めた結果、Ａ社のグループ会社数は50社を超えることとなった。一方でＡ社は従来グループ会社を全て本社で管理していたが、グループ会社の増加と、多角化やM&Aの実施により従来の本社での管理は困難になりつつあり、また社外監査役からコーポレートガバナンス・コードに鑑みると、複数のグループ会社で内部統制上の課題を指摘されたことにより、グループ設計の見直しを迫られることとなった。

▶取組の方針

Ａ社のマネジメントは、グループ設計の見直しを行うに当たって、下記の３つのポイントについて議論を行った。

①　Ａ社取締役及び取締役会が担う責任

②　事業部門への権限委譲

③　本社部門の役割

まず①のＡ社取締役及び取締役会が担うべき役割については、コーポレートガバナンス・コードを意識し、いわゆるモニタリング・モデル（監督の重視）へ移行することとした。したがって取締役会は社外取締役を中心とした構成に移行することとし、議題の内容もこれまでの個別事業の審議から、グループ全体の企業価値向上のための資源配分などへ舵を切ることとした。また、グループ会社数の増加に対しての統制を効率的に行うため、監査等委員会の導入も併せて検討することとした。

次いで、②については、取締役会がモニタリング・モデルへの移行に伴い事業部門に相当の権限委譲を行う方針とした。その際に、現在本社で一括して管理していたグループ会社についても、事業部門に紐づいているものは事業部門が主体的に管理することとした。

さらに、これらの検討を踏まえて③の本社部門については、事業の戦略・管理に関するものは事業部門に移管し、本社がグループの企業価値向上のために、経営陣をサポートしつつ、グループ全体の統制を担ういわゆる「グループ本社」の機能に特化することとした。

そしてこれらの検討を踏まえて、Ａ社の組織構造のあるべき姿を議論した結果、純粋持株会社へ移行することに踏み切った。

▶取組内容と主要ポイント

Ａ社マネジメントの意思決定を受けて、純粋持株会社への具体的な移行がスタートしたが、移行に関しては、持株会社をグループ本社としての機能に特化すること、事業部門への権限委譲を徹底するという２点を重視した。

特に、持株会社がグループ本社機能へ特化するという点に関しては、それにより事業部門に相当の権限だけではなく、業務とそれを担う人材を移管することになるが、事業部門における人員数の増加や効率性の低下を回避するため、一部についてはシェアードサービスを活用することとした。

また、事業部門についてはＡ社より単に事業部門を法人として切り出すだけではなく、主要事業会社に関連するグループ会社を紐づけ、連結ベースでの権限委譲と業績責任を担わせることとした。この結果、持株会社はグループ全体の企業価値向上という面からのグループ経営を担い、主要事業会社は事業セグメント全体の価値向上という面でのグループ経営を担うという形で、グループ経営そのものについての役割分担も明確にした。

図表１　組織改革の基本方針

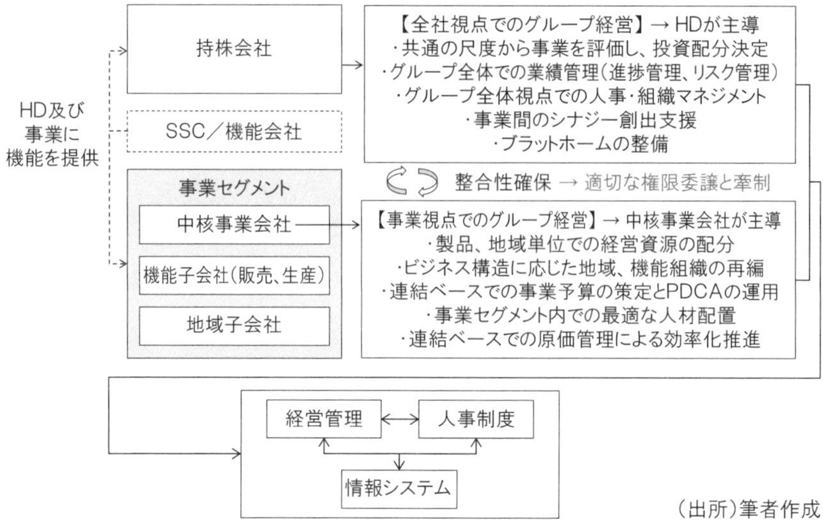

（出所）筆者作成

これらの組織、機能設計を踏まえて、ガバナンス重視の純粋持株会社体制を構築したが、併せてグループ全体での効率化はもちろんのこと、ガバナンスの視点から会社間での管理水準等にばらつきが出ないように、グループ会社に対して、役割や規模などの違いに対して柔軟に対応しうるように、下表のような経営プラットホームの構築をグループ本社主導で実施した。

図表２　経営プラットホームの整備

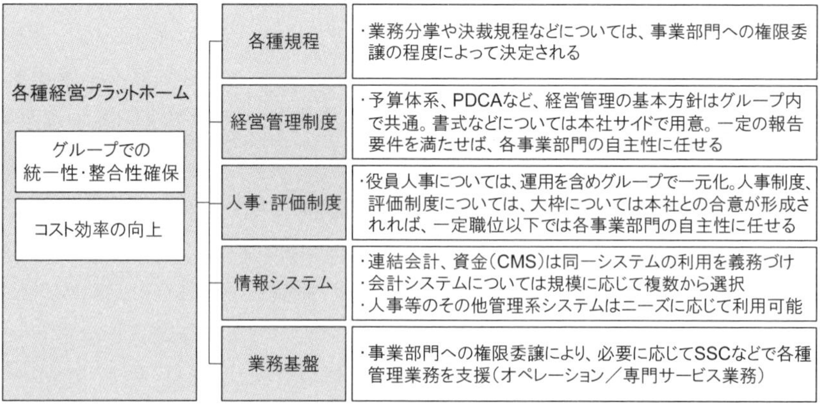

（出所）筆者作成

▶取組の成果と課題

本件検討をもとに、A社は株主総会を踏まえて、純粋持株会社制度への移行に踏み切るとともに、事業部門別にグループ会社を紐づける、いわゆるグループ内再編を併せて実施した。これらの取組に対しての成果と課題は下記の通りである。

取組の成果

純粋持株会社への移行により､事業部門への権限委譲がスムーズになされた。その結果、持株会社の取締役会が、グループ全体の企業価値向上を目指した中長期の資源配分に関する議論を行う一方で、各事業部門の事業執行に対する適切な監督と統制・牽制という目指した形に向かいつつある。また、組織形態を純粋持株会社にした結果、事業部門については法人として分離したため、実態としての財務状況が明確になったことも、ガバナンスの強化に資すると認識されている。

取組の課題

A社においては純粋持株会社に移行したが、前提条件としては、分離した各事業部門が参加のグループ企業も含めて、一定の内部統制を発揮することであるが、現実的には事業部門や内部監査部門のスタッフの質的・量的な不足に直面している。また、組織形態についてもグループ会社が複数の事業部門の傘下であったり、グループ会社間で類似や重複が存在しており、さらなる再編が必要であると思われる。さらには、今後のグループを担う人材を選抜するためのグループ経営幹部の指名･報酬システムの構築などについては未着手であるが、重要な課題と認識している。

ケース２ ▸▸ ガバナンスを意識したグループ再編

▶事例会社の概要

B社　中堅部品メーカー

▶取組の背景

Ｂ社は部品メーカーであり、国内外に製造拠点を有している。Ｂ社が属する事業において業界再編が進む中で、同社は積極的に同業者の買収を実施した。また、事業領域拡大のために周辺部品領域などへの進出も行うとともに、生産・物流効率の向上のために、中国や東南アジア地域を中心として海外に現地法人を設立した。これらの活動の結果、Ｂ社のグループ会社数が増加するとともに、地域や事業領域、機能においてグループ会社間の重複が見られるようになった。

Ｂ社マネジメントにおいては従来では、グループ会社の運営と管理については、所管部門にその権限を委譲していたが、社外取締役や内部監査においてグループ会社の増加と重複による経営上の非効率や、内部統制上のリスクが指摘されるようになったため、グループ本社が主導する形でのグループの再編を進めることとした。

▶取組の基本方針

グループ再編に先立ち、Ｂ社マネジメントはどのような考えのもとに再編を行うべきかについて議論を行い、下記の３つの基本方針を定めることとした。基本方針を定め、マネジメントから発信することとしたのは、かつても何度かＢ社においてはグループ再編を企図したものの、当事者との合意形成が進まず、中途半端な再編に終わることが多かったためであり、これまでの反省を踏まえて、再編においてあらためて関係者に考えを示す重要性を認知したからである。

① 所管部門の明確化

② 事業会社と機能会社の峻別

③ 効率化の徹底

まず、①の所管部門の明確化であるが、Ｂ社において、かつてはグループ会社を本社で一括管理していた時期もあり事業部門のグループ会社に対するオーナーシップが十分とは言えなかった。一方で、複数の事業との接点がある事業会社については、そもそも主導的な役割を果たす事業部門がどこであるかが不明であるという現象も存在した。今回、所管部門を明確にすることは、今後の再編の検討と推進を行う際の責任を明確にするものである。

次いで、②の事業会社と機能会社の峻別であるが、外部に事業機会を求めて収益を確保することがミッションである事業会社と、グループ内の取引が主体でグループ全体での効率化や最適化がミッションである機能会社では、運営プロセスや評価指標、さらには人材要件などが根本的に異なり、これらが混在すると著しく経営効率が落ちるリスクがあるからである。

最後に、③であるがその趣旨は、「なぜ、グループ再編を行うか」という問いに対して明確な回答を発信する必要があったからである。今回、Ｂ社にとってはグループ内の重複排除などの効率化が明確なメッセージとなった。

図表１　グループ再編の基本コンセプト

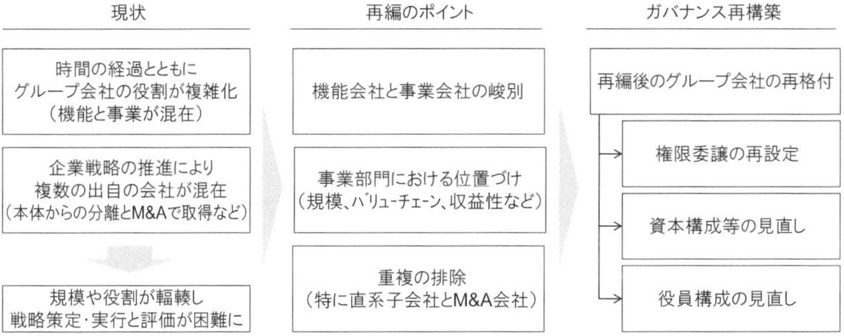

（出所）筆者作成

その上で、背景まで含めて再編のポイントを示したものが上図である。Ｂ社の取組におけるもう一つの重要なポイントとしては、グループ再編を実施後に、再度グループ会社の区分けを行うことである。これによりグループ・ガバナンスとして実施すべき事項が明確になる。

▶取組内容と主要ポイント

基本方針を受けて、B社は事業再編に着手した。具体的には前述の通り、グループ会社に対して所管部門を決定するとともに、事業会社と機能会社にそれぞれを区分した上で、類似した事業や機能をグルーピングした。その上で、グループ会社について下記の再編の可能性を検討した。

・類似した事業や機能を有するグループ会社の統合
・複数の事業を有するグループ会社の分離・分割
・事業会社と機能会社が混在するグループ会社の分離・分割

それに加えて、B社は本社の事業部門とグループ会社との再編についても検討を実施した。具体的には事業部門を分社化し必要であれば既存のグループ会社と統合することや、その逆にグループ会社を事業部門に吸収するなどの可能性の検証である。

図表2　事業部門を含めた再編

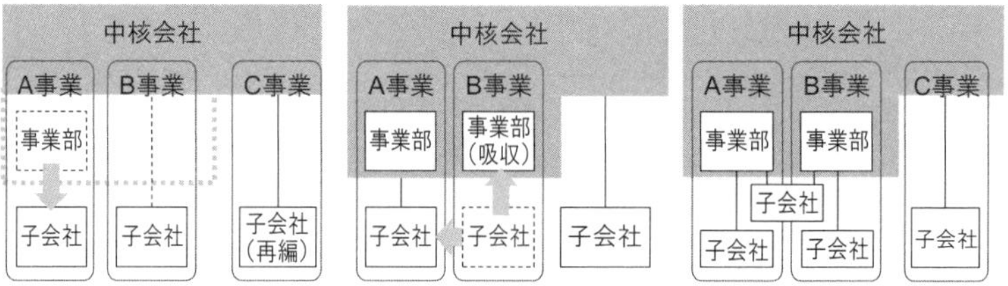

概要	中核会社は持株会社として事業部門を子会社に切り出し、各事業の中核子会社が統括管理する形態とする	事業部門における戦略な重要な子会社を中核会社内の組織に取り組むことにより、戦略の浸透や管理水準を合致させる	法人格の分離を行わずにバーチャルでの管理とする。そのため、業績管理は管理会計が主体となる
Pros	再編コストはかかるものの、事業単位にグループ会社の管理が財務ベースに可能であり。また、権限移譲が明確である	同一法人内の管理であるため、スムーズな横並びの評価が可能。また部門間の人事異動、リソース共有も可能	法人の再編コストが不要であり、また頻繁な再編にも比較的容易に対応できる、複数領域を跨ぐ子会社にも対応可
Cons	中核会社が明確なビジョンを有していないと事業のハンドリングが困難。またモニタリングなどの仕組みがより重要になる	法人格を跨ぐ子会社がある場合の処理が煩雑。また、再編においてコストアップの可能性がある（人件費、再編コストなど）	「法人格に意味を持たせない」というコンセプトを浸透させることが困難である。また、財務会計や実態法人との乖離の管理も煩雑

（出所）筆者作成

さらに、これらの再編のオプションを検討する中で、本格的に純粋持株会社の移行への可能性の議論を実施したとともに、一方で再編の現実性については、法務や会計・税務という観点からも並行して検証を実施した。さらに、管理会計の活用などのバーチャルでの再編の可能性も検討した。

これらの網羅的なグループ再編のオプションを整理し、B社マネジメントの意思決定に資する判断材料を整理して上申を行った。

▶取組の成果と課題

答申を受けて、B社マネジメントはグループ再編を本格的に実施することとして、国内を皮切りに、海外についても中国、東南アジアを優先地域として再編を実施した。以下で、取組の成果と課題を整理する。

取組の成果

グループ再編の実施により、再編前は50社以上あったグループ企業数は30社程度に整理された。特に、中国や東南アジアにおいてM&Aで買収した企業の孫会社と、B社の直系グループ会社を統合したことにより、事業部門とM&Aで買収した企業とのコミュニケーションが増加するという副次的な効果も創出された。また、グループ再編の際に所管部門を定めたことにより、グループ会社のパフォーマンスに事業部門が関心を持つようになった。

取組の課題

グループ再編において、複数の事業部門と連携しているグループ会社においては会社分割を検討したものの、会計・税務上の課題などもあり、管理会計などの代替案で対応することとなったが、主管部門の決定や役員ポストの配分、さらに事業部間での取引価格設定など枠組みが十分に整理されていない。

また、主管部門を決定したものの、ガバナンス視点ではまだ十分に主管部門において有効な内部統制システムが構築されていないという課題があり、今後の重点課題であると認識している。

ケース3 ▶▶ グループ資金マネジメント

▶事例会社の概要

C社　中堅機械メーカー

▶取組の背景

C社は国内外に拠点を有する機械メーカーであり、グループ会社は30社以上を有している。同社の製品は付加価値が高く、海外においても安定した事業基盤を確保しており、グループ会社においては高水準の利益と内部留保を有している。この結果、C社グループ全体としてはキャッシュリッチな状況であり、資金の有効活用のため、CMS（Cash Management System）を活用して資金を親会社であるC社に集約していた。一方で、CMSはあくまでも、グループ会社からの預り金にしかすぎず、グループ会社の中にはCMSによる資金集約にも否定的な企業も存在するため、適正な内部留保水準のもとで剰余金をC社に集約する仕組みの構築が求められていた。

▶取組の基本方針

C社は資金マネジメントを検討するに当たって、下図のように上位概念である財務マネジメントの視点からの課題整理を実施した。

図表1　財務マネジメントの整理

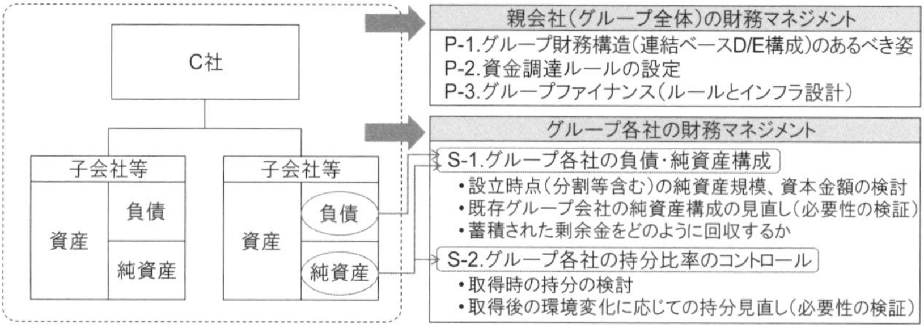

（出所）筆者作成

Ｃ社においては親会社において資金を一括調達しているので、資本コストに関する議論については、今回はグループ会社の資金マネジメントにおいてはスコープ外として、主に純資産の在り方についての検討を行った。

図表２　検討ステップ

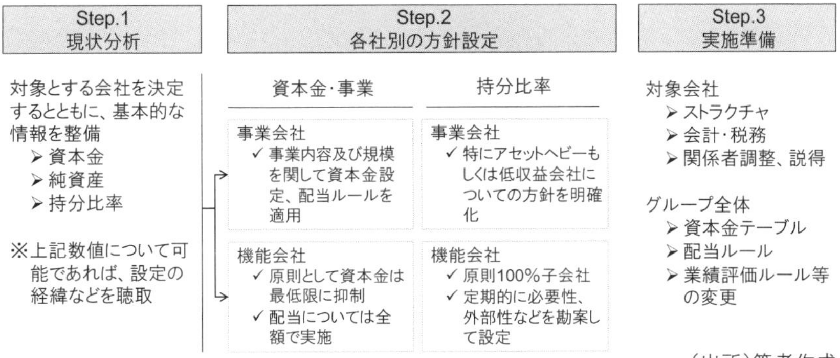

（出所）筆者作成

検討において、まずは現状分析を行ったところ、出資比率については決定にいたる背景やプロセスが把握できたものの、資本金の額に設定については明確な根拠が不明な企業も少なからずあり、また剰余金については配当に関する統一したルールがＣ社として存在していないこともあらためて確認された。

これらの現状認識を踏まえて、純資産と持分比率の検討については下記の方針で行うことを明確にした。

① グループ会社の性質、規模、ビジネスモデルを勘案して資本金額を再設定する

② 上記に併せて、剰余金についての配当方針を再設定する

③ 純資産水準と合わせて、現状においての持分比率と株主構成の妥当性を再検討する

特に、検討においてはグループ会社の純資産水準は事業会社と機能会社においてその在り方が異なるという認識の下で、資本金設定と剰余金配当についてのＣ社グループとしてのルールを明確にすることが重要であるとの結論に至った。

▶取組内容と主要ポイント

C社がグループ各社の純資産水準を検討するに当たっては、まずグループ会社を事業会社と機能会社に分類し、次に各社の事業規模やビジネスモデル、事業計画を参考にして具体的な水準を検討したことは先述の通りであるが、特に多くの機能会社については内部取引が主体であり、なおかつ自己資本で設備投資を賄う必然性がないため資本は最低限とし、必要時にはC社より資金を貸与することとした。一方で、事業会社については対外的な信用を勘案しつつ、運転資本と中長期の投資計画を見ながら一定の内部留保を確保することとした。なお、一般的検討事項として税務戦略の観点から過大な資本とすることを避けるのはいうまでもない。

図表3　総資産マネジメント

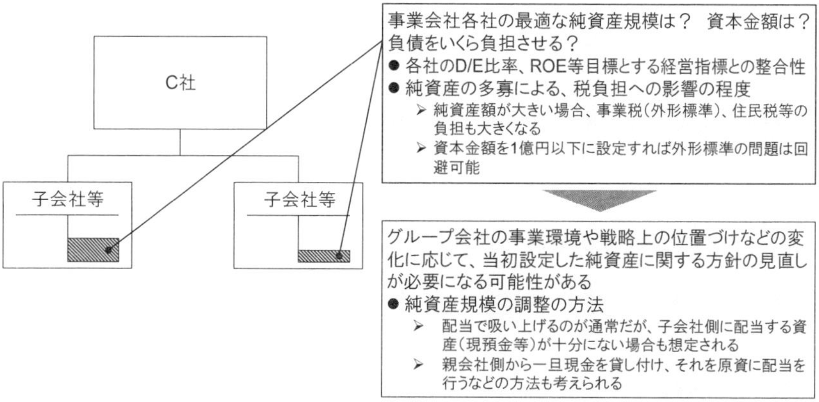

（出所）筆者作成

また、配当政策についても、上記の考えと平仄を併せ、機能会社については原則として発生利益のほぼ全額配当を、事業会社は事業内容と経営計画に基づき一定の配当性向にて一定の配当を受けるというルールを設定した。

そして、これらの原則についてグループ資本金・配当規程を策定するとともに、現状において純資産状況の過不足について、追加の配当や増減資によって調整を行うこととした。さらに、C社はグループ会社の純資産水準と並行して、出資比率の見直しも実施した。理由としては純資産と同様に、グループ会社の出資比率についても設立当初から変更がなされておらず、現実に即さないケースも存在しているためである。なお、出資比率については完全子会社化など出資比率の引き上げがイメージとして先行するが、Ｃ社においては下図のようにグループ会社で収益性や資産効率が低く、戦略的意義が設立当時と比較して薄れているものについてはビジネスパートナーへの出資比率を引き下げることがグループ全体の財務効率にも寄与すると判断し実際の変更に踏み切った。

図表４　出資比率の再検証

【仮の数値によるケース設定】

※1：実質支配や重要性等の要件は考慮していない
※2：簡便化のため、子会社株式は除く数値とする
※3：ROAのRは経常利益と仮定

持分50％（連結子会社）※1

	親会社単体	子会社単体	連結	備考
売上高	1,000億円	300億円	1,300億円	全部連結するため、B/Sは膨らみ、利益率等も子会社の影響を受ける
経常利益	50億円	10億円	60億円	
経常利益率	5.00%	3.33%	4.61%	
総資産　※2	1,200億円	400億円	1,600億円	
ROA　※3	4.16%	2.5%	3.75%	

持分20％（持分法適用関連会社）※1

	親会社単体	子会社単体	連結	備考
売上高	1,000億円	300億円	1,000億円	持分法のため、利益のみ取り込むことができ、経常利益率やROA等の指標が改善する
経常利益	50億円	10億円	52億円	
経常利益率	5.00%	3.33%	5.20%	
総資産　※2	1,200億円	400億円	1,200億円	
ROA　※3	4.16%	2.5%	4.33%	

（出所）筆者作成

▶取組の成果と課題

グループ各社の資本マネジメントの推進により、グループ会社からの資金集約が具体的に進展するとともに、海外グループ会社においては連結財務諸表上の為替換算調整勘定の変動リスクも抑制が可能になった。

一方で、グループ会社から剰余金を回収することについては、グループ会社からの抵抗が少なからず発生しているため、丁寧な説明と、剰余金をＣ社が回収することに対するインセンティブを検討中である。

なお、これらの取組は、税務的な影響が小さく、外部流出の少ない国内完全子会社で実施した。今後は海外グループ会社も含めて対象会社を拡大することを予定している。

ケース4 ▷▷ 資源配分システムの再構築

▶事例会社の概要

D社　大手産業機械メーカー

▶取組の背景

グローバルで産業機械を取り扱うD社は、複数の事業領域を有しているとともに、販売ネットワークや生産拠点もグローバルにまたがる大手企業である。

同社は中期経営計画でも積極路線を標榜しており、事業拡大の実現手段としてのM&Aを活用しており急成長を遂げている。

一方で、株主や社外取締役からは、積極的な投資を肯定するものの、低成長に陥り資本効率が悪化した一部の事業についての対処を求められていたが、おりしもコーポレートガバナンス・コード対応においても事業ポートフォリオマネジメントが重要視されていることもあり、資源配分に関する仕組みを整備することとした。

▶取組内容と主要ポイント

資源配分システム、すなわち事業ポートフォリオマネジメント設計に関しては、それが現実の意思決定に寄与するための仕組みと運用が重要であることは言うまでもない。このため、設計における基本方針を下記の通り整理した。

① 事業ポートフォリオマネジメントの対象となる事業
② 議論と意思決定の場
③ 意思決定に必要な指標

① ポートフォリオマネジメントの対象となる事業

教科書的にはポートフォリオマネジメントを行う場合については、「集中と選択」の考えのもとで、全ての事業を対象にするべきではあるが、実際には祖業や中核事業の比率が高い場合には、当該事業を撤退の対象にすることは現実的には困難である。このため、鉄道や電気、ガスなどのユーティリティ企業については周辺・新規事業のみをポートフォリオマネジメントの対象とすることも想定される。

図表１　ポートフォリオの対象事業

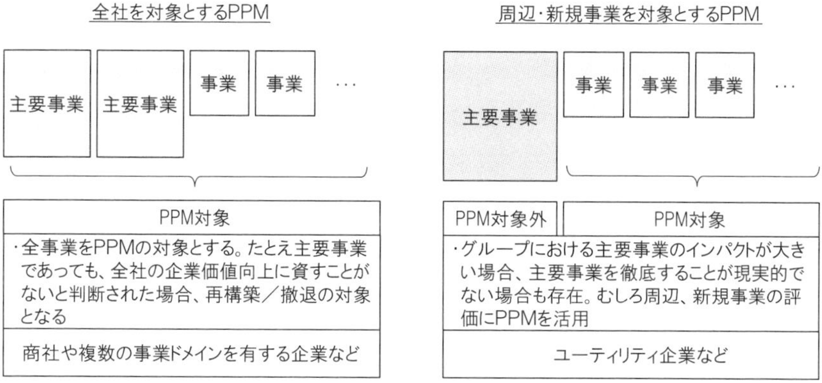

（出所）筆者作成

Ｄ社においても対象とする事業を検討したが、主要事業間の規模格差が小さく、過去においても主要事業の撤退についても経験しているため、全ての事業を対象とするポートフォリオマネジメントを実施することとした。

②　議論と意思決定の場

Ｄ社ではポートフォリオの対象事業の決定に続き、これらの議論を行う場についての検討を行った。

図表２　意思決定の場の整理

	議論・意思決定の場					議論の内容
	取締役会	経営会議	本社	事業部門	G会社	
業績の把握（PDCA）	●	●	●	●	●	それぞれの階層において全社、セグメント連結、個別企業について、それぞれの事業計画を承認、議論、トレースする
企業価値・株主価値	●	▲				トップマネジメント主体で、中長期的な企業価値・株主価値の向上を議論する
経営資源配分（PPM）	●	▲				各事業を評価し、企業価値・株主価値向上の視点から、投資配分や事業の撤退を検討する
グループ資金管理		▲	●			グループ企業の規模や性質に合わせた、資本構造を定義し、適切に資金が集約できるような管理を行う
投資効果の検証			●	●		特にM&Aによるグループ会社については、減損リスクの検証も含めて投資効果の検証を行う
（グループ会社の再編）		●	●	●		上記の議論を踏まえて、グループ会社の再編の是非を検討

（出所）筆者作成

コーポレートガバナンス・コードや実務指針においては、事業ポートフォリオマネジメントは社外取締役を加えた取締役会において活発な議論と意思決定を行う旨が示されているが、実際には、時間的にも内容の理解度からも限界があるため、社内で予備的な検討を行い議論のポイントを絞り込む必要がある。

また、事業ポートフォリオマネジメントの議論は独立して存在するのではなく、結果としての企業価値や時価総額との関連性の議論や、各事業の中期計画や足元の事業計画とセットで取締役会において議論を行うこととした。

③　意思決定の指標

事業ポートフォリオマネジメントの議論を活性化しつつ、企業価値の向上につながる実質的な議論を可能にするためには、意思決定指標の設定が重要なポイントである。コーポレートガバナンス・コードにおいては基本原則３において資本コストを意識すると示されているため、Ｄ社においても原則としてポートフォリオマネジメントにおける基準となる考えは、「同社のWACCを上回ること」と設定した。一方で、WACCと比較する概念についてはROICを採用した。

図表３　意思決定指標の設定

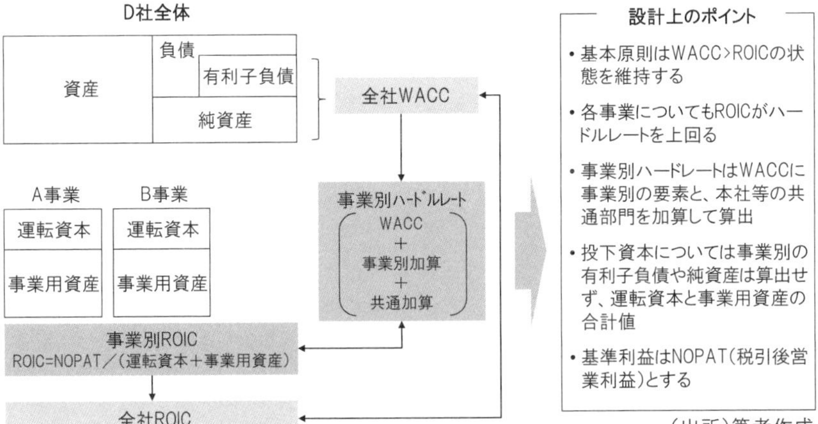

（出所）筆者作成

なお、議論となったのは事業別のROIC算出方法とハードルレートの考えであるが、上図のように自社の会計システムから抽出できるシンプルな指標設計で対応することとした。

▶取組の成果と課題

　検討結果を踏まえて、Ｄ社においてはポートフォリオマネジメントを開始した。具体的には、本社部門がポートフォリオの原案を取りまとめて経営会議で事前に議論を行い、その内容を踏まえて、取締役会において定期的に議論する形となった。

取組の成果

　Ｄ社取締役会や経営会議においてポートフォリオマネジメントが議論されることにより、株主価値や時価総額、及びそれを構成される事業価値について経営幹部での本質的な理解が高まった。特に、資本コストの概念をシンプルに整理したので非財務系の経営幹部にも取組が定着した。

取組の課題

　Ｄ社においてポートフォリオマネジメントは定着しつつあるが、運用に関しては、評価手法や時間軸などの課題が存在しているためにブラッシュアップに向けて他社ベンチマークをしながら改善中である。

図表４　課題事項の整理

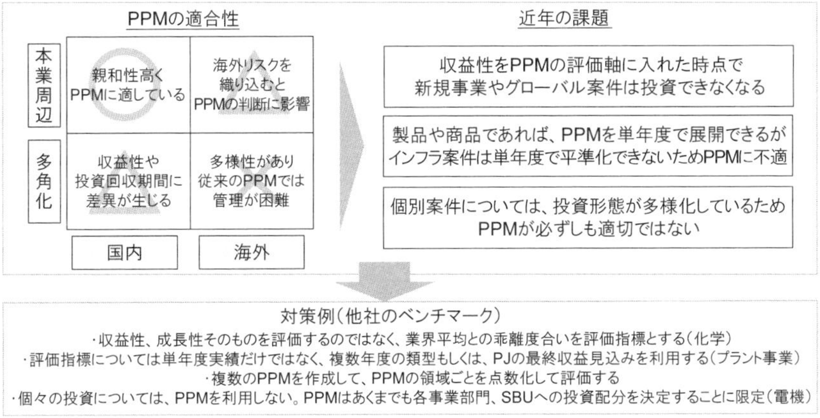

（出所）筆者作成

　さらに、現在は事業部門に有利子負債や純資産の意識づけをしていないが、グループ内の疑似金融制度を導入することでさらなる議論の高度化を今後は進めていく予定である。

ケース５ ▸▸ グループモニタリング体制の強化

▶事例会社の概要

Ｅ社　大手消費財メーカー

▶取組の背景

消費財大手のＥ社は、長期ビジョンと中期経営計画を策定したが、これらを背景にして近年では積極的にグローバル展開を行うようになった。その過程で同業各社のM&Aを推進した結果、グローバル拠点は全世界で20か所、50社以上のグループ企業を抱える企業グループへと成長した。

一方で、グローバルで急拡大した組織に対して、どのようにして適切な統制を維持するかについてはＥ社社外取締役だけでなく、経営幹部の中でも懸念の声が上がっていたが、この間に他社においてグループ企業に端を発するガバナンス問題が頻発したこともあり、ガバナンスの視点からも強固な内部統制・モニタリングシステムを再構築することとした。

▶取組の基本方針

本件の検討に際しては、他社でグループ会社が起点のモニタリング問題が多発したことにより、グループも含めた内部統制システムの再構築を目指すこととした。なお、再構築に関しては以下のポイントを基本的な方針として、詳細な設計を行うとともに関係各所及びグループ各社へ展開するものとした。以下でそれぞれの基本方針について説明する。

① 監査等委員会設置会社への移行

② ３線ディフェンス体制の確立

③ グループ各社の体制との連携

① 監査等委員会設置会社への移行

Ｄ社における内部統制・モニタリング体制を強化するために、第一歩として同社の機関設計について監査役会設置会社から監査等委員会設置会社への移行を基本方針とした。監査等委員会設置会社の移行に際して、監査等委員は内部統制システムに依拠した監査を実施することとした。これにより以下で述べる３線体制の有効性をより外部の視線から監督するという形をとることとした。

②　３線ディフェンスの確立

監査等委員会設置会社への移行に伴い、事業部門において有効なモニタリング体制を構築する必要があるが、基本コンセプトとして３線ディフェンスのコンセプトに拠ることを明確に示すこととした。なお、３線ディフェンスは各事業部門でそれぞれ整備することとし、本社内部監査部門において各事業部門の内部統制を監査し有効性を評価することとした。また、本社内部統制部門は執行部門と監査等委員会の双方に報告するデュアルラインを採用する方針で検討した。

③　グループ各社との連携

Ｅ社がグローバルで50社以上の子会社を有しているが、今後のモニタリング・内部統制の仕組みをどのように有効かつ効果的に行うかを検討する必要があった。原則として、事業部門管下のグループ会社については、事業部門の内部統制・モニタリング下に置き、本社部門管下のグループ会社については、その規模によりグループ会社の内部統制に依拠するか直接統制をするという形で内部統制・モニタリング体制を構築することとした。さらに、体制を強化するために、グループ会社の監査役等については、本社もしくは事業部門の内部統制部門の主要スタッフが兼務することでスムーズな情報連携を担保することとした。

▶取組内容と主要ポイント

上記の基本方針に基づいて、Ｅ社では株主総会直後に監査役等委員会設置会社に移行するとともに、グループ全体としての３線ディフェンスの構築作業を開始した。コーポレートガバナンス対応において、各事業部門に権限委譲を行うためグループ全体の第Ⅰ線は各事業部門として、第２線はグループ本社の管理部門が担うこととし、各種のフレームを事業部門に対して提供し、スムーズな事業部門の内部統制・モニタリングを支援することとした。その上で、ここまでを「日常的モニタリング」としてコーポレート部門が統制の自己評価をして執行組織のトップと取締役に報告する体制を構築した。

図表１　モニタリング体制の整備

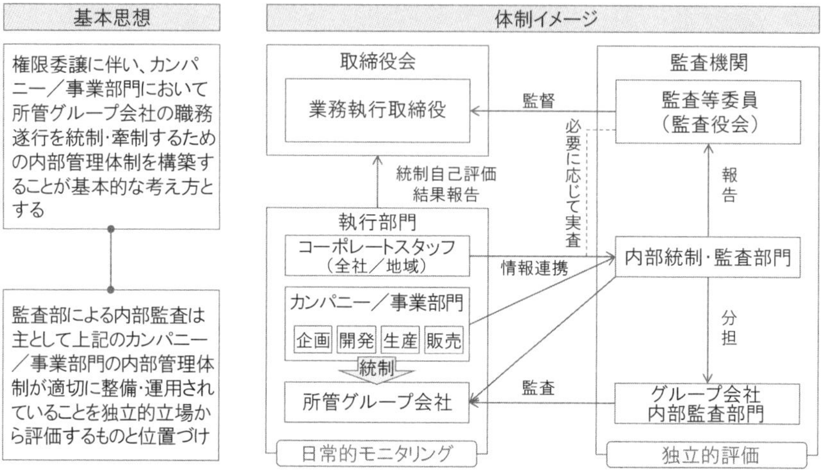

（出所）筆者作成

一方で、Ｅ社の場合は内部統制・監査部門については、グループ全体の第３線のラインとして「独立的評価」として位置づけ、監査等委員とグループ会社の内部監査部門との連携体制を整備した。

なお、今回の再構築により事業部門の内部統制・モニタリング対応要員の不足や、全体としての内部統制・モニタリング業務の効率化対応するため、人材育成と情報システムの強化を併せて実施した。

▶取組の成果と課題

Ｅ社においては監査等委員会設置会社への移行と、デュアルラインを意識した３線ディフェンスの構築をベースとして内部統制・モニタリングの強化に取り組んだ。これらの取組について成果と課題を整理する。

取組の成果

内部統制・モニタリング体制をグループ全体に対象を広げたことで、グループ全体において深刻なガバナンス問題が発生するリスクが低いことが確認できたとともに、将来において脆弱であると思われる部分が判明し、今後の内部統制・モニタリングの方針が明確になったことが最大の効果である。さらに、内部統制・監査部門と、監査役等委員会の連携体制を見直したため、有事の際の対応能力も高まったと思われる。

取組の課題

一応の体制は整備できたものの、事業部門における「日常的モニタリング」に関しては網羅性と精度を上げる必要があり、「独立的評価」においてはグループ会社のカバー率を高める必要がある。また、全体で見ると財務会計領域が大きな比重を占めており、法務、コンプライアンス、情報システム、品質などの領域についても体制の整備・拡大が必要とされる。

なお、将来的には本社部門の第２線の強化が必至であるが、CGS研究会などの議論を参考にして地域、事業、機能の３軸で整理した場合に、本社部門が主導的役割を果たすような位置づけにどのように移行するかを試行錯誤している状態である。

図表２　ガバナンス体制の再構築

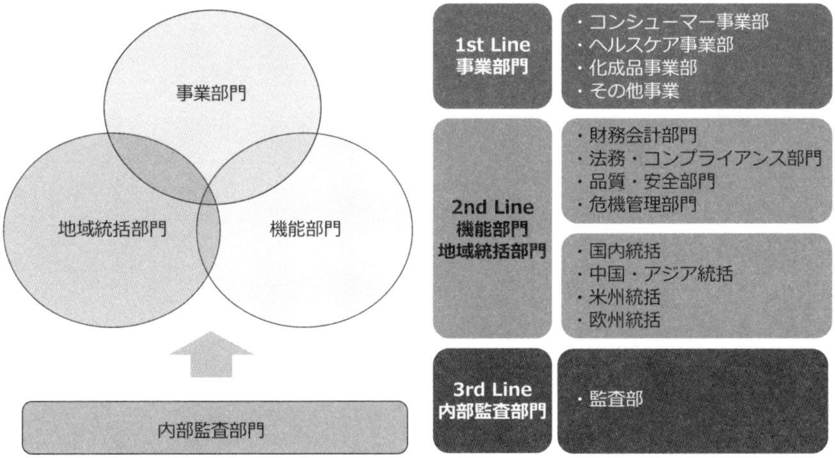

（出所）著者作成

いずれにしてもこれらの取組を進めるためには、監査・内部統制やモニタリングを担う人員が必要であるが、現状においては不足しているので、人的資源の確保ということも大きな課題として認識している。

ケース6 ▸▸ グループ人材マネジメントの強化

▶事例会社の概要

F社　中堅エンジニアリング業

▶取組の背景

F社は純粋持株会社体制の下、各種のエンジニアリングサービスを提供する企業である。純粋持株会社に移行する時点で各中核部門を分社したが、この過程でグループ会社は分社した中核事業会社に資本関係を紐づけし直して統括・管理している。また、同時にガバナンスを意識した機構改革を実施したが、任意の指名・報酬員委員会を設置しており、サクセッション・プランも作成し、取締役会で審議している。

これらの取組に対して、指名・報酬委員である社外取締役より、純粋持株会社の性質に鑑みると、持株会社の取締役についての審議だけでは不十分ではないかという問題提起を受けて、役員人事制度と関連するプロセスについての見直しを実施した。

▶取組の基本方針

役員人事制度の再構築については、社外取締役の指摘に伴って、グループ全体の役員人事制度という視点で検討を実施することとした。そして、検討に当たっては、グループ役員人事として下記の基本方針を定めた。

① 純粋持株会社と主要事業会社を一体とした制度設計

役員人事制度の最も重要な基本方針として、純粋持株会社と中核事業会社を始めとした主要事業会社の役員人事をリンクさせて一括で、指名・報酬委員会において審議する。

② グループ全体でのサクセッション・プランへの移行

中長期におけるグループトップの候補者を見極めるために、純粋持株会社及び、事業会社の経営幹部を対象にして中期的な選抜と育成を繰り返す形での検証を行うように、サクセッション・プランについての改訂を実施する。

そしてこれらの基本方針を実施するために、必要に応じて情報共有ができる仕組みも構築する方針である。

▶取組内容と主要ポイント

Ｆ社グループ役員人事制度の再構築に当たっては、純粋持株会社（以下「HD」とする）と事業会社間においては、経営幹部が一定のルールの下で異動することが前提条件となっているが、その概念については下記の通りである。

図表１　グループ内でのローテーション

経営幹部の類型

HD 経営層候補	グループ経営を担う人材として複数の事業領域において経験を蓄積できるキャリアパスを設計する。
事業会社 経営層候補	同一事業領域内（X事業、Y事業）で複数の事業会社の経験を蓄積できるキャリアパスを設計する。
専門人材	経理、法務、人事等の専門人材としてグループ横断のローテーションにより専門性の向上とグループのノウハウ共有を図る。

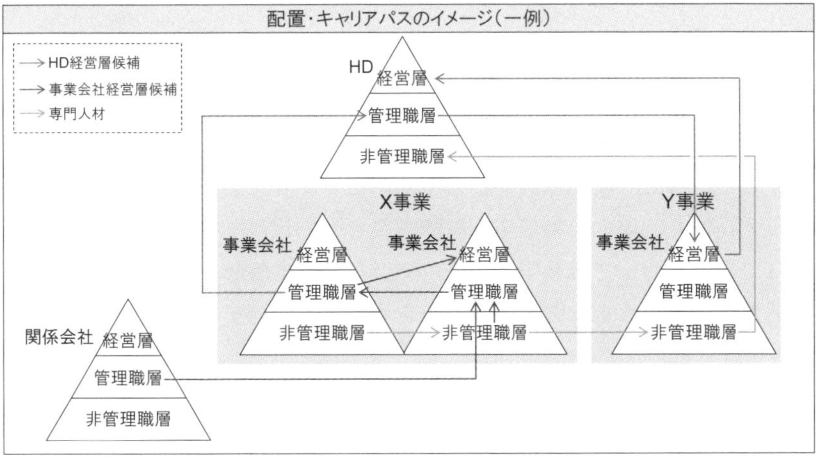

（出所）筆者作成

具体的には、指名・報酬委員会において、ノミネートされる人材は図表の「HD経営層候補」の区分に属しており、HDと事業会社間の幹部職として異動を重ね、最終的にHDの経営陣に選抜されるというキャリアパスになる。さらに、事業会社の経営者候補に関しても、図表の「事業会社経営層候補」という形で同様な構造による事業会社とその傘下会社で人材のローテーションを実施するという幹部層のキャリアパスを構築した。

さらに、グループ会社間において経営幹部候補人材のローテーションを円滑に行えるようにグループ会社を格付けし、下図のように格付けと職位の対応関係を明らかにした。

図表2　グループ全社の格付け

<table>
<tr><td></td><td colspan="4">HDにおいて幹部人材のプール・必要において異動</td></tr>
<tr><td></td><td>HD</td><td>事業会社</td><td>A格会社</td><td>B格会社</td></tr>
<tr><td rowspan="3">指名・報酬委員会の付議対象</td><td>取締役</td><td></td><td></td><td></td></tr>
<tr><td>執行役員</td><td>取締役</td><td></td><td></td></tr>
<tr><td>部門長</td><td>執行役員</td><td></td><td></td></tr>
<tr><td rowspan="3">HD所管
↑
任免:HD決裁</td><td>部長</td><td>部門長</td><td></td><td></td></tr>
<tr><td>副部長</td><td>部長</td><td>取締役・執行役員</td><td rowspan="2">取締役・執行役員</td></tr>
<tr><td>次長</td><td>副部長・次長</td><td></td></tr>
<tr><td rowspan="6">↓
担当事業会社所管</td><td>部長代理</td><td>部長代理</td><td rowspan="2">部長～部長代理</td><td rowspan="3">部長～部長代理</td></tr>
<tr><td>課長</td><td>課長</td></tr>
<tr><td>課長代理</td><td>課長代理</td><td rowspan="2">課長</td></tr>
<tr><td>係長</td><td>係長</td><td rowspan="2">課長・課長代理</td></tr>
<tr><td>主任</td><td>主任</td><td rowspan="2">係長・主任・職員</td></tr>
<tr><td>職員</td><td>職員</td><td>係長・主任・職員</td></tr>
<tr><td></td><td></td><td colspan="3">事業部門の判断で人員ローテーション
（社格にしたがい、人事制度を整合）</td></tr>
</table>

（出所）筆者作成

これらの整理により指名・報酬委員会への付議対象となる役職と人材を明らかにするとともに、経営者候補としてサクセッション・プランに組み込む対象の役職と人材を明確にして指名・報酬委員会へと報告するように手配した。

さらに現在において各社で統一されていない基本報酬とインセンティブについても職位ごとに大きなガイドラインを作成する方向で準備を行っている。

▶取組の成果と課題

Ｆ社における、グループ経営幹部人材のマネジメントは現在スタート段階であり、今後は統一的なグループ役員指名・報酬システムへの移行を本格化させる予定であるが、推進においては様々な課題が存在する。

取組の成果

取組による初期の成果であるが、従来はグループ会社の役員については、HDから指名された者以外についてはその経歴も含めて十分な情報がないというのが実情であったが、取組によりグループ各社の役員についての履歴が管理されるようになり、さらには一定以上の職位の人事データもHD人事部門で把握できるようになった。グループ人事部門は現在、この情報をベースにしてサクセッション・プランを意識した経営幹部育成のためのグループ全体での研修やグループ間の経営幹部の相互交流などを推進している。

取組の課題

本取組によりHD人事部門が積極的にグループ幹部社員の情報を収集し、グループ内の幹部人事に関して施策を実施することについては、グループ会社からみると必ずしもポジティブに感じられていない。理由としては、グループ各社の社長を中心とした役員・経営幹部の多くは「降りてくる人事」、すなわち持株会社もしくは主要事業会社の出身者のポスト確保の施策の意味合いが強かったことにある。このため、グループ各社のプロパー幹部のモチベーションを維持できるようなグループ経営幹部に関する人材施策を検討する必要があるとともに、OB人事施策についても抜本的な見直しが迫られている。

なお、報酬マネジメントについては基本報酬から検討を始めているが、その水準については業種や地域により多様性があること、差額をどのように処理するかなどについて、今後さらなる調整が必要である。

ケース７ ▸▸ グローバル・グループガバナンス

▶事例会社の概要

G社　中堅機械部品メーカー

▶取組の背景

G社は産業用機械メーカーに対して基幹部品を供給するメーカーであり、国内の事業所の他に米州、中国、アジアで事業を展開している。グローバル化の過程は納入先のグローバル化と歩調を合わせてきたが、その手法については自社設立の他、他社との合弁会社設立によるアライアンス、さらにはM&Aの活用など状況に応じて使い分けをしているため、海外グループ会社のバックグラウンドは多様なものとなっている。

一方で、ガバナンスの観点からも海外グループ会社の統制が必要になっていたが、これまでの背景や、現在の本社や事業部門との関係を行わずに単に統制を強化するだけでは、海外グループ会社の負担増につながるために、全体構造を再度検証しつつ再構築を行うこととした。

▶取組の基本方針と実施ポイント

海外グループ会社の統制については、G社のグローバル戦略に従って構築する必要があるため、あらためてグローバル戦略を確認しつつ、下記のようにグローバル・グループガバナンスの基本方針として下記の４つを定め、それに従い各種のルールを再構築することとした。

①　グローバル戦略の主体

G社については、納入先に応じてビジネスモデルが異なるため、SBU（事業戦略ユニット）を設定し、SBUに権限を委譲して戦略の立案・実行を担わせている。グローバル展開についても同様にSBUごとに展開する地域やリソース配分が異なることが明確であり、そのためSBUがグループ会社も含めて、グローバル戦略の策定と推進、管理を担うものとした。

②　海外グループ会社の統括

海外グループ会社については、それぞれ設立の背景と手法は異なるものの、その多くは特定の事業目的のために存在しており、どのSBUとの結びつきがあるかという関係性は明確であった。そのため、海外グループ会社については原則として、必ずどこかのSBUが主管部門として統括する、いわゆる「紐づけ」を明確にした。

③　海外グループ会社の管理ルール

事業執行の権限についてはSBUに委譲したものの、グループ全体としての管理の一貫性やガバナンスの観点から、経営管理や内部統制・モニタリングについての基本ルールは本社サイドで設定することとした。具体的にはグループ経営管理規程や決裁権限規則、業績報告・管理会計ルールについては本社サイドで統一のものを策定し、個別の管理についてはSBUが行うこととした。

④　地域統括会社の設立

事業執行についての権限委譲をSBUに対して行い、原則的には自己完結で経営管理や内部統制を行うものとした。これにより、グループ全体の内部統制・モニタリングシステムは第1線がSBUとなり、第2線及び第3線の役割については本社が担うが、日本から全てを実施するのは現実的ではないため、新たに設置する地域統括会社に担わせることとした。

これらの基本方針を整理すると下図のようになる。

図表1　グローバル体制の基本方針

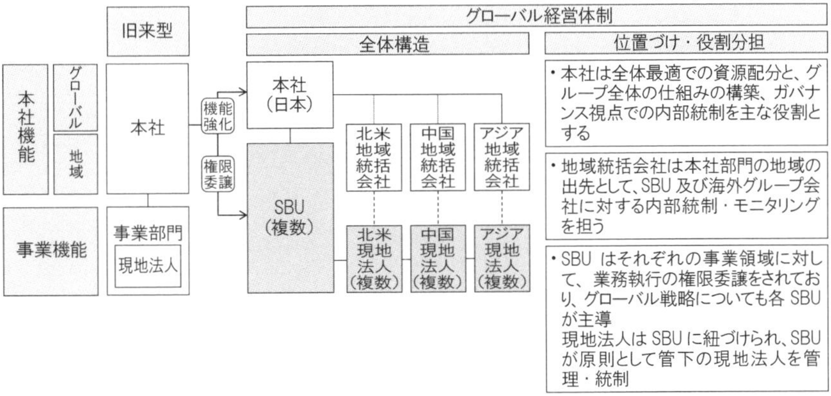

（出所）筆者作成

補足すると、地域統括会社は本社の「出先」であり、主に担当地域における各種規程・ルールの整備と運用状況の確認を行う。なお、確認における観点であるが、規程やルールがSBU間で整合がとれているか、またはこれらの規程が現地の実情に合致しているかなどが主なものである。

なお、SBUにおいてはグローバル対応も含めて権限委譲を受けているが、グループ会社の管理については、スタッフの質・量的な制約もあり、十分であるとは言えない。このため、一定の支援をSBUからも求められているため、地域統括会社にシェアードサービスセンターのような支援機能を付加することも現在検討している。

▶取組の成果と課題

G社のグローバル・グループガバナンスの取組は、SBUにグローバル戦略も含めた事業執行に関する権限委譲を前提とした体制の構築であるために、社内的にも大きな変革であった。以下においてはその成果と課題を整理する。

取組の成果

従来においてG社の組織は国内と海外諸地域はそれぞれ独立したレポートラインになっていた。そのため、事業部門と海外グループ会社の目線が合わず、経営的な非効率が発生していた。また、地域を統括する役員が、必ずしも全ての事業に精通していないという問題も存在していた。

図表2　組織体制の変化

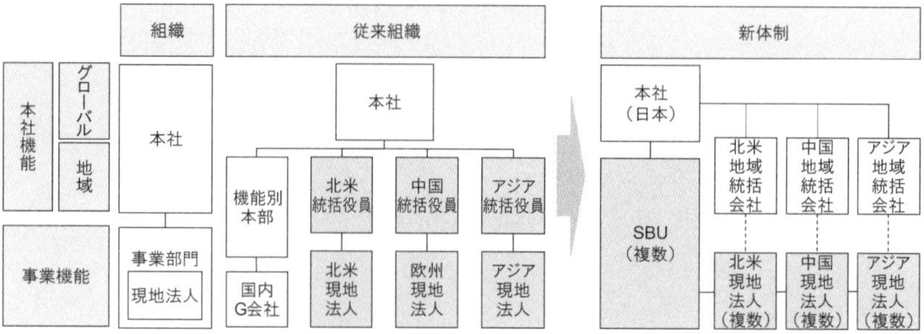

（出所）筆者作成

その意味で、上図のような体制へと移行したが、取組によりSBUが直接海外グループ会社を統括することになり、円滑なグローバル戦略を推進することが可能となった。さらに、地域統括会社の役割を明確に示したことで、他社の事例で散見されるような指示系統の混乱を回避することができるとともに、全社として推進すべきガバナンスの方向性も明確になった。

取組の課題

前述の通りグローバル体制の移行は、機能別・地域別であったG社の組織事業別に転換を行ったため、多くの改革を伴うこととなった。中でもSBUに相当の権限委譲を行ったため、SBUでグローバルの事業管理を実施することになったため相当のスタッフを手配する必要があるが、現状では対応余力が不足している。また、海外グループ会社はSBUに紐づけられたものの十分なコミュニケーションが確保されていない。この状況が続くことになれば内部統制システムにおいて第Ⅰ線の体制が極めて脆弱となる可能性がある。このリスクを低減するために、人員体制が整備されるまで地域統括会社が暫定的に業務支援を行うなどの対応を行っている。

なお、地域統括会社においてもグローバルにおける内部監査体制の確立という観点では、人員の確保と教育も含めた体制の強化が必至である。

ケース 8 ▸▸ M&Aとグループ・ガバナンス

▶事例会社の概要

H社　大手インフラ製造業

▶取組の背景

インフラ関連の事業を手掛けるＨ社は、国内需要の長期的な減少を見越して、グローバルでの事業獲得を中期経営計画において標榜しており、多額の投資資金を投じて、積極的にM&A戦略を推進した。この結果、Ｈ社の企業規模は急速に拡大したが、一方でPDM（Post Deal Management：M&A後のマネジメント）という観点では、買収企業を適切にグループ会社として「手の内に入れる」には至らず、一部の買収企業は「買収したまま」になっていた。

この結果、企業規模は拡大したものの、いくつかの買収企業において業績不芳を事前に把握できず、財務諸表や企業価値にネガティブなインパクトを与えることとなった。また、一部の買収企業については、Ｈ社との協議や承認なしに大型プロジェクトや投資がなされていることが事後的に判明し、社外取締役から抜本的な対応を求められることとなった。

▶取組の基本方針

同社の中長期の事業戦略はグローバルでの事業拡大であり、そのために今後もM&Aは重要な戦略の実現手段であることは今後も変化しないということで経営陣の意識は一致していた。その上で、今後も積極的にM&Aを継続していく中で、株主を中心としたステークホルダーの理解を得るためにもガバナンスを意識した対応が必要であるため、特に下記の方針を定め、これらの方針に基づき新規M&Aに対しての対応プロセスを再定義した。

① 特に買収検討時点からPDMを意識する
② 買収企業もグループ会社管理の枠組みに入れる
③ グループ会社管理の枠組みに応じた権限設定を付与する

▶取組内容と主要ポイント

Ｈ社は自社のM&Aマネジメント方針を再整備したが、前述の通りM&Aの検討・推進段階からPDMを意識すること念頭にプロセスの再設計を下記のように定めた。

図表１　買収プロセスの再検討

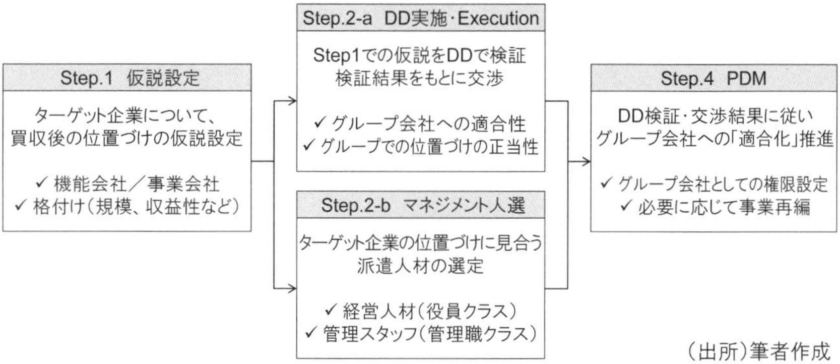

（出所）筆者作成

プロセスの概要であるが、まず買収の初期段階（Step Ⅰ）において、対象会社が自社のグループに入った場合、グループ会社として管理するのかを自社のグループ会社管理規程を参照しつつ、管理する場合は、どのような権限委譲を行うかの仮説を設定する。そして、その仮説を買収の実行段階におけるデューデリジェンスによって検証し、グループ会社としての適合性があるか否かと、グループ内での位置づけを明確にする（Step２-a）。さらに、この検証によって明確にされた位置づけをもとに必要な経営幹部やスタッフの派遣を事前に検討する（Step２-b）。これらの事前検証を踏まえ、買収完了後にスムーズにPDMを実施し、グループ会社へ「適合化」させることとなる（Step３）。

この中で重要なポイントは、M&Aで買収した企業であろうと、原則としてはＨ社のグループ会社の管理規程やルールを適用させるという点である。どこまで権限委譲を適用するか、どの程度の人材を派遣するか、そしてどの程度の経営情報を報告させるかなどは、M&Aで買収した企業はこれまで曖昧であったという反省を踏まえた上でのプロセスの再構築である。

また、大型M&Aの場合は、スムーズなグループ会社化を進める上で、どの管下に置くかということも重要な検討事項である。

図表2　大型M&Aにおける取得会社の位置づけ

事業部門に編入	地域統括会社化に編入	本社が管理
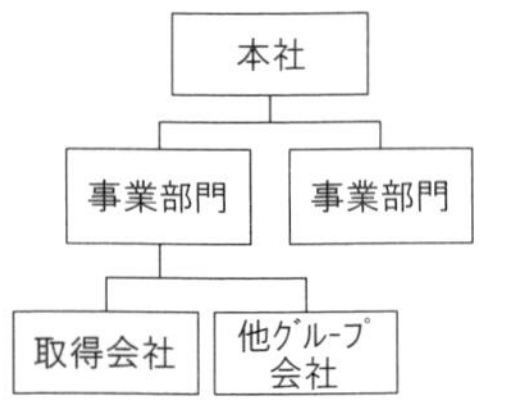	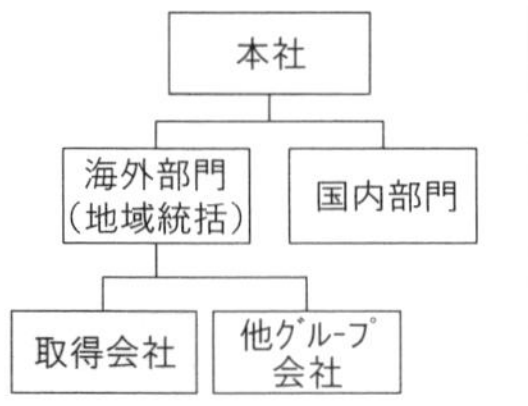	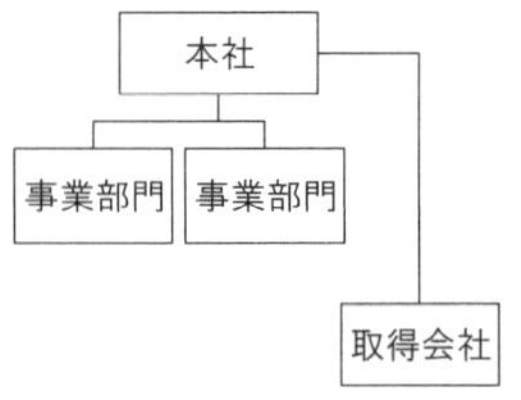
・M&Aで取得した会社を、親和性の高い部門に紐づけて管理させる。基本的には、再編も含めて事業部門が、以降の運営に責任をもつ。 ・事業部門主導でのM&Aであれば、取得目的などの経緯を理解しているが、本社主導のM&Aの場合は、「突然降ってきた」ケースも散見。M&A戦略レビューも含めた情報共有が必要。	・M&Aで取得した会社を、地域統括会社などの、海外統括部門の下に置く。海外統括部門、もしくは傘下の地域統括部門で、他のグループ会社等との再編を必要に応じて実施する。 ・なお、現実問題として、業態の異なる子会社を地域統括でハンドルすることは困難である。逆に、単一業態の場合は、このような形態が有効である。	・新規事業や、複数部門にまたがる機能会社などをM&Aで取得した場合は、本社において一括管理を行うことが妥当である。 ・事業会社管下であったものの、業績不振で立て直しを行う必要があり会社、もしくは売却予定の会社などは、本社が必要に応じて管理する。

（出所）筆者作成

原則としては、M&Aで買収した会社については、同一の事業領域をつかさどる事業部門が主管となることが望ましいが、インフラ企業であるＨ社の場合は、M&Aが海外企業であることも十分に想定される。その場合は迅速なコミュニケーションを想定して地域統括会社に主管させることも想定される。

さらにM&Aの規模が大きく、自社の事業部門よりも大きい場合は、担当すべき事業部門がハンドルできない状況が想定されるので、一定期間は本社直轄ということも考えられる。いずれにせよ、買収検討段階において、グループ会社としてどのように取り扱うかを検討する必要性をＨ社では認識し、十分な検討ができるような業務プロセスの設計を取り入れたのである。

▶取組の成果と課題

Ｈ社においては、上記のプロセスの再構築案を取締役会で議論を行い、一定の肯定的な評価を受けて導入を正式に決定した。

取組の成果

本プロセスの正式導入後にM&A案件の持ち込みがなされたこともあり、これらの案件について、グループ会社として適合するか、どのように権限委譲を行い管理すべきか、内部統制システムをどのように有効に働かせるかなどを行った。これにより従前のM&Aの交渉においては触れていなかった、買収後の取り扱いについて相手側とも実質的な議論が進んだことにより、当該取組がM&Aリスクの低減にも実際に寄与していると思われる。

取組の課題

本プロセスの導入については、新規M&A案件については一定の有効性を発揮することが明らかになったが、一方でM&Aの推進場面において、調査項目の増加や、相手との交渉ポイントが厳格化することでM&Aが成立しなかったケースも増加することになった。

また、本プロセスは新規のM&A案件に対して有効ではあるが、すでに完了した案件については、個別に仕切り直しが必要になり、十分に手がついていないという実情も存在する。

4　グループ・ガバナンス強化のために

本章では、実務指針を意識しつつ、具体的な検討を進めるための考え方を整理するとともに、重要と思われるいくつかのテーマについてはケースを紹介した。もちろん、ここまでの考え方は一般的な考え方を解説したものであり、取組の実効性に関しては、企業の置かれている状況や、ガバナンスに対する経営者の感度にも影響されることは間違いないが、大きな潮流としては中長期の企業価値向上の視点において、企業としては確実に自社の実態に応じて計画的にガバナンスの高度化に対応していく必要がある。

ところで、ガバナンスの対応といっても様々な要素が含まれておりため、異なる所管部門で個別に対応しており、その結果、全体として手戻りが多いということも散見される。企業においては、効率的なグループ・ガバナンスを強化が求められているのは言うまでもなく、そのためには自社のガバナンスを取り巻く状況を把握した上で、今後のガバナンスの方向性を明らかにし、それを実現するための取組項目を抽出し、相互の関連性を踏まえ優先順位を明確にした時系列でのマスタープランを作成することが望ましい。下図は、具体的にガバナンスの基本構想とマスタープランを作成するための流れを事例として示したものである。

図表3-28　グループガバナンスの取組概要（例）

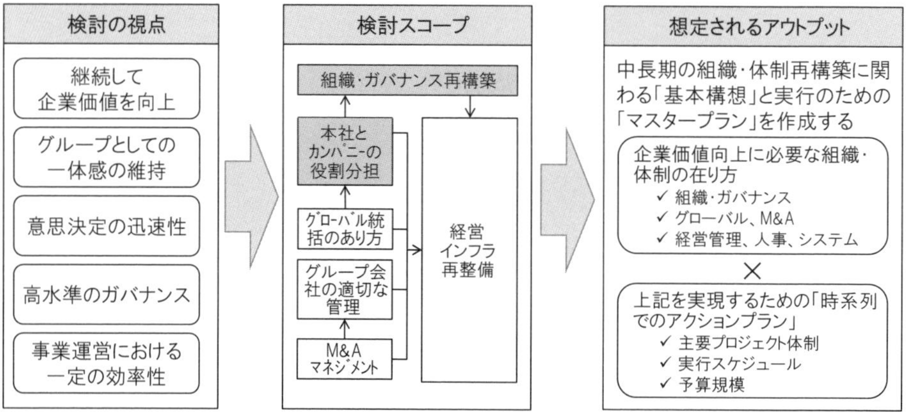

（出所）筆者作成

その上で、グループ・ガバナンスの強化を具体的な推進においては、取組項目が相互に関連するため前後関係を明確にして効率化に進める必要があるが、それに加えて取組を担当する、総務や経理、人事、さらには情報システムなどの複数の部門が、個別最適に陥らないように全体の目的と個々の取組の関係性及び達成までの時間軸を共有してもらうことも重要である。その意味でも初期に基本構想を検討することは非常に重要であるといえよう。

図表3-29　マスタープランの整理（例）

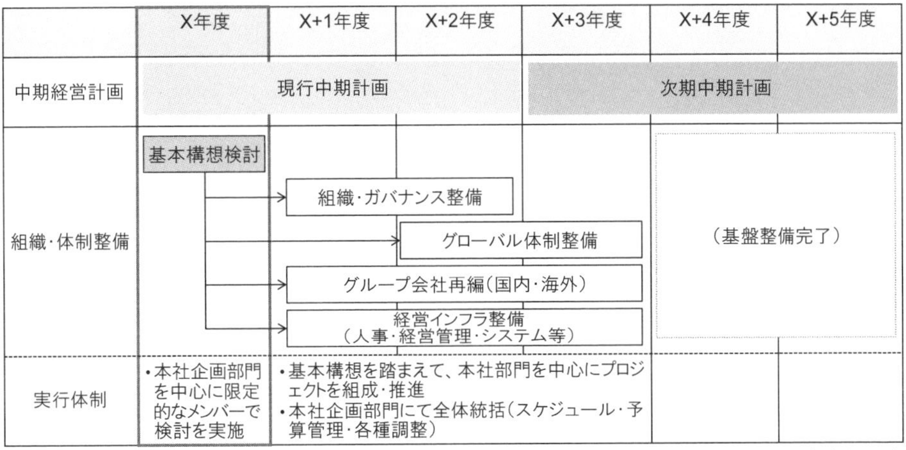

（出所）筆者作成

上図は基本構想を共有しながら、取組項目を展開するマスタープランの事例であるが、基本構想にてグループ・ガバナンスの方向性を明確にしつつ、取組項目の前後関係を整理し、関連部門とコミュニケーションを高めて推進状況を管理するプロジェクトマネジメントが必要になる。そして、これらのプロジェクトマネジメントを円滑に進めるためには、経営の観点から各部門を横串で束ねることのできる経営企画部門のような部署が取り仕切ることが望ましい(55)。

---

(55) 近年においてガバナンス対応において経営企画部門が関与を強めているのはこのような背景が存在するからであると思われる。

第４部　グループ・ガバナンスの課題と今後

本書はここまでで、グループ・ガバナンスが重視される背景を整理した上で、2019年6月に公表された実務指針についての解説をするとともに、具体的にグループ・ガバナンスを円滑に進めるためのポイントについて事例を交えて説明した。これらを踏まえると、グループ・ガバナンスについては本格的な議論が開始されて間もないため、企業にこれらの考えが浸透し、実効性のあるものになるまでは様々な現実的な課題が存在しているため、中期的視点をもって計画的に対処していく必要があると思われる。

一方で、グループ・ガバナンスについては実務指針において、今後残された検討事項についての議論をすることも含めて、さらなる高度化に関しての模索が進むと思われる。また、それとともにSDGsやESGなどガバナンスの概念を包含する流れを認識していく必要があろう。

そこで、第4部においては、グループ・ガバナンスの取組における今日的な課題を整理するとともに、グループ・ガバナンスを含めた今後のガバナンスの方向性について整理を行いたい。

図表4-1　グループガバナンスの課題と今後の展望

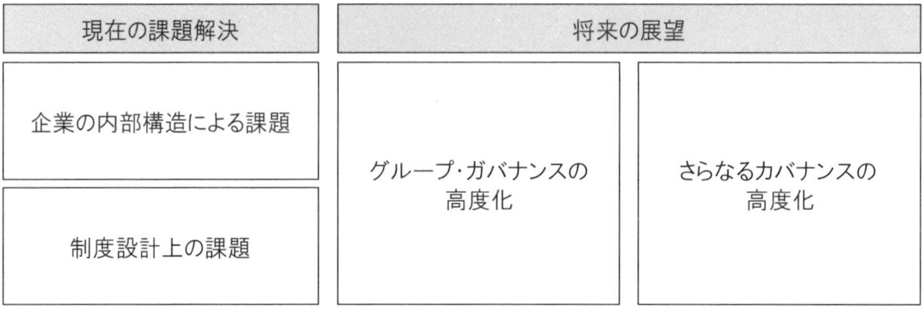

（出所）筆者作成

1　グループ・ガバナンスの課題

コーポレートガバナンスについての議論は、すでに2000年代初期より行われていたが、企業にとって本格的に取組が始まる契機となったものは、2015年のコーポレートガバナンス・コード（CGC）の導入である。さらに、これを補完する形でCGSガイドラインと、今回の実務指針（グループガイドライン）が公表されており、企業サイドとしてコードや指針についての対応力が問われている。

一方で、CGCは一定の規範性を有しているものの、実務指針は考え方やベストプラクティスなどを示したもので、具体的な対応策は自社の状況に応じて検討するものと思われる。

以下は、コードや実務指針に応じて企業が対応すべき事項を整理したものであるが、対応の際には様々な課題が発生するものと思われる。

・取締役会・取締役の在り方
・社外取締役の活用の在り方
・経営陣の指名・報酬の在り方
・指名委員会・報酬委員会の活用の在り方
・事業ポートフォリオマネジメントの在り方
・内部統制システムの在り方
・子会社経営陣の指名・報酬の在り方
・上場子会社のガバナンスの在り方

これらの課題については、外部環境によるものなのか、企業の内部構造に起因するものかを整理して、対応方針を定めるべきであると思われる。以下では、外部環境と内部構造それぞれの課題構造を整理しつつ、解決のアプローチについて論じていく。

⑴　外部環境面の課題

まずは、外部環境面の課題から整理する。ガバナンス対応においては、CGCや実務指針に照らしながら進めると思われるが、外部環境による制約も当然ながら存在する。

(法令や制度に起因する課題)

外部環境による制約については、例えば法律を中心とした制度に起因するものがある。特に、取締役会及び取締役については会社法の定めと、ガバナンスが目指すものにギャップが存在する。例えば、取締役会においては「監督」と「執行」の分離という観点から、業務執行についての権限委譲を行うことがガバナンス上は推奨されているが、取締役会において取締役会で一部の事項が決議事項とされているので、完全なモニタリング体制へ移行することが困難であることや、多くの企業で利用されている執行役員制度は会社法上で規定されていない任意の役職であるため、直接の権限委譲の対象となりえず、厳格な要件を求める指名委員会等設置会社で執行役を選任するか、現状の機関設計で業務執行取締役を選任することとなるが、後者を選択した場合は、取締役の責務において執行責任と監督責任が混在することとなる。また、実務指針で示されている指名委員会・報酬委員会は、指名委員会等設置会社以外は、会社法上は任意の機関であるため法的な拘束力はないなど、機関設計の違いで法的効果が異なるなどの不整合が存在する。

さらに、グループ・ガバナンスは、グループ会社を一体として運営する形を想定しているが、実態は法人格が異なるために、権限委譲の構造やモニタリング、さらには両社の役員の関係を法的視点で整理する必要がある。特に、海外グループ会社については、法律体系の差違によるリスクを認識する必要がある。

その他にも制度上の問題は存在すると思われる(56)が、これらのガバナンスを推進する際の制度上の制約については、中期的には制度そのものが見直されることによって、実務との齟齬も解消していくと思われる。しかしながら、特に法的規制については、問題提起から制度の改正による課題の解消については、一定の時間がかかると思われるため､法的な瑕疵を回避する代替案を慎重に検討すべきと思われる。

(法令以外の外部環境要因)

カバナンスを阻害する外部要因については制度以外の外部制約も存在するが、その典型的なものが独立社外取締役の確保である。近年のガバナンス改革により、取

(56) 最も重要な制度上の課題は、親子上場における連結財務諸表規則における実質支配力基準の存在と、実務指針等におけるガバナンス上の取り扱いに齟齬が存在する。

締役会の有効性を高めるために社外取締役の位置づけが相対的に高まっているが、就任に当たっての独立性の要件はますます高まっている。一方で、現状においては、それらの要件を満たす独立社外取締役については質・量的に不足していることは否めない。さらに従来においては社外取締役を取引先や金融機関から確保していたが独立性要件からその方法の確保が不可能になった。その結果、多くの企業が独立社外取締役を確保することに苦慮している。これらの課題に対応するためには、社外取締役の人材マーケットの形成が今後重要なポイントとなる。

（2）内部構造面の課題

前項では、ガバナンスの強化を阻害しうる外部環境要因を説明したが、阻害要因となる課題については企業の内部構造に存在していることも多い。特に、いくつかの施策を展開する上では、従来の経営システムや価値観が阻害要因となることも多い。以下において、これらの内部構造面の課題を説明する。

図表4-2　ガバナンス強化がもたらす影響

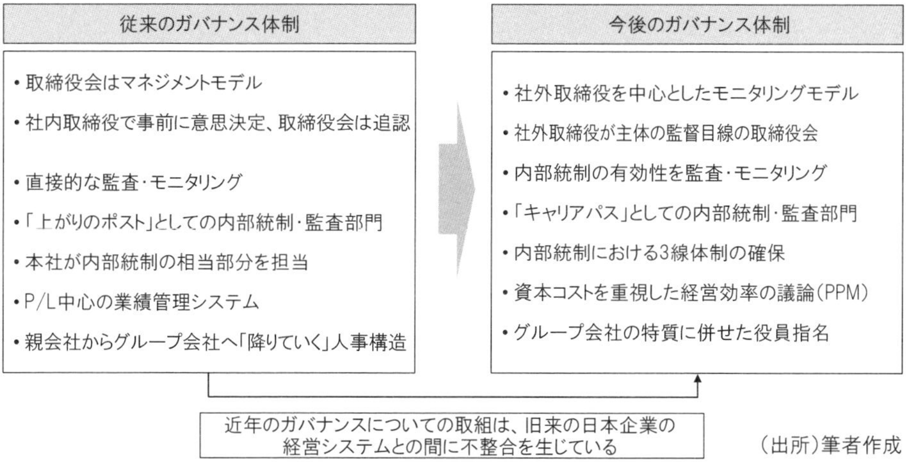

（出所）筆者作成

（取締役・取締役会に関する課題）

まずは、企業における組織・意思決定構造についてであるが、従来の日本企業は、取締役会はすでに社内で合意形成された意思決定の追認機関であり、それゆえ社外取締役の位置づけは相当に低いものであった。また、社内出身の取締役については、往々にして自己の業務執行に関する代弁者であり、本来の取締役の役割である（自己が所管する以外の）取締役の業務執行ついての監督機能については十分果たされていないという状況が未だに散見される。これらの意思決定を追認するような「形骸化」された取締役会を、外部の視点も加えて積極的な議論がなされるために変革させるためには、単純な当事者の意識改革だけではなく、取締役の厳格な要件定義と、取締役会における取締役構成の在り方の整理、さらには企業全体の戦略と業務執行の監督に資する取締役会の議事へのシフトなどが必要である。

(監査や内部統制に関する課題)

さらに監査役等（監査役、監査役会、及び監査等委員）の要件の変化への対応も大きな課題である。従来は会計、業務に関しての直接監査であったのが、取締役会のモニタリングモデルへの移行や、グループ会社数の増加により監査の手法が直接的手法から、内部統制の有効性を監査するという形に変化をしているが、変化に十分に対応できていないという実情がある。特に、内部統制有効性を監査する手法の前提として、内部統制システムが一定程度構築されているということが前提であるが、グループ全体の内部統制システムの整備が途上であり、かつ内部統制システムを執行サイドで監査する内部監査部の体制そのものも脆弱である企業が少なくない。日本企業においては従前より内部統制や監査部門については軽視される傾向にあり、十分な陣容が配置されていないケースが多いからである。近年は、多くの企業において内部統制や監査部門を強化する向きにあるが、それでも一線級の人材のキャリアパスという形には至らず、人材の確保は十分ではないといえよう。なお、一部の企業においては内部統制における３線ディフェンスの構築に課題を抱えているが、その要因として考えられるのは特にメーカーにおいては機能別組織の際に、「管理業務は全て本社」という意識が存在し、事業部門統制に移行しても十分に第１線の機能を事業部門に落とし込むことができないという状況があることを理解すべきである。

(事業ポートフォリオマネジメントに関する課題)

ガバナンス強化においては「攻めのガバナンス」が標榜されているが、これは事業ポートフォリオの議論を積極的に行い、「選択と集中」を不断に実践することで、企業価値を上げるという構造である。そして、その際の評価基準として重要なのが、資本コストの概念であるとCGCや実務指針で示されている。しかしながら、一部の企業を除いては、事業ポートフォリオに関する議論が進んでいないということも実情であり、課題構造を整理すると下記のようになる。

図表4-3　事業ポートフォリオマネジメントをめぐる課題

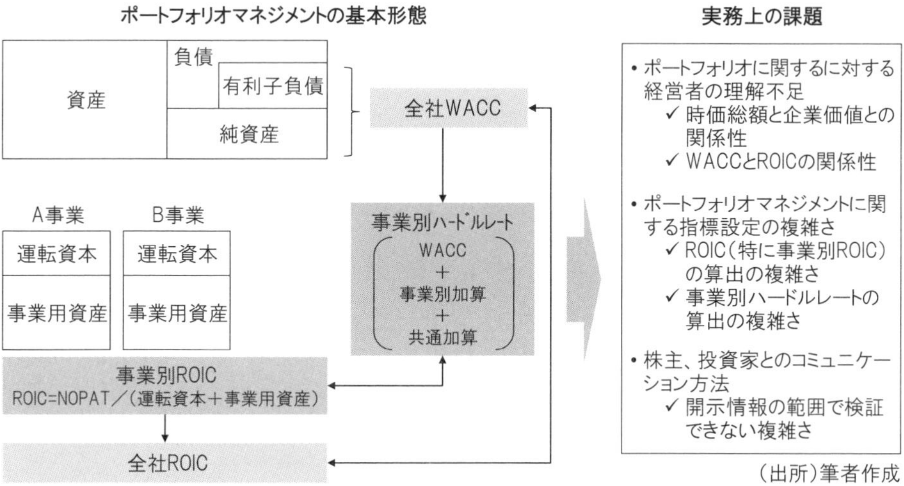

（出所）筆者作成

課題が発生する背景としては、経営陣のファイナンスに関するリテラシーの不足という側面が存在するが、一方で必要以上に複雑な指標を設定するケースも散見され、この場合は経営陣での理解が進まないだけではなく、株主や投資家への説明責任を果たせないという課題にも直結する。開示情報をベースに経営者が株主や投資家が企業価値の向上に向けての課題を共有できるシンプルな仕組みを作ることが重要であると思われる。

(グループ全体の役員人事に関する課題)

グループ全体での企業価値の向上のためには、それぞれの事業のパフォーマンスを向上させることは言うまでもない。そして、そのためには執行責任者としての各事業のトップは重要な要素であるが、近年では純粋持株会社制度の活用や、大型のM&A、さらにはグローバルな戦略拠点などを考慮すると、これらの組織がグループ会社であることも容易に想定される。そのため、グループ会社の役員人事は非常に重要な経営イシューであり、実務指針においても、適切なグループ会社の経営陣に関しての指名についての在り方が整理されている。そして原則としてはグループ全体の企業価値向上のために、主要なグループ外の経営陣の指名要件については、下記の観点で検討すべきである。

①　当該企業の事業執行に対する適性（ビジネス理解・人脈・実績）
②　業務執行に対しての監督能力
③　経営陣の監視、内部統制の有効性の監査能力

なお、これらの要件を全て満たしている必要はない、①は中長期的には業務執行責任者に求められる要件であり、②は経営の監督を担う取締役に求められる。さらに③については、監査等委員や監査役に必要な要件である。

図表4-4　グループにおけるキャリアパスと要件

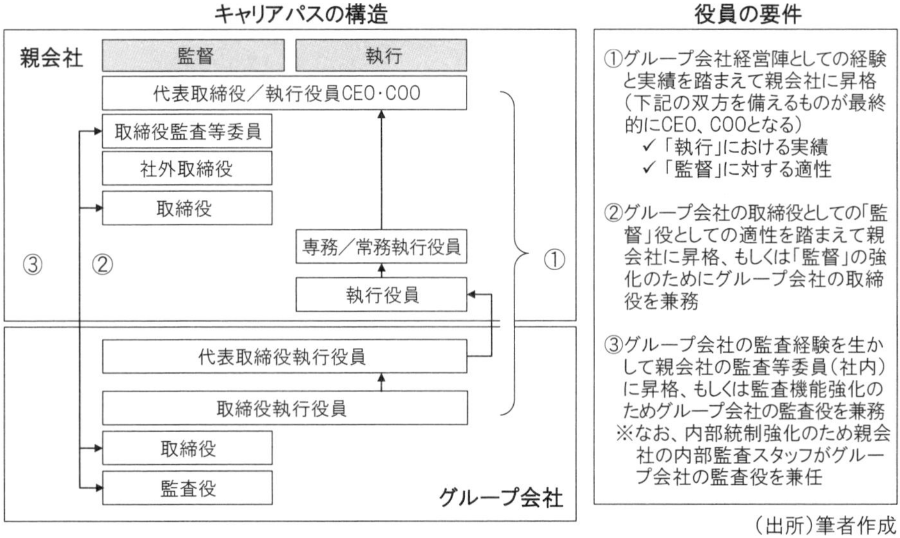

（出所）筆者作成

上図は基本的にグループの内部昇格を想定したモデルであり、実際には外部から招聘するケースも今後は想定される。その場合は、事前に設定された親会社とグループ会社の業務執行、監督の遂行レベル(57)を参考にして役位付けを決定することが合理的である。

しかしながら、現実においては、このような形でシステマチックなグループ全体での役員人事の仕組みが運用されている企業は少ない。むしろ、実態としては、グ

(57) これらのレベルを設定するに際しては、グループ会社を一様に扱えないため、性質や規模をベースに区分し、区分ごとに定めていく必要があると思われる。

ループ内の役員人事については十分な仕組みが存在しない企業も少なからず存在する。その背景としては、グループ会社の役員ポストは、むしろ親会社の経営者や経営幹部が「降りていく」ためのポストとして確保される傾向にあり、この場合は異動時の役職によってポストが決定することとなり、必ずしも能力や適性によって決定されるものではない。さらに、ポスト配分において執行と監督の区分が整理されていないことも多く、実態としてグループ会社の役員が十分に機能していないという結果になる。これらの仕組みはグループ会社のプロパー社員のモチベーションを阻害する要因にもなるため、中長期的に取り組むべき課題であると思われる。なお、私見ではあるが親会社の経営幹部や候補については、一定の見識と能力があることは否定しない。また、本人にも意欲があるケースも多々存在する。そのため、優位な経営幹部がグループに残留できるシステムを並行して構築するのが望ましい。具体的には、親会社からグループ会社へ転出する人数については総量規制の下で、候補者については基本的には外部招聘と同じ選定プロセスにすることが考えられる。

以上が、グループ・ガバナンスを推進する際に発生する課題であるが、推進における課題は制度的なものよりも、むしろ古い経営システム・価値観や、これらを守ろうという意識から発生するものが多いと思われる。

2　グループ・ガバナンスの今後

ここまでは、グループ・ガバナンスに関してコードや実務指針をどのように解釈し、自社に反映させるべきか、またその際に発生する課題にどう対応すべきかについて解説をしてきたが、最後にグループ・ガバナンスの将来展望について述べる。

なお、将来については大きく２つの視点が存在していると認識している。１つ目は、実務指針も含めてカバーが十分にできなかった範囲であり、制度も含めてどのような変化が展望されるか（グループ・ガバナンスの高度化）というものであり、２つ目は、中長期的な展望に立ってESGやSDGsなど企業価値向上を超えた活動がグループ・ガバナンスにどのように大きな影響を及ぼすか（ガバナンスそのものの高度化）というものである。以下では、それぞれについての解説を行う。

(1)　グループ・ガバナンスの高度化

2015年のコーポレートガバナンス・コードを皮切りに、CGSガイドラインや、今回の実務指針により、コーポレートガバナンスは、そのスコープをグループ全体まで広げ、より高度な到達点に向けての動きが進んでいる。

一方で、時間的な制約もあり、実務指針で十分にカバーできなかった部分もあり、実務指針においては「今後の検討課題」という形で下記の５項目が公表されている。

以下ではこれらの項目を解説しつつ、その他の想定される今後の高度化についての展望を説明する。

- 上場子会社のガバナンス等
- 上場基準の見直し
- 役員のインセンティブ報酬のKPIの在り方
- 監査役等の機能の実効性強化等
- 第２線（管理部門）への情報共有

（上場子会社のガバナンス等）

上場子会社のガバナンスに関する課題については、CGS研究会（第２期）においても活発に議論がなされ、実務指針においても上場子会社における社外取締役の役割を含めたガバナンス体制の在り方や、指名・報酬の在り方について一定程度の方向性が示されている。一方で、海外との比較において上場子会社の社数が多いこと、またグローバルなルールにおいて、上場子会社における支配株主と一般株主の利益相反に関する問題は厳格であるため、日本においても今後は、事後的に支配株主に対して責任追及等を行うことを可能にすることや、支配株主が上場子会社に対して意思決定の関与を外形的に制限することを検討すべきだという意見も出された。

なお、上記の制限については将来的に法整備が必要という見解もあったが、これまでの取組の吟味した上で慎重に対応すべきであるという意見もあったが、折しも未来投資会議においても上場子会社のガバナンスが重要なテーマとして取り上げられたため、上記の内容も踏まえて何らかの指針が今後出されると思われる。なお、本テーマに関しては、第2部でも触れた通り、特に上場子会社の定義において、現行の連結財務諸表規則と、実務指針との間で相反する部分があり、早急な調整が必要であると思われる。一方で、企業サイドに立って考えると、実質支配力基準による子会社で上場している企業については、制度の見直しを待たずして経済性な合理性に基づいて完全子会社化とするか、持分比率を低めて連結対象から除外することを早急に検討するべきであると思われる。

区分	ガバナンス上の課題
連結子会社 (形式基準)	支配株主と一般株主間における利益相反及び支配株主から一定程度の独立性の確保
連結子会社 (実質支配力基準)	連結財務諸表規則おける実質支配力基準は支配株主からの代表取締役や取締役会の実質支配が要件であり、実務指針が求める独立性と相反する
持分法適用関連会社	過半数の株式を有していなくても、支配株主が役員派遣により一定の影響力を有している状況も存在する

さらに、上場している持分法適用関連会社についても、筆頭株主である場合は、実態としては役員派遣や取引関係などにより、ガバナンス上、独立性が担保できていないケースも存在する(58)ため、支配株主及び上場持分法適用関連会社双方について、ガバナンスの独立性に関しての表明などの措置が必要になってくると思われ

(58) 日本企業においては、オーナー企業といわれる創業家が影響を持っている企業について、実際に株式保有比率が低いにも関わらず、役員の指名・報酬及び重要な意思決定など影響力を有している企業が存在するように、上場持分法適用会社においても支配株主が株式の保有比率以上の影響力を有しているケースがあることを念頭に置くべきである。

る。

（上場基準の見直し）

現在、金融庁の市場構造専門グループにて東証の市場区分再編についての検討がなされ、それに従い各市場区分における上場基準も見直される予定である。現段階では、市場を「プライム」、「スタンダード」、「グロース」に区分する案が答申されており、この区分に関しては、時価総額や流動性に加えて、ガバナンスの水準も基準に挙げられている。具体的な基準については、今後の議論を待つことになるが、特に、「プライム」市場については、「今後、コーポレートガバナンス・コードの改訂等を重ねる毎に他の市場と比較して一段高い水準のガバナンスを求めていく」とされており、取締役会における監督機能のさらなる強化が求められる。なお、「スタンダード」市場においても、現在要請されているガバナンス水準が維持されることは言うまでもない。ちなみに、どの市場においても、「資本コストを意識した経営」と、「３線ディフェンスの内部統制」については、共通したガバナンスの重要ポイントである。

図表4-5　上場区分再編とガバナンス上のポイント

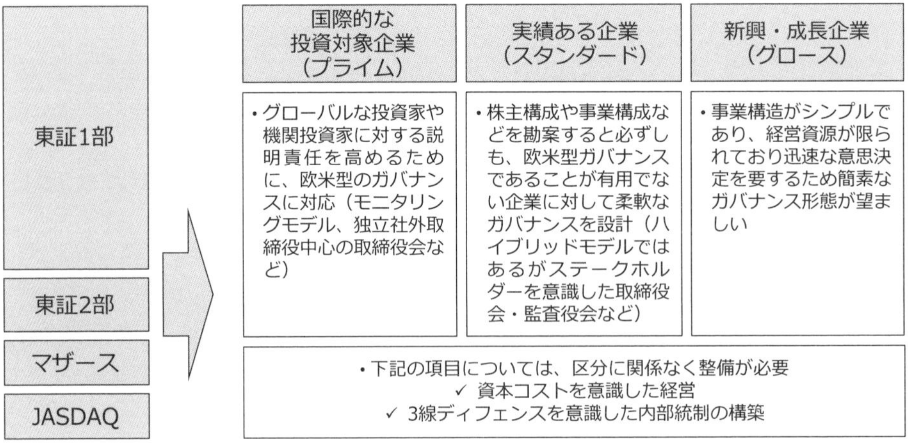

（出所）筆者作成

（役員のインセンティブ報酬のKPIの在り方）

コーポレートガバナンス・コードにおいては、基本原則４－２の後段において、経営陣の報酬、特にインセンティブの付与に関して、短期的な業績達成のみならず、中長期の企業価値向上に資する活動を反映させるべきとしている。

> 【コーポレートガバナンス・コード　基本原則４－２（後段）】
> （前段略）また、経営者の報酬については、中長期的な会社の業績や潜在的リスクを反映させ、健全な起業家精神の発揮に資するようなインセンティブ付けを行うべきである。

しかしながら、インセンティブの内容については補充原則４－２①においては、短期・長期及び現金・株式などいわゆる支給方法についての言及にとどまり、具体的にどのような成果に基づいてインセンティブを付与するかについては、明確になっていない。

一方で、基本原則２－３においては、社会・環境問題についての対応姿勢について、下記のように示している。

> 【コーポレートガバナンス・コード　基本原則２－３】
> 上場会社は、社会・環境問題をはじめとするサスティナビリティー（持続可能性）を巡る課題について、適切な対応を行うべきである。

この基本原則の通りにサスティナビリティーへの対応を行うことを後押しするには、一般的に何らかのインセンティブを経営陣に与えることが必要であると思われるが、インセンティブ付与のための非財務指標のKPIをどのように位置づけるか、具体的なKPIをどのように設計するかがポイントであり、具体的には下図のような構造を具体化することである。

図表4-6　KPIの設定の活用

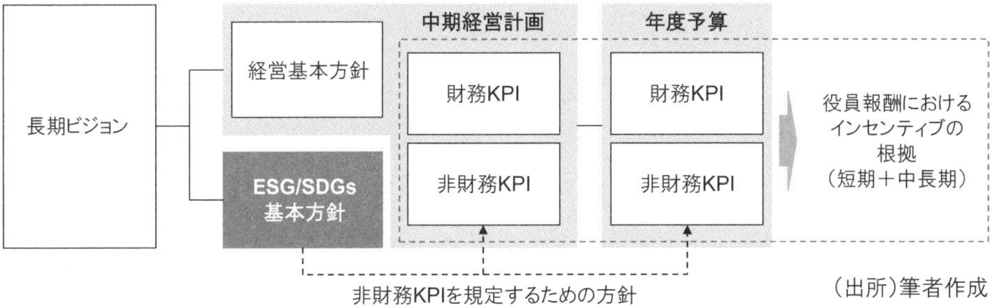

（出所）筆者作成

本件について、実務指針では時間的な制約から具体的な議論が行われず、問題提起にとどまっていたが、実務としては、例えば統合報告書などを活用しつつ、中長期的な課題と解決指標を提示しつつ、具体的な役員報酬設計に織り込むなどの方策が必要と思われる。なお、役員報酬全般の今後の在り方については別途説明する。

（監査役等の機能の実効性強化）

企業にとってガバナンスの強化の必要性は言うまでもないが、その根本にあるのが、取締役会における「監督」と「執行」の分離であり、取締役は業務執行を監督すると定義されている。そして、その取締役の業務執行状況を監査するのが監査役等の役割である。コーポレートガバナンス・コードにおいては、基本原則４－４に示されているものの、CGSガイドラインや、今回の実務指針については十分に踏み込んだ説明がなされていない(59)。

課題事項については、監査役等はその役割上、独立した立場でその任に当たることが実効性確保のための重要な前提条件であり、選任プロセスについても一定の客観性が必要である。また、実務指針によると、特に監査役が任期途中で退任するケースも少なくない。これらを踏まえて、監査役等の選解任などの有事においても引き続き実効性を担保できる仕組みの在り方が今後、企業においても模索されると思われる。また、実務指針においては内部統制システムにおける３線ディフェンスの重要性に触れるとともに、監査役等にも報告がなされるいわゆるデュアルレポートラインを整備すべきとの示唆がなされているが、具体的な情報共有の方法や、報告を受けた後に監査役等が行うべきことについては明確に示されていない。このため企業における内部監査部門との情報連携の在り方については、具体策を企業において整備する必要がある。

（第２線（管理部門）への情報共有）

実務指針においては、３線ディフェンスの重要性が示されており、第１線から第３線までそれぞれの役割についても記述がある。一方で、内部統制のフレームワークをつかさどる第２線の重要性は高まりつつあるだけではなく、その対象となる項

(59) CGSガイドラインにおいては取締役会や社外取締役の在り方、実務指針においては内部統制システムの在り方についてそれぞれ方針を示しているが、監査役等についての役割については十分に踏み込んで整理はしていない。

目についても会計・財務や法務・コンプライアンス以外の項目まで多様化しつつある。そのため、第２線においては内部統制・リスクマネジメントの対象となる項目について統合管理を行うことが理想である。実際に、一部の企業においては、これをERM（Enterprise Risk Management）というフレームで整理するとともに、リスク統括部門を組織化するなどの動きを整備する動きもある。

図表4-7　３線ディフェンスの構造

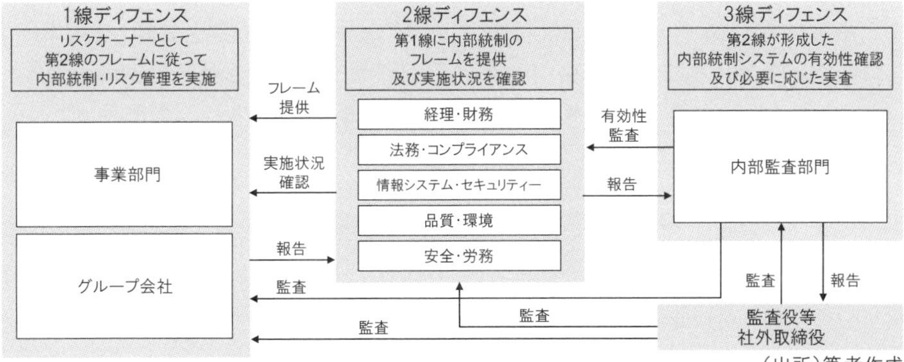

（出所）筆者作成

これらの課題については今後、様々な検討が行われると思われるが、あくまでも企業サイドによる継続的な取組が重要であることは言うまでもない。さらに、これらの取組に加えて、筆者が着目しているのは、グループ・ガバナンス時代における役員報酬システムの在り方である。以下では、現状の課題を踏まえつつ、ガバナンス強化に資する役員報酬システムの在り方を解説する。

（グループ・ガバナンスにおける役員報酬）

一連のコーポレートガバナンス改革において、役員報酬については重要な項目であり、コーポレートガバナンス・コードや各種の実務指針でも合理的な報酬の決定システムのあるべき姿が示されている。また、役員報酬については有価証券報告書等においても報酬総額や高額報酬が開示対象になっている。

一方で、企業サイドにおいても、開示要請に対応するに加えて、報酬の合理的な決定を担保するために、任意の機関ではあるが指名・報酬委員会を設置し、報酬設定の基本的な考え方や決定プロセスをする企業も増えている。

このように報酬プロセスや開示の仕組みについては整備されているが、報酬体系等については、当然ではあるが各社の自主的な設定にゆだねられている。近年ではガバナンスを意識した役員報酬制度を再設計する企業も増えているが、グループ・ガバナンスの視点から主要グループ会社との整合性を意識したグループ役員報酬制度にスコープを拡大する動きもある。以下では、これらの流れを意識しながら、グループ・ガバナンスに見合う役員報酬制度についてのあるべき姿を整理する。

① グループ役員報酬体系の基本的な考え方

ガバナンスを意識した報酬体系の第一段階は、役位に応じた報酬体系を整理することであり､特にコーポレートガバナンスを貫く基本思想である「監督」と「執行」の分離を反映させることである。併せて、一般的には取締役と執行役員の報酬体系は一体化されていることを考慮し、役位と報酬の関係は下図のように整理する。

図表4-8 グループ役員報酬体系

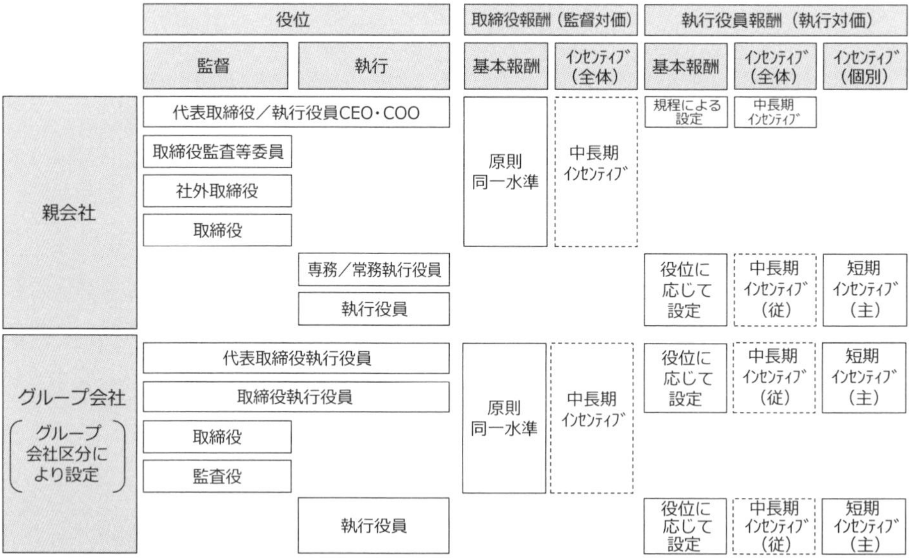

（出所）筆者作成

なお、役位については「監督」と「執行」の分離を考慮すると、親会社においては取締役と執行役員の兼務は最小限にとどめる、具体的には会社法上で業務執行権限を有する代表取締役以外は、取締役と執行役員は兼務せず、取締役は執行状況の監督に、執行役員は業務の執行にそれぞれ専念するという形が望ましい。グループ会社については、親会社ほど厳密に区分する必要はないが、執行役員制度を導入している場合は概ね同様の構造となる。

次に、役位について、特に親会社の場合は本来執行側に付与することが妥当であると思われる。会社法で定めのある代表権という役位だけは便宜的に取締役に付与[(60)]されるが、CEOやCOO、さらには専務や常務、上席というような役職名称は執行役員に付与し、取締役側に付与される役位は取締役会、監査等委員会などの各種議長職とすることが報酬設計と整合する。

これら役位の整理を踏まえて報酬体系の設計を行うが、親会社の場合については、理論的に整理すると下表のようになる。

役位	内容
取締役 監査役	監督対価であり、基本報酬が主体。職務上は平等であり基本報酬は同額。議長職については役位給を設定（なお、代表権の対価は執行給に反映）。 インセンティブについては、全社業績に対して中長期報酬を付することを可能とする。委員会メンバーは参加状況に合わせ加算。
執行役員 執行役	執行対価であり、基本報酬とインセンティブで構成。基本報酬は役位（CEO、COOも含む）に応じて段階を設定。 インセンティブについてはCEOやCOOなどはグループ全体業績のみに、他の役位は自己の担当領域を主にしつつ必要に応じてグループ全体業績も反映する。

なお、グループ会社の場合は、グループ全体という観点で見ると執行が中心であるため、親会社ほど役位の設定において厳密に行う必要がないと思われる。

役位	内容
取締役・ 監査役	監督対価は基本報酬が主体。非常勤取締役、監査役については基本報酬のみ。監督対価そのものは同額。グループ会社の性質や規模、役割によってインセンティブは不要。
執行役員	執行対価であり、基本報酬とインセンティブで構成。基本報酬は役位に応じて段階を設定。 インセンティブについて代表取締役などは自社全体業績のみに、他の役位は自己の担当領域を主にしつつ必要に応じて自社全体業績も反映。グループ会社の性質や規模、役割によってはグループ全体業績を反映。

報酬体系は、上表の通り整理できるが、グループ会社が多数ある場合は、性質や規模、役割によって区分を行い、区分別に報酬水準を各グループ会社に設定することが現実的である。

(60) 指名委員会等設置会社の場合には、代表権は執行役にも付与することが可能となっている。

② グループ報酬体系設定における課題

前項ではグループの役員報酬体系の在り方を整理したが、現状の役員報酬体系と比較すると、様々な課題が存在すると思われる。

まず、親会社の役員報酬であるが、現状においては取締役及び執行役のみ報酬開示がなされており、執行役員報酬については開示されていない。このため、執行対価部分についての報酬規模の全容を把握することは困難であるが、監督対価については、社外役員の基本報酬のベンチマークを行うと、東証1部企業においては年額が6,500千円弱であり、これを監督対価とすると十分な金額であるか議論となるところである。もっとも、取締役の基本報酬の平均が、同じく東証1部上場企業では約23,000千円[(61)]であることから、日本における取締役の基本報酬は執行対価の側面が強いと思われる。ガバナンスの視点からは取締役会における監督機能を中心であるべきとし、その結果として取締役の監督・監視機能を発揮させるという意味では、監督対価を含めて役員報酬については見直しの余地があるといえよう。

区分	基本報酬（千円）	インセンティブ他（千円）	備考
取締役（全体）	23,665	9,443	執行役員兼務者も含む。ただし、執行役員専任者は含まれない
社外役員	6,397	200	社外取締役、社外監査役

東証1部（1856社）の有価証券報告書（2019年3月時点）データより筆者が分析

なお、一部のグループ会社においては、役員報酬水準が親会社よりも高額になるケースが存在し、グループの役員報酬管理上の課題になることが想定されるが、本来の監督対価と執行対価という形で整理すると、グループ会社の役員報酬については概ね執行対価に相当するため、基本報酬とインセンティブについて区分設定の際に調整することで説明がつくと思われる。

その他に、グループ役員報酬に関する情報開示については、今後はその範囲について開示制度も含めて再度検討する必要があると思われる。特に、現在の開示制度においては、前述の通り執行役員に対する報酬が開示の対象となっていないため、役員報酬の全体像は把握できないこと、一方で日本の役員報酬制度そのものが監督対価と執行対価という形で切り分けられていないという現状を認識した上で、企業側に対して過剰な開示要求にならない程度に、投資家に対してどの範囲までを開示することが望ましいのかを慎重に議論する必要がある。

---

(61) 東証1部企業（1,792社）の有価証券報告書（2018年度決算）の役員報酬データを筆者で分析。

⑵　さらなるガバナンス高度化に向けて

ここまでは、上場企業がガバナンスを強化し、継続的に企業価値を向上させるための制度であるコーポレートガバナンス・コードと、それを補完する形で公表されたCGSガイドラインや今回の実務指針に対して、企業はどのように対応するかを検討した上で、これらの対応を起点として自社のグループ経営をどのように高度化させるかについて解説を行った。

一方でより広い視点で見ると、ガバナンスは投資家、運用機関から見て企業の社会的責任への対応状況を評価するための重要な要素であり、環境と社会という他の２つの要素と併せてESGという形で表現されていることはすでに既知のことである。さらに近年ではESGを企業が意識して行動するための社会的な背景として、SDGs（Sustainable Development Goals）に企業が積極的に取り組む形になっていることを理解する必要がある。

このような流れの中では、SDGsやESGを積極的に経営に取り込む企業は、他社と比較して、高い企業価値を維持することができるといわれる[(62)]とともに、逆に取り組まない場合は企業のレピュテーションや企業価値に対してのリスクが顕在化する可能性がある。

また、日本企業においては今後、海外、特に欧米で活動する場合、金融機関は勿論のこと一般取引においてもESGへの対応状況を確認されることが想定される。また、国内に主要なビジネスがあり海外依存度が低い場合でも、海外株主や機関投資家が自社の株主として存在する場合は、ESGやSDGsへの対応力が問われるであろう。

これらの状況を受けて、企業においてはESGやSDGsに積極的に関与することになると思うが、これらについても単に世の中の流れに対応するだけでなく、マルチステークホルダーに積極的に関わりつつ、SDGsを起点として事業開発や投資行動を積極的に組み込んでいく、一方で自社及びグループ会社が本来取り組むべき事項を洗い出しつつ､非対応によるリスクの顕在化を抑制するという動きをすることが､ガバナンス強化をさらに後押しすると思われる。

---

(62)　経済産業省「SDGs経営ガイド」によると、「学術的なコンセンサスはいまだ得られていないものの、ESGやSDGsを積極的に経営に取り込む企業は、他社と比べてパフォーマンスが高い傾向があることを指摘する研究がある」と述べ、さらに「欧州ではESGの上位20社がコンスタントにパフォーマンスが高い。ESGスコアが高い銘柄は高バリエーションの傾向があり、低ボラティリティやクオリティのファクタ要素が高い」とも述べられている。

図表4-9　ESG／SDGsとガバナンスの融合

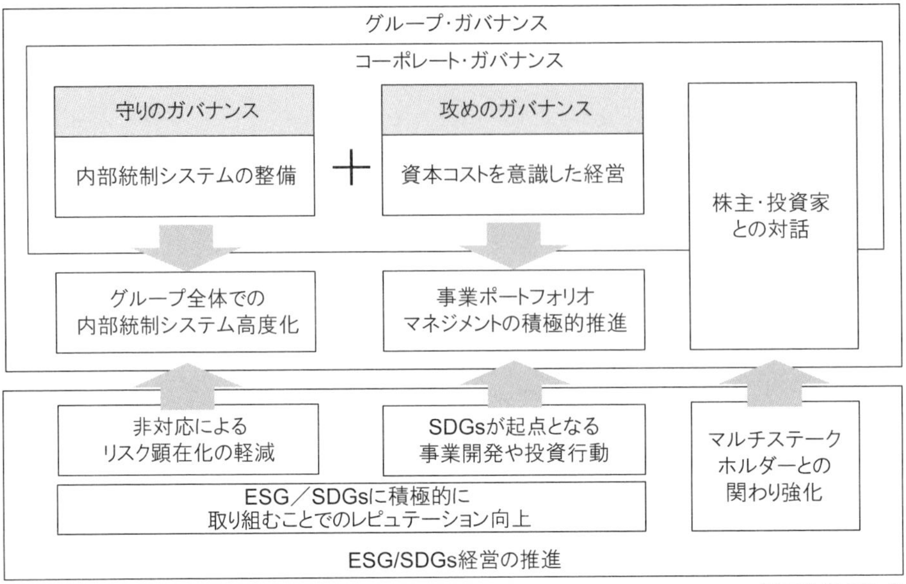

（出所）筆者作成

その上で、ESGやSDGsに関する非財務指標を設定し、その指標を経営者がコミットしつつ、その成果を役員報酬のインセンティブ部分に反映させることも必要である。

近年の日本企業においては、SDGsやESGに積極的に取り組む企業が増加しており、これらの取組をステークホルダーに説明するという意味においては、従前対応してきたガバナンス対応とも連動しうるものでもある。

以下の図はESG/SDGs経営の実践手段を整理したものであるが、ガバナンス対応との関連も整理したものであるが、これらの活動については、親会社が単独で行うものではなく、グループ全体で実践・展開するからこそ意味のある活動であることを理解する必要がある。

図表4-10　ESG／SDGs経営の展開とガバナンスの関係

ESG/SDGs経営の展開		ガバナンスへの展開
Step1	・グループ全体としてのESG/SDGsへの対応レベルを把握する	―
Step2	・到達地点を設定する	・ガバナンス浸透の基礎となるグループビジョンとの整合確保
Step3	・価値創造ストーリーを考える	・ガバナンス上のスタンスの整理（攻めか守りか）
Step4	・重要課題（マテリアリティ）を特定する	・ガバナンス課題との整合性検討
Step5	・重要課題に関する打ち手を検討する ✓ SDGs起点での新規事業を検討する	・新規事業については、特に攻めのガバナンスとの整合検証
Step6	・打ち手のKPI（非財務指標）を設定し、財務指標と連動	・経営としてのコミットと、報酬インセンティブへの取り込み
Step7	・統合報告書等で開示する	・ガバナンス報告書と内容的に整合、連動させる

（出所）大森充『1冊でわかる！　ESG/SDGs入門』より筆者が加筆

中長期における多角化やグローバル化に伴い、今後確かにグループ・ガバナンスが重要になることは確かであるが、ガバナンスのような規範のみで、グループの企業価値向上を成し遂げることは困難である。むしろESGやSDGsを強く意識し、これらを確実に実践するためにガバナンスで整備した仕組みを最大限に活用することが重要であると思われる。

おわりに

筆者がコーポレートガバナンスという言葉を耳にしたのは、前職の事業会社の管理部門でスタッフとしてグループ再編に取り組んでいたときである。その意味では、本テーマとは20年以上の付き合いであるが、当時はその重要性を十分に意識していなかった。

その後、現在のコンサルティング会社に転職し、主に純粋持株会社体制への移行などの組織設計やM&Aの推進、さらにはグループ再編など、様々なプロジェクトに関与してきたが、最後に突き当たる課題は常に、「グループ全体の企業価値の向上を目的として、グループ各社がどれだけ自律的な経営を目指すことができるか」ということであった。

そのような背景もあり、本書の執筆に当たって、かなり古いプロジェクトの企画書や報告書、さらには参考にした書籍などを紐解いてみると、当時クライアントと熱心に議論したことが、現在でも通用することに驚く一方で、ある種の必然性を感じた次第である。

もちろん、当時はESGやSDGsのようなコンセプトは明確な形で存在していない状況であり、資本コストの議論すら端緒についた状況である。しかしながら一方で、グループ経営を正しく進めるためには、どのようなグループ企業の構成が理想的で、かつグループ企業の形態に併せてどのように規律付けを行うかということを繰り返し問うており、それはまさしく現在のグループ・ガバナンスにおける「攻め」と「守り」の思想に一致する。

その後、ガバナンス重視の時代に入り、多くのクライアントとの議論を重ねたが、グループ・ガバナンスについては、きわめてシンプルかつ奥深いものであるとあらためて感じた次第である。

シンプルであると感じるのは、いつの時代においても、グループ成長のためには、事業部門やグループ会社への適切な権限委譲の必要性を認識した上で、その前提となるグループ会社の性質に応じたマネジメント方針を定めることが重要であるが、これらの取組を行うためにはグループ本社が一定の存在感を示す必要があるということである。ただし、実際に進めるとなるとグループ全体の過去からの編成や、グループ会社各社の事情、経理・財務・税務、さらには人事などが複雑に絡み、毎回異なるアプローチと結果を深く考える必要があるという点で、この分野に奥深さを感じるのである。

本書については、ご縁があって経済産業省主催のCGS研究会でプレゼンの機会をいただいたことを契機に、その後公表された実務指針をよりわかりやすく、企業の実務に反映させることで、実務指針が上場企業に浸透する一助になりたいと思い筆をとったものである。

その意味では、本書は30年近くになる筆者の実務経験の集大成であり、培ってきたものが何らかの形で、ご一読いただく方の実務に反映され、グループ経営の高度化に資するものになるようであれば幸いである。

本書の企画と刊行については、実際の書籍化に向けてのスタートが遅れ、実務指針の開示直前になってようやく筆をとったことからも、多くの関係者のご助力と、ご支援がなければ本書の刊行には至らなかったと思われる。その意味では、本書の刊行に当たってたくさんのアイデアをいただいた上に、様々な議論の相手になってくれた、日本総合研究所のメンバーと、遅筆にも関わらず粘り強くご対応いただいた、株式会社税務経理協会の小林様と大川様に感謝の意を表したい。

2019年12月

参考文献

「コーポレートガバナンス・コード（2018年６月版）」、日本取引所グループ（2018）

「東証上場会社における独立社外取締役の選任状況、委員会の設置状況及び相談役・顧問等の開示状況（2018年７月31日）」、日本取引所グループ（2018）

「持続的成長への競争力とインセンティブ〜企業と投資家の望ましい関係構築〜(伊藤レポート)」、経済産業省（2014）

「持続的成長に向けた長期投資 (ESG・無形資産投資) 研究会 報告書（伊藤レポート2.0)」、経済産業省（2017）

「コーポレート・ガバナンス・システムに関する実務指針」、経済産業省（2018）

「グループ・ガバナンス・システムに関する実務指針」、経済産業省（2019）

「SDGs経営ガイド」、経済産業省（2019）

山田英司監修・日本総合研究所『グループ経営力を高める本社マネジメント―低成長期の組織戦略』、中央経済社（2010）

山田英司・上杉利次『「協創」のグループ経営』、中央経済社（2016）

日本総合研究所『葛藤するコーポレートガバナンス改革』、きんざい（2017）

大森充『１冊でわかる！　ESG/SDGs入門』、中央公論新社（2019）

著者略歴

山田　英司（やまだ　えいじ）
株式会社日本総合研究所　理事

EU Business School, 経営管理学博士（DBA）、University of Wales、経営管理学修士（MBA with Distinction）修了。早稲田大学法学部卒業。

大学卒業後、建設会社に入社し経理・財務及びグループ経営企画、管理などの業務に携わる。その後、日本総合研究所に入社し、グループ経営やM&A、コーポレートガバナンスなどのコンサルティングプロジェクトに参画。一方で、ベンチャー企業のCFOや監査役、大手企業の社外取締役なども兼任。

早稲田大学理工学術院非常勤講師（著作権と国際コンテンツビジネス）で教鞭をとる傍らで、東京都や公正取引委員会の各種審議会の委員もつとめる。

Yamada.eiji@jri.co.jp